# 1000

### dicas para administrar melhor sua vida

# Jamie Novak

# 1000
### dicas para administrar melhor sua vida

Tradução
Mariana Fusco Varella

PRUMO
desenvolvimento

Título original: *1000 best quick and easy time-saving strategies*
Direitos autorais © 2008 por Jamie Novak

Todos os direitos reservados. Nenhuma parte desta obra pode ser reproduzida, ou transmitida por qualquer forma ou meio eletrônico ou mecânico, inclusive fotocópia, gravação ou sistema de armazenagem e recuperação de informação, sem a permissão escrita do editor.

**Direção editorial**
Soraia Luana Reis

**Editora**
Luciana Paixão

**Editors assistentes**
Valéria Sanalios
Thiago Mlaker

**Assistente editorial**
Elisa Martins

**Revisão**
Maria Aiko Nishijima
Cid Camargo
Paola Morsello

**Capa, criação e produção gráfica**
Thiago Sousa

**Assistentes de criação**
Marcos Gubiotti
Juliana Ida

CIP-Brasil. Catalogação-na-fonte
Sindicato Nacional dos Editores de Livros, RJ

| | |
|---|---|
| N822m | Novak, Jamie |
| | 1000 dicas para administrar melhor sua vida / Jamie Novak; tradução Mariana Fusco Varella. - São Paulo: Prumo, 2007. |
| | Tradução de: 1000 best quick and easy time-saving strategies |
| | ISBN 978-85-61618-34-6 |
| | 1. Administração do tempo. 2. Autogerenciamento (Psicologia). I. Título. II. Título: Mil dicas para administrar melhor sua vida. |
| 08-3686. | CDD: 640.43 CDU: 64.061.4 |

Direitos de edição para o Brasil:
Editora Prumo Ltda.
Rua Júlio Diniz, 56 - 5º andar – São Paulo/SP – Cep: 04547-090
Tel: (11) 3729-0244 - Fax: (11) 3045-4100
E-mail: contato@editoraprumo.com.br / www.editoraprumo.com.br

## Dedicado a

Você, que nunca planeja as coisas e acaba se sentindo fracassado, estressado, sempre com uma lista quilométrica de coisas a fazer e sem tempo para curtir o lado divertido da vida. Quero ajudar você a recuperar o fôlego para poder se concentrar em coisas mais importantes, pois este momento não é um ensaio geral – é a sua única chance de viver a vida que deseja.

Também dedico o livro a Sue Novak, minha mãe e melhor amiga, que me ensinou muito do que sei sobre administrar o tempo e cuja morte repentina me mostrou quanto é importante viver sem arrependimentos e aproveitar cada momento que nos é concedido.

# Sumário

Introdução ............... 13

**Parte um: Preparando-se para o sucesso** ............... 19
Capítulo 1: Os princípios das dez regras de ouro ............... 23
Capítulo 2: "Não" é a palavra mais difícil de dizer ............... 27
Capítulo 3: Plano de ação e início ............... 33

**Parte dois: Organização** ............... 41
Capítulo 4: Calendário/Agenda ............... 43
Capítulo 5: Organização da lista de afazeres e planejamento ............... 53
Capítulo 6: Pare de se colocar em segundo plano e recupere os finais de semana ............... 59

**Parte três: O que exatamente você faz durante o dia?** ............... 67
Capítulo 7: Tarefas domésticas ............... 69
Capítulo 8: Como lavar a roupa ............... 73
Capítulo 9: Vida profissional e trabalho em casa ............... 81

**Parte quatro: Refeições e outros** ............... 89
Capítulo 10: Planejamento das refeições e da despensa ............... 91
Capítulo 11: Supermercado ............... 97
Capítulo 12: Cozinha ............... 101

**Parte cinco: Como realizar as tarefas** ............... 107
Capítulo 13: Tarefas externas ............... 109
Capítulo 14: Compromissos com hora marcada ............... 113
Capítulo 15: Compras ............... 115

**Parte seis: Limpeza rápida** ............... 119
Capítulo 16: Área limpa ............... 121
Capítulo 17: Limpe a cozinha com facilidade ............... 127
Capítulo 18: Limpeza fácil ............... 129

**Parte sete: Vida de pais** ............................................................. 135
Capítulo 19:   Crianças ......................................................... 137
Capítulo 20:   Crianças com necessidades especiais ................. 145
Capítulo 21:   Um novo bebê ............................................... 147

**Parte oito: Quando as coisas saem do controle** ....................... 149
Capítulo 22:   Cônjuge, família e amigos ............................... 151
Capítulo 23:   Quando é preciso dizer sim ............................. 155
Capítulo 24:   Atraso crônico e adultos com transtorno de déficit de atenção com hiperatividade (TDAH) .............. 157

**Parte nove: Apenas faça!** ............................................................. 163
Capítulo 25:   Adiamento e personalidades adiadoras ............. 165
Capítulo 26:   Mitos comuns e objeções frequentes ................ 173
Capítulo 27:   Interrupções, distrações e uma mente limpa ..... 177

**Parte dez: Animais de estimação e hobbies** ............................. 181
Capítulo 28:   Jardinagem e animais de estimação .................. 183
Capítulo 29:   Trabalhos manuais e costura ........................... 189
Capítulo 30:   Você já poderia estar fazendo exercícios físicos .... 191

**Parte onze: Prometi uma sociedade sem papel** ....................... 195
Capítulo 31:   Correspondência e papelada pendente ............. 197
Capítulo 32:   E se eu quiser guardá-los? ............................... 205
Capítulo 33:   Contas, arquivos e registros ............................ 209

**Parte doze: Loucos por telas e surf (e não me refiro ao mar)** ............. 217
Capítulo 34:   E-mail .......................................................... 219
Capítulo 35:   Internet ........................................................ 227
Capítulo 36:   Computador/Blackberry/Palm ........................ 231

**Parte treze: Quando desconectar-se não é uma opção** .............. 241
Capítulo 37:   Telefones ..................................................... 243
Capítulo 38:   Televisão ...................................................... 249
Capítulo 39:   Fotos e câmeras ............................................ 251

**Parte catorze:** Você está deixando de ganhar um aumento
salarial e uma promoção?............................................ 257
Capítulo 40: O chão não é o melhor lugar................................ 259
Capítulo 41: Reuniões............................................................ 261
Capítulo 42: Processo automatizado..................................... 263

**Parte quinze:** **Eu disse isso um minuto atrás**........................ 267
Capítulo 43: Passo um para controlar a bagunça:
Cada qual com seu igual.................................... 269
Capítulo 44: Passo dois para controlar a bagunça:
Guarde apenas o que você usa e gosta............. 275
Capítulo 45: Passo três para controlar a bagunça:
Mantenha o novo método................................. 279

**Parte dezesseis: Mantenha tudo arrumado**............................ 281
Capítulo 46: Soluções para a organização diária.................... 283
Capítulo 47: Soluções para a organização da casa................. 289
Capítulo 48: Soluções para a organização de armários e afins......... 295

**Parte dezessete: Momentos especiais e momentos estressantes** 299
Capítulo 49: Festas de final de ano e de aniversário.............. 301
Capítulo 50: Mudança, viagem e férias.................................. 309
Capítulo 51: Reformas, reconstrução e "faça você mesmo"........ 315

**Parte dezoito: Aproveite seu novo tempo**............................. 319
Capítulo 52: Lembre-se de que as pequenas coisas fazem
grande diferença............................................... 321
Capítulo 53: Comece e termine seus dias na hora certa........... 327
Capítulo 54: Mantenha os novos hábitos e aproveite o tempo
recuperado........................................................333

**Notas da autora**..................................................................... 339
**Como remover manchas**....................................................... 341
**Receitas de produtos de limpeza feitos em casa**.................. 345
**Grupos de apoio**................................................................... 347
**Índice**................................................................................... 349

## Agradecimentos

Agradeço muitíssimo a minha editora Bethany Brown, à minha agente publicitária Whitney Lehman e a toda equipe da Sourcebooks, incluindo Ewurama Ewusi-Mensah, Stephanie Wheatley e Rachel Jay. Vocês são extremamente talentosos e agradeço por trazerem entusiasmo e criatividade ao meu livro. Sinto-me abençoada por poder trabalhar com vocês.

Também agradeço muito à minha maravilhosa agente literária Jessica Faust, da BookEnds: você tem o dom de juntar autores que, com seus projetos, têm a chance de demonstrar seus talentos; sinto-me honrada por trabalhar com você.

A cada um de vocês que apoia meu trabalho e me permite compartilhar meu dom, meu muito obrigada por aceitar meu ponto de vista e me ajudar a difundir minhas ideias. Tenho de agradecer pelo fato de poder acordar todas as manhãs e realizar um trabalho que amo tanto ao ponto de mal poder chamá-lo de trabalho. Talvez não tenhamos tido a chance de nos conhecer ainda, mas espero sinceramente que isso aconteça, já que sinto como se nos conhecêssemos. Você tem um lugar especial em meu coração.

## Introdução

Obrigada por escolher meu livro. Deixe-me logo avisar que este livro, cujo assunto é como administrar o tempo, é totalmente diferente de todos os outros livros que tratam do tema. Você vai perguntar: "Diferente como?" Bem, para começar, você não vai encontrar nenhum gráfico ou lista para preencher ou avaliar seu progresso, nem exercícios para fazer. Sinceramente, se você tivesse tempo para fazer tudo isso, provavelmente não precisaria ler este livro!

Em vez disso, escrevi esta obra para dividir minha abordagem revolucionária com você; ele é cheio de dicas para administrar o tempo – tão flexíveis quanto seu horário, que sempre muda. Apenas lhe ofereço as melhores das melhores dicas e ideias que realmente funcionam. São as mesmas dicas que me ensinaram há anos e que ainda utilizo, portanto elas demonstraram funcionar muito bem. Trabalhei com pessoas ocupadas e com muitos de seus familiares por mais de 15 anos, por isso sei que você não está sozinho na luta para administrar melhor o tempo. Também sei que você não pode se sentar e ler o livro de uma tacada só, aliás aposto que terá sorte se puder ler meia página por dia. Mas tudo bem, isso não é problema já que este livro é para ser lido dica por dica e não de uma tacada só. Assim como meu primeiro livro desta série, *1000 melhores segredos rápidos e fáceis para você se organizar*, este é fácil de acompanhar e vai direto ao assunto, com dicas bem realistas.

Prometo que você só vai encontrar ideias práticas. Sei que você é ocupado, portanto não quero que perca tempo com soluções que simplesmente não funcionam ou requerem muito tempo e esforço para serem colocadas em prática e mantidas. Se você já tentou outros métodos de administração de tempo antes – por meio de livros, periódicos ou seminários –, deve ter obtido boas ideias aqui e ali. Contudo, reuni e expliquei as melhores ideias de uma maneira que você pode lê-las e implementá-las rápida e imediatamente para obter resultados logo. Assim, se você procura por soluções rápidas, que durem a vida toda, está no lugar certo. Convido-o a reunir-se a mim para descobrirmos juntos como resolver seu problema com o tempo de uma vez por todas e para sempre!

Antes de começar, quero garantir-lhe que há esperanças! Tenho certeza de que, já que você está lendo este livro, sua vida não está exatamente do jeito que gostaria e que deve estar se sentindo um pouco (ou muito) frustrado. Você provavelmente tem menos controle sobre o tempo do que gostaria. Mesmo ocupado o dia todo, não sente que está conseguindo dar conta das coisas. Sente-se impaciente? Está perdendo as coisas importantes da vida? Está se sentindo mal, cansado e frustrado de estar com pressa o tempo todo? Se a resposta for afirmativa, então você está no lugar certo. A boa notícia é que não importa qual seja sua situação – se luta contra o tempo a vida toda ou se esse é um assunto novo devido a alguma mudança recente em sua vida –, começando hoje você conseguirá controlar o tempo e sentirá as mudanças imediatamente.

Você precisa de mais tempo? Se sim, você é como muitos de nós que se veem dia após dia perdidos no caos: apressado, com o trabalho atrasado, estressado e sem paciência; sempre atolado de coisas que precisa fazer mesmo sem ter tempo o suficiente. Isso lhe soa familiar? Sim? Então este livro é para você.

A coisa mais importante a saber, conforme começarmos nossa jornada para recuperar o tempo, é que você não pode administrar o tempo. O que você pode fazer é administrar si próprio. Se você vem tentando controlar o tempo, está enfrentando uma batalha perdida. Não me surpreende que nunca tenha dado certo! Vou mostrar-lhe como administrar si mesmo. Uma vez que você aprenda como fazer isso, a vida ficará bem mais fácil.

Não estou aqui para dizer-lhe como deve gastar seu tempo nem que você deve trabalhar mais e de maneira mais inteligente, muito menos para pressioná-lo a fazer mais coisas. Estou aqui para mostrar-lhe como descobrir o que precisa ser feito e o que você quer fazer (as coisas divertidas) – e como fazê-las com menos estresse.

Por último, garanto-lhe que também já passei por tudo isso. Há dias em que fico muito cansada no final sem ter cumprido as tarefas que precisava. E-mails, desejados ou não, pessoas com quem preciso bater papo, tudo isso me aborrece. E, sim, eu também sei o que é adiar compromissos e tarefas e me sinto mal recusando convites. Não quero que pense que tenho todo o tempo do mundo e por isso não queira falar sobre o assunto, pois isso não é verdade. Assim como você, alguns dias sinto que preciso de mais tempo. Estamos no mesmo barco apressado, mas você pode pular fora dele. Descobri como manter o equilíbrio e algumas maneiras simples de me organizar. Se você tem um sonho que vive adiando ou se simplesmente quer viver menos apressado, estas dicas certamente o ajudarão a levar uma vida de que você goste.

Pronto? Vamos nessa! Quero que você se sinta menos estressado a partir de hoje!

Obs. Uma pequena observação antes de começarmos: neste mundo apressado em que vivemos, nossos contatos podem às vezes mudar. No momento em que este livro foi escrito, todas as informações e contatos das várias fontes e empresas que cito aqui estavam atualizados. Peço-lhe desculpas adiantadas se alguma dessas informações tiver mudado desde a impressão deste livro. Se você quiser comunicar alguma alteração para que possamos modificar as futuras impressões, por favor vá ao meu site, www.jamienovak.com.

Incluí endereços de sites e informações de empresas para que você possa conferir os produtos e serviços que achar interessantes. Não faço parte de nenhuma dessas empresas; apenas gosto de compartilhar informações sobre produtos e serviços que possam ajudá-lo sempre que me deparar com eles. Agora vamos ao que interessa!

## COMO CONSULTAR ESTE LIVRO

Prometo que ele será direto e útil, já que sei que se você tivesse tempo para ler um livro de cabo a rabo sobre como administrar o tempo você não precisaria de um!

Assim, por onde você deve começar? Recomendo firmemente que leia a parte um antes; ela lhe fornecerá os princípios básicos sobre como administrar melhor o tempo. Depois, você escolhe para onde ir. Vá até a seção que melhor preencha suas necessidades no momento. Vá diretamente à seção de planejamento de refeições se esse é seu principal desafio agora, mas se lidar com papéis e fotos é o seu problema estará perdendo tempo; então comece por esse item. A escolha é sua; não há como errar. Se você está sobrecarregado e escolher uma seção lhe parece difícil, então leia as dicas em ordem.

Muitos leitores do meu primeiro livro desta série, *1000 melhores segredos rápidos e fáceis para você se organizar*, me contaram que levavam um bloco de post-it junto com o livro; assim, quando queriam destacar uma dica, eles podiam colocar uma observação na página ou escrevê-la para si mesmos. Você pode tentar a mesma coisa.

Este livro é tão prático de carregar que é possível levá-lo dentro de pasta ou da sacola de bebê; assim, sempre que tiver um tempo livre, pode ler uma ou duas dicas.

Nem todas as mil dicas vão servir para você, já que não há soluções perfeitas para todos, e o tempo necessário para mudar os hábitos não é o mesmo para todo mundo. Porém, a maioria delas funcionará, e você pode modificar algumas para que se encaixem no seu estilo de vida.

Depois de ler o livro, aconselho-o a guardá-lo na prateleira para usá-lo como referência. Algumas seções, como as referentes a feriados, férias e a presença de um novo bebê podem não ser úteis agora, mas podem servir em algum momento, portanto guarde o livro e consulte-o quando necessário para relembrar as dicas. A maioria dos leitores conta que manter o livro à mão e ler uma dica ou duas de vez em quando lhes dá mais inspiração.

Estou tão animada por você estar adquirindo controle sobre o tempo! Desejo-lhe todas as coisas boas enquanto começa a desfrutar a vida dos seus sonhos!

**Parte um**

## PREPARANDO-SE PARA O SUCESSO

A maioria de nós pode lidar com uma nova rotina por alguns dias ou até por algumas semanas, mas logo a esquecemos e tudo volta rapidamente a ser como antes. Isso geralmente acontece por um ou dois motivos. Primeiro, você não está convencido da recompensa que a nova rotina traz, então perde o interesse. Segundo, o novo caminho não é fácil e, como você está ocupado demais, precisa urgentemente que as coisas sejam fáceis. A boa notícia é que todas as minhas soluções são fáceis, então esse não vai ser um problema. Mas também quero que você se sinta animado em relação à recompensa. O que quero dizer é que gostaria que ficasse claro por que você quer mudar a maneira de administrar o tempo. Uma vez que saiba o porquê, ficará muito mais fácil aderir à nova rotina.

A primeira coisa que faremos é descobrir o que está e não está funcionando para você e determinar por que você quer mudar. Depois passaremos às dez regras de ouro. Tudo isso vai impulsioná-lo ao sucesso e quero que você seja bem-sucedido. Então vamos começar juntos.

---

**QUESTIONÁRIO RÁPIDO: VAMOS AVALIAR O PREJUÍZO**

1. Com que frequência você você se oferece para fazer alguma coisa ou para ajudar alguém sem que lhe peçam?
   A. quase nunca   B. às vezes   C. a maioria das vezes

2. Com que frequência você chega ao final do dia sem cumprir itens da sua lista de afazeres?
   A. quase nunca   B. às vezes   C. a maioria das vezes

3. Com que frequência você perde tempo jogando conversa fora, fofocando ou vendo programas de tevê que não lhe interessam?
   A. quase nunca   B. às vezes   C. a maioria das vezes

4. Com que frequência você atende ao telefone apenas porque ele está tocando, mesmo que você esteja no meio de uma tarefa?
   A. quase nunca   B. às vezes   C. a maioria das vezes

5. Com que frequência você gasta tempo procurando por itens (chaves, celular, papéis etc.) perdidos ou deixados no lugar errado?
   A. quase nunca   B. às vezes   C. a maioria das vezes

6. Com que frequência você adia tarefas para realizá-las mais tarde?
   A. quase nunca   B. às vezes   C. a maioria das vezes

7. Com que frequência você se sente sobrecarregado, como se não tivesse tempo suficiente?
   A. quase nunca   B. às vezes   C. a maioria das vezes

8. Com que frequência você buzina (ou deseja buzinar) para o carro à sua frente assim que o farol muda do vermelho para o verde?
   A. quase nunca   B. às vezes   C. a maioria das vezes

9. Com que frequência você chega atrasado (ou em cima da hora) aos seus compromissos?
   A. quase nunca   B. às vezes   C. a maioria das vezes

10. Com que frequência você acaba realizando uma tarefa que outra pessoa podia fazer só porque você tem certeza de que pode realizá-la melhor ou mais rápido?
    A. quase nunca   B. às vezes   C. a maioria das vezes

11. Com que frequência você se oferece para fazer as coisas para os outros?
    A. quase nunca   B. às vezes   C. a maioria das vezes

12. Com que frequência você tem de tirar correspondências ou pilhas de papel da bancada ou da mesa do escritório para liberar espaço?
    A. quase nunca   B. às vezes   C. a maioria das vezes

13. Com que frequência você percebe que seus calcanhares e cotovelos precisam de um creme?
    A. quase nunca   B. às vezes   C. a maioria das vezes

14. Com que frequência você tenta se lembrar de tudo o que precisa fazer em vez de fazer uma lista por escrito com suas obrigações?
    A. quase nunca   B. às vezes   C. a maioria das vezes

**MAIORIA DE "A": VOCÊ PODERIA TER ESCRITO ESTE LIVRO**

Você é um especialista em administrar o tempo, mestre na arte de fazer malabarismos para cumprir a rotina, organizar horários e estabelecer limites. Você consegue delegar como um profissional e se sente bem em relação a tudo que consegue realizar. Você tem o problema oposto da maioria das pessoas; precisa aprender como regular a velocidade com que faz as coisas e ter tempo suficiente para si mesmo, enquanto mostra aos outros como ser autossuficiente sem se esquecer de que seu jeito de fazer as coisas não é o único jeito. Este livro lhe servirá como guia para que você aprenda a envolver outras pessoas em seus planos. Você ficará feliz ao ler as dicas e perceber o quanto você já faz e aprenderá algumas ideias novas e fantásticas para implementar imediatamente.

**MAIORIA DE "B": DÁ CONTA DAS COISAS ALGUNS DIAS, EM OUTROS FICA POR UM TRIZ**

Alguns dias você dá conta do recado, em outros... nem tanto. Você está se esforçando bastante e se saindo bem na maioria das vezes. É importante que se concentre em tudo o que conseguiu, já que está realizando mais do que pensa. Pare e se dê um crédito, depois trace um plano para descobrir uma maneira de dar conta de suas obrigações. Preste atenção, assim não se desviará do seu propósito. O melhor é escolher a área que quer melhorar e trabalhar até controlá-la bem antes de ir adiante. Concentre-se nas áreas do livro que o ajudarão a estabelecer as mudanças mais importantes rapidamente.

**MAIORIA DE "C": PARE O MUNDO QUE EU QUERO DESCER!**

Você se sente completamente sobrecarregado na maioria dos dias, mas a boa notícia é que há esperança! Certamente você está sempre atrasado, estressado, apagando incêndios em todos os lugares e ziguezagueando durante todo o dia. Você provavelmente também tem pouca energia e quer que o mundo pare para alcançá-lo. Posso garantir-lhe que não está sozinho. Acalme-se, descubra suas prioridades e trace um plano para recuperar o controle sobre sua vida e seu tempo. Este livro vai ser uma referência para você a vida toda. Leia-o devagar, seguindo todos os passos e em poucos dias notará mudanças positivas. A chave é começar. Não deixe este livro em uma pilha qualquer da sua casa. Leve-o com você e use-o diariamente.

## 1. Os princípios das dez regras de ouro

1. Assuma a responsabilidade. Perceba que você é o responsável por seu tempo e descubra como usá-lo. É claro, algumas vezes as coisas realmente saem do controle, mas na maior parte do tempo você decide. Assim, seja um guardião impiedoso e não deixe que roubem seu tempo. Se ajudar, finja que seus 1.440 minutos diários são dinheiro e pense antes de gastá-lo.

2. Use relógio. Usá-lo durante todo o dia vai melhorar muito sua capacidade de avaliar o tempo. Além disso, você sempre saberá que horas são, e isso o ajuda a manter-se na linha, evitando que fique em cima da hora, pensando "como foi ficar tão tarde?" e tenha de correr. Nota: Se você não é fã de usar relógio, você pode ter um relógio à mão optando por um modelo pequeno que fique pendurado na fivela do cinto, na bolsa, na bolsa do bebê ou em algum outro lugar criativo.

3. Use um *timer*. Isso não quer dizer que você precise se tornar tão radical a ponto de fazer soar uma campainha várias vezes por hora. Porém, um simples toque pode lembrá-lo de que é hora de aprontar-se para sair ou para começar o jantar ou ainda para fazer uma ligação pendente.

4. Cronometre-se. Meça o tempo que você leva para realizar as tarefas rotineiras, não tanto para que você condense sua rotina e realize-a mais depressa, mas para poder reservar tempo suficiente no futuro. Quando não sabemos quanto tempo cada tarefa requer, podemos superestimar ou subestimar o tempo necessário para realizá-la. Isso pode fazer com que você esteja sempre atrasado ou deixe de realizar uma tarefa porque pensa que ela tomará mais tempo do que de fato toma.

5. Faça o trabalho completo de uma vez. Quando fazemos apenas parte do trabalho, nossa lista de coisas a fazer se torna muito maior, uma vez que há outro trabalho esperando por nós. Por exemplo, quando terminar uma refeição, você ou outra pessoa deve colocar os pratos na lava-louças no mesmo instante. Se você for lavá-los, lave-os na mesma hora.

6. Preste atenção. Nós podemos estar tão apressados que fazemos as coisas sem prestar atenção e depois não conseguimos lembrar o que fizemos, dissemos ou onde deixamos algum objeto. Por exemplo, se você anda pela casa falando ao celular com a correspondência nas mãos, pode jogar as chaves em qualquer canto. Quando você for precisar delas de novo, não lembrará onde as deixou. Quando prestamos atenção ao que fazemos e adotamos hábitos rotineiros fáceis de lembrar, como sempre colocar as chaves no mesmo lugar ao cruzar a porta, a vida fica mais fácil.

7. Coloque etiquetas em tudo. A etiqueta torna mais rápido e fácil localizar os itens. Etiquetas nas prateleiras da garagem ajudam-no a encontrar os objetos facilmente; etiquetas nas cestas de roupa ajudam-no a ver rapidamente onde deixar a roupa branca. Usar as cores como código é outro jeito simples de identificar os objetos e as pessoas; por exemplo, o cesto branco da lavanderia fica para as roupas brancas e o azul, para as escuras. Quando precisar lembrar de levar seu filho a um evento, circule de verde o dia do compromisso no calendário da família. As etiquetas também evitam que joguemos algo no lugar errado, já que elas nos lembram exatamente o que pertence e não pertence a qual lugar.

8. Guarde os objetos onde você os usa. Deixe os itens de que precisa sempre à mão. Se você geralmente lê na sala de estar, guarde as revistas na mesinha de centro em vez de guardá-las no criado-mudo do quarto. Mantenha um par de cada objeto e

guarde-o onde você costuma usá-lo. Por exemplo, se você usa uma tesoura para abrir caixas na cozinha, mantenha uma na gaveta do armário, assim você não precisa ir sempre ao escritório para buscar a tesoura.

9. Logo que você se lembrar do que precisa fazer, escreva em algum lugar especial. Isso pode parecer perda de tempo, já que é preciso pegar papel e caneta, mas na verdade você acabará poupando tempo. Quando você escreve, sua mente fica com mais espaço livre, diminuindo, assim, a desordem mental. Além disso, você lembrará dos afazeres. E, por favor, pare de escrever na parte de trás dos envelopes ou em pedaços de papel! Logo que se lembrar do que precisa fazer, escreva no lugar certo: pode ser um caderno de espiral destinado apenas para fazer anotações.

10. Repense as palavras que você diz. Pare de dizer que não tem tempo e que é muito ocupado. Lembre-se: você acredita no que ouve, e se ouvir-se dizendo essas frases, vai acreditar nelas. Em vez disso, tente lembrar-se de que há tempo suficiente para realizar tudo o que precisa.

## 2. "Não" é a palavra mais difícil de dizer

**11.** Quando souber o que é importante para você neste momento da sua vida, será mais fácil recusar ofertas que o afastem das coisas que de fato lhe importam. Mas geralmente não é fácil dizer "não". Lembre-se de que a cada vez que você diz "sim" para alguma coisa, está dizendo "não" para outra. Se ajudar, pense nesta equação: se quero adicionar X ao meu horário, preciso subtrair Y.

**12.** Dizer "não" pode ser de fato difícil. Você não quer desapontar a outra pessoa e nos ensinaram a ser prestativos. Porém, aprender a dizer "não", ao menos de vez em quando, significa que está reconhecendo sua necessidade de ter mais tempo disponível, e você precisa aprender como fazer isso.

**13.** Pratique o ato de recusar ofertas (uma maneira mais palatável de dizer "não"). Quanto mais você fizer isso, mais fácil será. Mesmo que você precise praticar em voz alta no chuveiro, quanto mais você disser "não", mais fácil será.

**14.** Recuse vários tipos de pedidos. Não recuse apenas compromissos sociais ou pedidos para que você disponha de seu tempo. Permita-se recusar pedidos de membros da família e de amigos próximos para fazer favores ou gastar seu tempo em coisas que não estão no topo de sua lista de prioridades.

**15.** Mantenha um plano de ação. Decida antes quantos compromissos sociais por mês você quer aceitar, quantas horas quer gastar em atividades voluntárias e com que frequência está disposto a tomar conta do filho de outras pessoas. Quando você obtiver o número mágico, poderá chegar a um acordo e estabelecer seu plano de ação. As pessoas estarão menos propensas a brigar ou a se sentir ofendidas com sua recusa quando você colocar a culpa no plano que estabeleceu.

**16.** Escreva seu plano de ação! Apenas ter um plano de ação não é o suficiente – você precisa escrevê-lo para poder consultá-lo sempre até se sentir de fato comprometido com ele. Tente colocar o plano escrito perto do telefone e do calendário para que ele sirva como um lembrete visual, o que pode ser bastante útil até você ter o hábito de recusar ofertas com elegância.

**17.** Tenha em mente que você não pode fazer tudo e ainda fazê-lo bem. Pare de dispersar-se, de desapontar as pessoas e de não dar o melhor de si.

**18.** Pense no retorno que você terá antes de concordar em assumir uma tarefa. Você precisa de tempo para cumprir os afazeres que venham ao encontro de seus objetivos; não realize tarefas que lhe tragam pouco ou nenhum retorno.

**19.** Quando estiver em dúvida, diga "não". Você sempre pode voltar atrás e dizer "sim" depois. É muito mais fácil fazer isso do que aceitar uma tarefa e ter de pular fora do barco mais tarde.

**20.** Quando alguém lhe fizer um pedido e você não quiser aceitá-lo mas não souber exatamente como fazer isso, peça à pessoa que converse com você mais tarde. Assim você poderá fugir da situação e terá mais tempo para pensar melhor.

**21.** Quando alguém lhe pedir que gaste tempo fazendo algo, antes de ir logo aceitando, pergunte o que exatamente será exigido de você. Por exemplo, quanto tempo a última pessoa que realizou essa tarefa gastou para cumpri-la? Com essa resposta em mente você terá mais condições de aceitar ou recusar o pedido.

**22.** Negocie. Quando lhe pedirem para presidir um programa, por exemplo, negocie e concorde em ser o vice-presidente, mas não o líder. Quando alguém pede sua ajuda, você tem o poder de negociar.

**23.** Pare de doar seu tempo. Com frequência, mesmo sem que nos peçam, logo nos oferecemos para ajudar – o que significa mais trabalho para nós. Espere até que lhe peçam ajuda – você vai economizar muito tempo.

**24.** Se você planeja oferecer-se para realizar uma dentre várias tarefas, comprometa-se logo, assim você poderá escolher a tarefa que você tenha mais habilidade para realizar, que mais lhe agrade ou que leve menos tempo para ser cumprida. Você pode escolher como gastar seu tempo.

**25.** Lembre-se de que fazer sempre as coisas para os outros pode afetar e muito a sua qualidade de vida. É maravilhoso ser generoso e disponibilizar seu tempo, mas apenas depois de resolver sua própria vida. Fazer as coisas para os outros antes de fazer para si não é bom para você.

**26.** Divida seu novo plano com os amigos e a família, assim você não os magoará quando de repente passar a recusar convites. Evite tentar adivinhar como eles irão reagir; você pode ficar nervoso ao tocar no assunto por medo de que eles fiquem chateados ou o façam se sentir culpado. Em vez disso, a maioria das pessoas avisa os amigos, e a família concorda que ela também está sobrecarregada e recebe bem a ideia de reduzir o número de obrigações. Negocie sempre; por exemplo, em vez de ir toda semana ao shopping, vá passear e olhar vitrines uma vez ao mês e combine outro dia para ir fazer compras.

27. Não deixe que abusem de você. Às vezes, quando nos oferecemos para ajudar, nos vemos às voltas com muito mais a fazer do que esperávamos. Não há problema em fazer o favor mais depressa e dizer que você só pode dedicar tanto tempo à pessoa até a hora da sua próxima atividade ou o que quer que seja.

28. Uma boa maneira de ganhar tempo quando você está em uma situação difícil é dizer que precisa falar com sua família antes. Isso lhe dá mais tempo para pensar antes de aceitar ou recusar a proposta.

29. Recuse a oferta, mas ajude a pessoa a encontrar alguém para substituí-lo. Às vezes encontrar um voluntário leva menos tempo do que oferecer-se para ajudar. Você pode justificar essa atitude dispondo-se a consultar três amigos para substituí-lo.

30. Lembre-se de que se você aceitou fazer uma coisa sempre terá o direito de mudar de ideia. Você pode cancelar sua oferta depois de verificar sua agenda e perceber que não pode encaixar o compromisso em seu horário. Essa é a melhor opção para todos os envolvidos, já que você não conseguirá dar o melhor de si sob pressão.

31. Tire um tempo para se perguntar por que você está sempre se oferecendo para ajudar, pois sempre há uma explicação. Você tem um forte desejo de agradar? Quando você souber

a razão, poderá procurar outras maneiras de atingir os mesmos objetivos. Talvez em vez de dirigir uma organização, você possa pedir para que as pessoas digam o que acharam da comida que fez em casa. Os elogios que você receberá podem satisfazer suas necessidades e ajudá-lo a deixar passar outras oportunidades.

**32.** Não assuma responsabilidades demais; não se ofereça para telefonar de volta ou para organizar um evento. Em vez disso, deixe que outra pessoa faça isso – essa atitude pode ajudá-lo a economizar bastante tempo.

## 3. Plano de ação e início

**33.** O que você fará com o tempo hábil quando conseguir administrar melhor seu dia? Saber a resposta para essa pergunta o motivará a fazer mudanças no sentido de arrumar mais tempo para fazer aquilo que deseja. Pense por um instante, responda a essa pergunta e escolha um item que realmente o anime a administrar melhor seu tempo. Por exemplo, você pode querer passar mais tempo com as crianças, filiar-se a um clube do livro na internet, sair com sua esposa ou aprender a cozinhar. Quando você identificar uma ou duas coisas que lhe sejam importantes, se sentirá bem mais inspirado a fazer e a manter as mudanças necessárias.

**34.** Quanto sua vida é afetada pelo fato de você não dispor de tempo? Você fica estressado, não dorme direito nem o suficiente, fica distraído ou impaciente? Quando souber o preço que paga por nunca ter tempo para nada, se sentirá ainda mais motivado a obter o controle sobre seu dia.

**35.** Você precisa de mais tempo para dedicar-se a que áreas da vida? Por que está sempre com pressa? Alguns de nós precisamos de mais tempo o dia todo, mas a maioria tem problemas em administrar apenas uma ou duas áreas específicas da vida. Você pode ter pressa para sair de casa pela manhã, achar difícil sair do trabalho ao fim do expediente, precisar de mais tempo para passar com a família à noite ou ainda querer recuperar os finais de semana. Há soluções para cada área, mas identificar uma ou duas mudanças específicas na maneira de administrar o tempo o ajudará a saber por onde começar a fazer a mudança mais significativa e importante na sua vida.

36. Com o que você está desperdiçando tempo? Verifique com quais atividades você tende a perder tempo durante o dia. Pode ser em uma missão de busca e resgate para encontrar a chave antes de você conseguir sair de casa ou correr o risco de sair sem tudo o que precisa, perdendo tempo ao ter de voltar para casa. Você pode gastar tempo demais para verificar os e-mails ou para ir à loja pela terceira vez na semana porque esqueceu de comprar tudo da primeira vez. Identificar com o que você perde tempo é o primeiro passo para recuperá-lo.

37. Quase tão importante quanto descobrir o que não está dando certo é perceber o que está dando certo. Quando souber o que funciona para você, poderá aplicar a outras áreas. Observe os momentos em que se vê reclamando: "Tem de haver um jeito melhor", assim como aqueles em que diz: "Isso é fácil". Sempre que alguma coisa funciona é porque você conhece um jeito simples de realizá-la.

38. Quem é você hoje em dia? Você e seus interesses tendem a mudar; portanto, o que você um dia achou importante, aquilo que um dia o fez arrumar tempo, pode não ser mais relevante hoje. É essencial descobrir o que é importante para você neste momento. A vida tem muitos estágios, e o que foi prioridade alguns anos atrás pode não lhe interessar muito agora. Não faz sentido tentar arrumar tempo para gastá-lo com coisas que não o fazem feliz. Por outro lado, se algo o faz muito feliz, então é importantíssimo conseguir tempo para dedicar a isso.

39. Evite cair na arapuca de planejar o futuro enquanto perde o presente. Digamos que você um dia deseje fazer um curso de culinária, mas não pode no momento. Mesmo assim, você perde tempo reunindo informações sobre esse curso. Talvez você até gaste tempo comprando utensílios de co-

zinha e aparelhos que vai simplesmente guardar para talvez usar no futuro. E o que acontecerá se nesse meio-tempo você desistir ou se as informações e os aparelhos que você juntou ficarem ultrapassados? Você não vai poder recuperar o tempo que gastou com tudo isso.

40. Reveja a maneira como gasta o tempo pelo menos uma vez ao ano. Às vezes ficamos presos a uma situação e só continuamos a fazer uma coisa porque sempre a fizemos. Pense com cuidado em como gastar seu tempo e certifique-se de que não está deixando de fazer coisas que são importantes para você agora.

41. Você não tem tempo suficiente para fazer coisas que interessem apenas aos outros; elas precisam interessar a você também. Às vezes você pode assistir a um filme com sua família mesmo que não seja do tipo que você normalmente escolheria para ver, mas não é disso que estou falando. Falo sobre obrigar-se a passar muito tempo realizando algo que seja bom apenas para outra pessoa; se você não estiver fazendo isso pelos motivos certos, pode se sentir ressentido.

42. Certifique-se de que você de fato gosta das pessoas com quem passa a maior parte do tempo. A vida é curta, não a gaste na companhia de pessoas que não aprecia. É verdade que há momentos na vida em que somos obrigados a ficar com pessoas que não estão em nossa lista das preferidas, mas há muito tempo livre para escolhermos com quem ficar, por isso escolha com cautela.

43. Se há algo que você quer fazer, então arranje tempo para isso agora. Não espere mais! Não é bom se arrepender das coisas. Arrume o tempo necessário para realizar aquilo que é mais importante para você e sua família. E já que tocamos nesse

assunto, você sabe o que é importante para sua família? Se você não fez essa pergunta a seus familiares ultimamente, então a hora é agora. Talvez você se surpreenda com as respostas.

44. Quando você tiver de escolher como gastar o tempo, tente perguntar-se: "Daqui a seis meses estarei arrependido por não ter feito isso?". A resposta pode ajudá-lo a analisar a situação com mais clareza.

45. Elimine a palavra "deveria" do seu vocabulário. Quando dizemos que deveríamos fazer algo, quer dizer que não estamos convencidos de que queremos fazê-lo, e quando não queremos fazer alguma coisa, tendemos a adiar. Em vez disso, diga que você quer fazer determinada coisa. Se for algo que você não quer fazer, descubra uma maneira de deixar alguém fazê-lo em seu lugar ou faça-o logo e fique livre. Mas pare de tentar convencer-se de que "deveria" fazer algo.

46. Pense sobre as tarefas sob uma perspectiva nova ou diferente. Só porque você faz algo sempre do mesmo jeito, não significa que seja o único jeito possível de fazê-lo. Na verdade, talvez esse nem seja o melhor jeito. Analise como quem está de fora.

47. Trace um plano que funcione. Se você tem duas crianças pequenas em casa durante o dia, então planejar passar o aspirador na casa na hora em que elas estiverem cochilando não vai dar certo. Leve todos os fatores relevantes em consideração quando for traçar o plano. Seja flexível e lembre-se de que não importa em que fase de vida você esteja, ela vai passar. Assim, se você tiver três crianças pequenas que costumam brincar em casa e esperar que não haja brinquedos na sala, você não estará sendo realista. Em poucos anos, entretanto, esse pode ser um projeto

possível. Não deseje que a fase de vida em que você está passe, pois ela passará logo de todo jeito.

**48.** Seu plano tem de ser seu plano, não o plano de sua esposa ou esposo ou da sua mãe, mas apenas seu. Se você não se comprometer com ele, o plano não funcionará. Você tem de planejar para sair-se bem, não para fracassar!

**49.** Lembre-se de que não existe um plano perfeito para que você tenha controle sobre seu tempo. Se você estabelecer objetivos muito difíceis de alcançar, nunca irá satisfazer suas expectativas. Portanto, diminua o obstáculo, atinja seu objetivo e então siga adiante.

**50.** Se você começar com objetivos mais simples e alcançáveis, então pode tentar atingir um deles e só depois tentar atingir o próximo. Porém, se você tiver um objetivo muito ambicioso, nunca desejará começar, já que ele lhe parecerá muito difícil.

**51.** Lembre-se de que não há plano certo ou errado. Você pode perder um tempo valioso se preocupando se tal plano é o certo para você, mas em vez disso deve se lançar nele e levá-lo adiante. Os resultados lhe mostrarão se se trata ou não do plano certo, aí você poderá fazer os ajustes necessários. Contudo, olhar para um plano no papel e tentar adivinhar se ele é bom para você é impossível. Você precisa experimentá-lo para ver se serve.

**52.** Conte com os atrasos, assim quando eles ocorrerem você não será pego de surpresa nem terá de mudar sua agenda. Trânsito, tempo ruim e obras nas ruas são exemplos de coisas que estão fora de nosso controle, mas você pode controlar a maneira como elas o afetarão. Ao contar com elas, você ganha tempo se elas não ocorrerem e se mantém no rumo certo, caso ocorram.

**53.** Não tenha medo de que planejar irá diminuir sua espontaneidade ou sua criatividade. Porém, esteja certo de que o oposto é verdadeiro. Quando você tem um plano, economiza tempo – o que significa que ainda sobrará tempo livre para você usá-lo como desejar.

**54.** Encha o tanque quando ele estiver pela metade em vez de esperar até que a luz do combustível acenda, assim você não precisará fazer uma parada não programada para abastecer ou, ainda pior, ficará sem combustível e perderá muito mais tempo.

**55.** Coloque um relógio no banheiro. Isso será extremamente útil quando você tiver apenas dez minutos para tomar um banho rápido ou para evitar que perca tempo enquanto briga com o cabelo ou se maquia.

**56.** Ajuste os relógios na hora certa. Adiantá-los dez ou quinze minutos é um truque antigo que raramente funciona. Quando adiantamos o relógio, ao olhar as horas automaticamente calculamos a diferença de tempo. Além disso, se você deixar apenas alguns relógios adiantados e outros no horário, poderá se confundir e não saber qual deles está certo. Você pode inclusive chegar mais tarde porque se confundiu com os dois.

**57.** Estabeleça seu objetivo e pense nele do fim para o começo, assim você saberá do que e de quanto tempo precisa para realizá-lo, conseguindo cumprir o horário. Essa ideia de reverter os eventos funciona tanto para quando você quer sair para o trabalho de manhã como para reorganizar o quarto.

**58.** Calcule seu quociente pessoal. Digamos, por exemplo, que você precise estar no centro esportivo para matricular seu filho em um jogo de futebol às oito horas da manhã seguinte. Aqui vai a maneira como você deve calcular seu quociente:

**Rotina da noite:** Você quer dormir oito horas seguidas e leva 15 minutos para pegar no sono mais 15 minutos para se arrumar para deitar. Além disso, precisa de 15 minutos para achar o formulário de matrícula na pilha de papéis do balcão da cozinha.

**Rotina matinal:** Você precisa de 45 minutos para se arrumar, de 15 minutos para tomar o café da manhã e de cinco minutos para dirigir até o centro esportivo. Como você não contou o trânsito e os faróis vermelhos, você calcula que precisa de 15 minutos em vez de cinco, só para garantir.

**59.** Para saber quanto tempo você precisa antes de arrumar o alarme do relógio, faça os cálculos. Você vai precisar de 1h15 para se levantar e chegar lá, portanto precisa sair da cama às 6h45 da manhã (se você costuma desligar o alarme e voltar a dormir, ajuste o relógio para tocar mais cedo). Para poder dormir oito horas seguidas, na noite anterior você deve ir se deitar às 22h45. Antes disso, você vai precisar de pelo menos 15 minutos para encontrar a papelada de que precisa. Como isso talvez leve mais tempo do que você espera, calcule meia hora; se você terminar antes, terá um tempo extra. (Não é bom que procure olhar a pilha de papéis apenas um pouco antes de se arrumar para deitar – ver todas as coisas que ainda precisa fazer pode distraí-lo!)

**60.** Um *timer* pode ajudá-lo a manter-se concentrado e dentro do horário.

**61.** No final do dia, lembre-se de que esta é sua vida, e só você tem o poder de controlá-la. Pare de reclamar que o tempo está lhe escapando pelos dedos e de culpar os outros por roubarem seu tempo – isso apenas consome mais tempo. Em vez disso, assuma o controle e comece a usar o tempo com inteligência.

**62.** Não podemos controlar o tempo; podemos apenas controlar a nós mesmos. Portanto pare de lutar uma batalha perdida e comece a se concentrar em suas ações, não apenas nos minutos do dia.

### TENHA MAIS TEMPO DISPONÍVEL HOJE MESMO!
1. Comece praticando as dez regras de ouro para administrar o tempo.
2. Aprenda a dizer "não" gentilmente e não se sinta culpado por isso.
3. Trace um plano que servirá para seu estilo de vida.

### TENTE ISTO:
Pare de pensar que você não tem tempo disponível. Em vez disso, lembre-se de que você tem tempo suficiente para fazer aquilo que escolher. Você vai acreditar quando disser isso a você mesmo. Se você disser a você mesmo que não tem tempo o suficiente, isso se tornará verdade, mas se em vez disso você disser que tem tempo para fazer tudo o que realmente importa, então isso acontecerá.

### REPITA COMIGO:
"Eu gostaria muito, mas é hora para ficar com minha família. Obrigado por pensar em mim. Espero que consiga uma companhia."

**Parte dois**

## Organização

A pergunta que mais me fazem sobre como administrar o tempo é: "Como faço para priorizar os itens da minha lista de coisas a fazer?". Tentar descobrir qual item deve vir primeiro na sua lista de coisas a fazer não é o melhor modo para começar. Devemos começar descobrindo quais são nossas prioridades. Quando você souber quais são elas, saberá o que deve vir primeiro na sua lista. Portanto, pare de organizar e reorganizar a sua lista; não se preocupe em marcar "letras A" ou "números 1" nas obrigações que aparecem primeiro – tudo isso é perda de tempo se você não identificar antes o que de fato lhe é importante. Em vez disso, pegue as três primeiras coisas que são mais importantes para você e realize tarefas relacionadas a elas em primeiro lugar.

## 4. Calendário / Agenda

**63.** Escolha uma agenda ou um calendário que se adapte à sua vida. Não se preocupe em comprar o modelo mais recente, pois, se não servir para você, não adiantará insistir. Em vez disso, escolha algo que funcione para você, assim terá mais chances de se dar bem. (Ver p. 48 para ajudar a determinar qual modelo de agenda se adapta melhor a seu estilo de vida e personalidade.)

**64.** Preencher seu tempo é a primeira coisa que você precisa fazer. Nunca sobrará tempo para fazer as coisas de que gosta. A vida é curta, por isso marque primeiro as tarefas de que gosta no calendário e depois preencha-o com as demais. Use uma caneta para marcar a noite em que sairá com sua esposa, clube do livro, tomará um café com um amigo, irá à aula de tricô, ao cabeleireiro e deixe um tempo livre sem compromissos para deixar a espontaneidade voltar à sua vida.

**65.** Antes de marcar uma tarefa ou um compromisso em seu calendário, pense um pouco para ver se está de acordo com suas prioridades. Se você não fizer isso, vai acabar temendo o compromisso e evitará cumpri-lo.

**66.** Você pode escrever sua pequena lista de prioridades em um post-it e colocá-la perto do calendário. Use a lista para decidir qual a melhor maneira de gastar seu tempo. Às vezes priorizar as tarefas pode ser exaustivo, como se você tivesse de organizar sua vida antes de saber o que deve ou não fazer. Se pensar em termos de "sim" e "não" lhe parece menos complicado, então crie uma lista com essas duas opções: em uma coluna anote as coisas que não quer mais aceitar, como presidir uma organização, e na outra, as coisas que deseja fazer, como brincar com seus filhos duas vezes por semana.

67. Estabeleça um nível de igualdade para as diferentes atividades. Por exemplo, se você gosta das aulas da academia do seu bairro, talvez fique em dúvida em relação a quantas aulas encaixar em seu horário. Simplifique o processo de decisão estabelecendo um nível de igualdade, digamos três: escolha três aulas por semestre. Você pode estabelecer um nível de igualdade para cada atividade com base no número de horas ou no custo do curso. Portanto, digamos que você deixe livres duas noites de sábado por mês para a vida social ou que compareça apenas a três casamentos por ano, já que seu orçamento só pode financiar essa quantidade de presentes.

68. Tenha apenas um calendário ou agenda. Ter mais de um pode confudi-lo mais do que se não tivesse nenhum, pois você terá dificuldade em lembrar de marcar as atividades em todos e inevitavelmente marcará dois compromissos para o mesmo dia.

69. Não se esqueça de deixar "espaços em branco" no calendário e na agenda: isso é extremamente importante. Se você marcar uma série de tarefas, saídas, compromissos e trabalhos, ficará exausto rapidamente. Em vez disso, deixe bastante tempo livre – períodos de tempo ou dias inteiros sem nenhuma obrigação para você poder relaxar ou fazer o que quiser.

70. Preencher o dia inteiro com atividades também é uma má ideia, já que você não terá tempo livre entre as atividades. Você nunca sabe o que o fará atrasar-se para um compromisso – o trânsito, um filho chateado, a necessidade de abastecer o carro, a perda das chaves, o tempo ruim, uma obra,

um amigo falastrão ou alguém atrasado que o faz atrasar-se também; qualquer um desses casos, ou vários outros, podem fazê-lo se atrasar. Deixar algum tempo livre permite que você volte a cumprir o horário estabelecido.

**71.** Quando você anotar um compromisso no calendário ou agenda que requeira outros afazeres, anote-os também. Por exemplo, se marcar de ir a uma festa de aniversário, volte mais ou menos uma semana e anote que você precisa comprar o presente e um cartão. Isso vai evitar que tenha de correr no último minuto a uma loja ou que chegue tarde no dia da festa porque precisou parar no caminho para comprar o presente e embrulhá-lo no carro.

**72.** Anote no calendário ou agenda todas as informações relacionadas ao compromisso. Se você precisar comparecer a um encontro na casa de um colega, anote o endereço e o telefone também. Isso o fará economizar tempo caso precise entrar em contato com a pessoa; você também não precisará procurar pelo telefone ou pelo endereço no dia do encontro.

### FUNCIONOU PARA ELA

"Um grande calendário de parede com códigos coloridos para mostrar quem vai participar de cada atividade. Anote o nome da pessoa e o meio de transporte necessário ao lado de cada atividade e CIRCULE-OS: 'Papai dirige', 'Maryann vai buscar/dar carona' etc."

*Nancy E.*

**73.** Escreva lembretes no calendário. Anote os eventos futuros para que você se lembre deles. Por exemplo, se você fez uma encomenda pelo telefone, anote o dia em que ela deverá chegar. Se estiver previsto para chegar em sete ou dez dias, conte dez dias no calendário e anote que a encomenda deverá chegar nessa data. Anote também a data do pedido, o nome do atendente e o telefone da empresa. Assim, se por alguma razão o item não chegar, você poderá ligar rapidamente atrás de informações sem precisar procurar o telefone ou tentar lembrar o nome da pessoa com quem você falou dias atrás. Se a encomenda chegar na data certa, risque-a do calendário.

74. Quando você já tiver escrito todas as informações necessárias na agenda ou calendário, em vez de rescrevê-las caso precise delas novamente, faça uma nota para voltar à data que contenha a informação necessária. Digamos que você tenha uma consulta com um novo médico e anote o endereço do consultório e outras informações. Se a consulta for remarcada, em vez de transcrever toda a informação, apenas faça uma nota no dia da nova consulta: "Ver 7 de outubro para mais informações".

75. Em vez de gastar tempo procurando papéis relacionados aos compromissos a que você terá de comparecer (por exemplo, ingressos ou convites para uma festa), use um clipe para anexá-los à agenda.

76. Se você costuma ter muitos papéis para anexar, compre uma agenda que tenha um plástico para colocar os papéis.

77. Os códigos coloridos permitem que você visualize logo os compromissos marcados no calendário. Embora usá-los pareça algo que vai lhe tomar ainda mais tempo, na verdade, como você tem o material necessário à mão, eles vão ajudá-lo a poupar tempo e a sentir-se no controle do seu horário. Outra vantagem é que os membros da sua família podem marcar seus próprios compromissos. Uma das maneiras mais fáceis de usar o código de cores é escolher uma caneta colorida ou um marcador de textos para cada pessoa da família, assim cada um pode usar

uma cor para marcar os compromissos. Por exemplo, anote ou sublinhe de azul o futebol do seu filho e de rosa a festa de aniversário que sua filha deve ir. Os compromissos familiares podem ser escritos em outra cor ou com a cor da mãe ou do pai.

78. Quando olhar para o calendário, pense em seus planos para a semana toda em vez de para apenas um dia. Os dias passam tão depressa que você se sairá melhor se planejar suas semanas. Pense horizontalmente em vez de verticalmente, ou seja, na semana toda em vez de apenas nas horas do dia.

79. Pare de perder tempo ao virar as folhas de seu calendário ou agenda para encontrar a página atual. Coloque um post-it ou um marcador de livro na página atual ou rasgue seu canto para encontrá-la facilmente.

80. Sua agenda precisa de um lar. Escolha um lugar para guardá-la. Como você vai ter o trabalho de anotar os compromissos nela, precisa ter certeza de que vai encontrá-la quando precisar consultá-la.

81. A agenda só vai funcionar se você consultá-la. Crie o hábito de olhá-la durante o dia. Se tiver espaço, deixe-a aberta no aparador ou na escrivaninha.

82. Anote os novos compromissos diretamente no calendário ou agenda em vez de anotá-los em um pedaço de papel e depois transcrevê-los para o calendário. Reescrevê-los é perda de tempo.

83. Compre um calendário ou agenda pela internet. Você pode experimentar estes sites: www.agendastip.com.br ou www.calendarios.com.br.

84. Se você usa um calendário de papel e tem compromissos que se repetem mensalmente, anote-os em um post-it e mude a nota de lugar todo mês. Se você precisa se lembrar de pagar as contas mas acha que uma pequena anotação no calendário não será suficiente, escreva uma nota em um post-it e mude-a de lugar todos os meses quando cumprir seu compromisso.

85. Guarde seus calendários/agendas antigos. Guardá-los desde os últimos sete a dez anos pode ajudá-lo a poupar bastante tempo. Eles servirão não apenas como um arquivo para as questões relacionadas a impostos como para quando você precisar de informações de anos atrás. Observação: Um bom lugar para guardar é junto com os papéis referentes ao imposto de renda anual.

86. Se você optou por um calendário eletrônico, talvez seja útil guardá-lo em um estojo junto com uma caneta e papéis para fazer anotações rápidas em caso de o calendário não funcionar direito em determinado dia.

---

### CINCO PASSOS PARA ESCOLHER A AGENDA CERTA PARA VOCÊ

Escolha uma agenda. Lembre-se de que não há uma agenda ideal, por isso escolha a que mais se adapte ao seu estilo de vida e comece a usá-la. Ao escolher um modelo, verifique as seguintes características: portabilidade, espaço suficiente para fazer anotações diárias, espaço para escrever uma lista de afazeres diária, papéis de anotação em branco, se há porta-canetas e espaço para anotar nomes e endereços. (Ainda não sabe qual a melhor agenda para você? Visite meu site, www.jamienovak.com, e faça um teste rápido [em inglês].)

Prós e contras: agenda de papel *versus* agenda eletrônica. Os modelos eletrônicos apresentam várias vantagens. Eles são compactos, você pode programá-los para que o lembrem de um compromisso e os eventos que acontecem mais de uma vez só precisam ser anotados uma única vez. As agendas eletrônicas podem organizar listas e, para isso, basta clicar em um botão; podem armazenar informações e sincronizá-las com outros computadores. Se você sabe lidar bem com a tecnologia e está disposto a tomar alguns cuidados com a agenda, como recarregar a bateria, então um modelo eletrônico é perfeito para você. Se você precisa analisar toda a semana ou não tem pique para manter uma versão eletrônica, então fique com o papel e a caneta. (Mesmo as pessoas que possuem uma agenda eletrônica acabam anotando informações no papel e depois passando-as para a agenda, assim nenhum modelo vai livrá-lo completamente do papel.)

Você não precisa ficar perdido entre todas as opções. As agendas têm vários formatos, tamanhos e cores, assim como tipos diferentes. Faça uma lista com as três características importantes para você e procure por elas. Por exemplo, talvez o ideal seja um modelo que dobre como uma bolsa de mão ou um que tenha um cordão, assim você pode amarrá-lo e colocá-lo dentro de uma pasta cheia.

Para simplificar as coisas, talvez você ache interessante manter duas agendas. Isso na verdade tornará sua vida mais complicada. Você pode esquecer onde anotou um evento e inevitavelmente vai assumir vários compromissos no mesmo horário. Além disso, você realmente perderá tempo, já que terá de verificar duas agendas em vez de apenas uma para não perder compromissos e encontros importantes.

Estabeleça um lugar fixo para deixar sua agenda. Assim como tudo o que você tem, sua agenda precisa de um lugar para onde possa voltar imediatamente após o uso. Escolha um local fácil de lembrar e de acessar.

## COMO OBTER O MELHOR DE SUA AGENDA

87. Preencha sua agenda. Reúna os itens que você mais acessa e passe todas as informações (como nomes, endereços e telefones úteis) para sua nova agenda em pequenos espaços de tempo. Em vez de usar o caderno de endereços em ordem alfabética, utilize algumas páginas para contatos específicos, como "amiguinhos das crianças", "pessoal da carona" e "técnico esportivo". Assim você pode mudar de página facilmente em vez de ter de vasculhar a agenda toda atrás de informações. Considere as informações essenciais e coloque-as na agenda, como os números do seguro, as senhas do computador, o número de série de aparelhos e os aniversários e insira essas informações em espaços especialmente designados para isso.

88. Faça da agenda sua mais recente melhor amiga e leve-a a todos os lugares – às compras, ao trabalho, quando for buscar as crianças na escola –, sem exceção. Para que cumpra sua função, ela tem de estar com você. Para lembrar de levá-la sempre com você antes de sair de casa, deixe suas chaves em cima dela.

89. Crie uma rotina para olhar sua agenda. Verifique na noite anterior seus planos para o dia seguinte e mantenha a agenda aberta durante o dia para checar sua lista de afazeres.

90. Já que lembrar de checar os compromissos é apenas meio caminho andado, que tal colocar um *timer* ou um alarme ou fixar notas em lugares fáceis de visualizar para ajudá-lo a manter-se no horário? Outra ideia útil é conciliar esse novo hábito com hábitos antigos; por exemplo, cheque a agenda antes de cada refeição ou antes de deitar, quando for escrever sua lista de afazeres para o dia seguinte. Eis os dois benefícios de olhar

os compromissos no final do dia: 1) ajudá-lo a se planejar, assim você poderá começar a trabalhar logo de manhã; e 2) permitir que escreva tudo o que estiver em mente, assim você poderá deitar com a cabeça livre de problemas e dormir tranquilamente.

**91.** Anote todos os seus encontros, atividades e tarefas recorrentes. Talvez seja útil usar canetas coloridas para escrever os diferentes compromissos (por exemplo, vermelho para encontros, azul para atividades relacionadas ao trabalho e verde para eventos familiares). Isso fará com que você reconheça os diferentes tipos de eventos facilmente quando passar os olhos pela página. Se sua família for muito grande, use uma cor diferente para as atividades de cada membro.

## 5. Organização da lista de afazeres e planejamento

**92.** Se você não tiver uma boa estrutura, crie uma. Em geral, tendemos a fazer melhor as coisas quando temos de cumprir prazos. Pense no dia anterior às férias; de alguma forma você consegue cumprir toda sua lista de afazeres. Em compensação, quando temos o dia todo livre, na verdade fazemos menos coisas. Para manter-se sempre em dia, estabeleça prazos. Por exemplo, se você for encontrar um amigo para fazer compras no meio da manhã, anote as contas que precisa pagar antes de sair. Agora você tem um prazo para terminar de anotar as contas antes de poder ir às compras. Sem se organizar, pode ser muito fácil pular de projeto em projeto durante todo o dia sem fazer nada direito, já que você terá a sensação de que pode resolver tudo à hora que quiser.

**93.** Ocupe apenas 75% do seu tempo; você tem de se permitir fazer coisas inesperadas. Se você ocupar todo o seu tempo, sem dúvida ficará para trás e não terá tempo para se atualizar.

**94.** Anote tudo. Essa tarefa simples vai ajudá-lo imediatamente a recuperar o controle sobre seu tempo. O segredo é escrever tudo em um único espaço, como um pequeno caderno de espiral que você possa levar com você. (Determine um lugar para deixar o caderno de anotações, do mesmo modo que você faz com sua agenda, assim você o terá sempre à mão.)

**95.** Pare de fazer listas mentais. Tentar lembrar tudo é um grande erro; você só é capaz de lembrar uma certa quantidade de coisas e, geralmente, esquece depois, o que o faz perder tempo. Por exemplo, você pode lembrar de parar no supermercado mas se esquecer de algo de que realmente precise, o que significa que você terá de voltar lá mais tarde. Além disso, tentar lembrar de tudo gera uma bagunça mental e diminui sua capacidade de realizar outras tarefas.

**96.** Controle sua lista diária de afazeres. Ela deve ser composta de cinco a dez tarefas, inseridas acima e abaixo de suas tarefas rotineiras, como levar as crianças e lavar a louça. Ligar para o banco para checar uma cobrança que você não reconhece conta como uma das cinco ou dez tarefas. Ir ao supermercado, pôr em ordem a correspondência, cuidar do jardim, cada item conta como uma tarefa. O objetivo é cumprir sua lista de afazeres no final do dia. Mesmo que o limite de cinco a dez tarefas lhe pareça pequeno, tente evitar adicionar mais itens à lista. Em vez de fazer uma lista enorme, que você nunca conseguirá cumprir, faça uma lista pequena passível de ser cumprida. Depois disso, você poderá parar ou começar a lista do dia seguinte.

**97.** Quando for acrescentar itens à sua lista de afazeres, coloque os itens similares juntos – cada qual com seu igual. Por exemplo, anote as ligações que precisa fazer em um lugar da página, todas as saídas que precisa fazer em outro e assim por diante.

**98.** Limpe a mente. Com frequência guardamos de cabeça ideias e listas de afazeres em vez de escrevê-las. Isso nos faz perder tempo. Tire alguns minutos para anotar tudo o que pensa em fazer. É bem provável que essa lista seja muito longa e difícil de cumprir. Ela não será sua lista de afazeres; será sua lista principal! Quando você perceber que anotou tudo o que deseja fazer nela, poderá escolher uma tarefa ou duas para realizar quando tiver um tempo livre. Quando terminar uma tarefa, mude para o próximo item da lista principal. (Pode ser útil manter essa lista na sua agenda para aumentá-la.)

99. Pare de reescrever sua lista. Se ela precisa ser reescrita no final do dia, é sinal de que está muito longa ou de que você está anotando os itens errados; na maioria dos dias você só conseguirá cumprir de cinco a dez tarefas. Se no final do dia você não tiver cumprido todas as tarefas a que se propôs, observe o que você tem anotado na lista. Você respeita o limite das cinco a dez tarefas do topo da lista ou faz uma lista com as coisas que você gostaria de ter tempo de fazer? Se for esse o caso, você deve fazer a lista de desejo em outro papel.

100. Estabeleça objetivos realistas. Se você tem uma garagem de duas vagas tão bagunçada que mal consegue ver o chão e se propuser a arrumá-la em quatro horas, dificilmente conseguirá cumprir a tarefa. Em vez disso, estabeleça um objetivo mais fácil, como retirar as pilhas de lixo reciclável dos dois lados da garagem. O bom de estabelecer objetivos realistas é que você é capaz de alcançá-los (e às vezes até de ultrapassá-los), o que o deixa em vantagem. Quantas chances temos de nos sentir assim na vida?

101. Separe sua lista de afazeres em três partes – "urgente", "importante" e "se sobrar tempo"– esse é um jeito simples de realizar as tarefas principais sem se sentir pressionado.

102. Divida as tarefas maiores. Quando você tiver de cumprir uma tarefa muito extensa que o deixe sobrecarregado, divida-a em tarefas menores e mais exequíveis. Por exemplo, se você tiver de trocar seu guarda-roupa de verão e de inverno, não planeje fazer tudo em um dia só, senão parecerá muita coisa e você vai acabar adiando a tarefa em vez de começá-la. Tente dividir a tarefa em partes menores; por exemplo, coloque as camisetas regatas em uma caixa; limpe suas sandálias de dedo e fique apenas com as peças boas; lave as malhas mais leves e

leve os casacos pesados para a lavanderia. Cada uma dessas tarefas é factível e você saberá exatamente o que fazer.

**103.** Organizar uma caixa de tarefas o ajudará a evitar perder tempo extra. Pegue qualquer caixa e deixe-a à mão ao lado de pedaços de papel e uma caneta. Sempre que você pensar em uma tarefa que precisa realizar mas que não tenha prazo definido para isso, como verificar se todas as canetas do seu porta-canetas estão funcionando, escreva-a num pedaço de papel e coloque-o na caixa. Retire um papel com uma tarefa da caixa sempre que tiver um tempo livre (por exemplo, quando estiver esperando para ser atendido em uma ligação) ou quando tiver apenas alguns minutos disponíveis antes de sair de casa. (Mas certifique-se de que a tarefa não o fará sair atrasado!)

**104.** Leia sua lista de afazeres em voz alta para verificar se ela está muito longa. Se ao descrever seus afazeres do dia seguinte você usar a palavra "depois" mais de nove vezes, sua lista provavelmente terá mais de dez itens e você precisará reduzi-la. Por exemplo, se você disser "Vou deixar as crianças na escola, depois vou ao supermercado, depois a uma reunião com os professores das crianças, depois ao banco, depois à livraria e depois...". Você entendeu; são muitas tarefas para uma lista de afazeres só.

**105.** Estabeleça prazos para cumprir sua lista de afazeres. Se você não estabelecer uma data para cumprir cada tarefa, é provável que nunca termine seus afazeres. Estabeleça um prazo final e prazos menores para cada tarefa para não se atrasar. Se você planeja pintar o quarto, escolher a cor que irá usar e saber quando quer que o pintor comece o trabalho são tarefas que você precisa fazer antes para ter certeza de quando precisará começar a chamar os pintores para fazer o orçamento.

106. Você prefere usar o computador ou precisa dividir sua lista de afazeres com outras pessoas? Então o site Google Agenda pode lhe ser útil. É só cadastrar-se, criar listas e dividi-las com outras pessoas.

107. Em vez de anotar os afazeres na parte de trás de envelopes e em post-its, leve seu caderno e escreva as tarefas no lugar certo desde o início. Você não perderá tempo reescrevendo ou procurando um papel perdido em algum canto. Além disso, você gastará muito menos tempo para ler uma única lista do que para ler notas em 20 guardanapos, recibos e pedaços de papel amarrotados.

108. Priorize os itens de sua lista ao observar as consequências de protelar cada tarefa. Por exemplo, quando tiver de decidir entre pagar as contas ou devolver o livro à biblioteca em um determinado dia, prefira pagar as contas, já que o atraso pode lhe custar vários reais, enquanto a multa da biblioteca será bem mais barata.

109. Com frequência, você pode realizar uma tarefa antes mesmo de encontrar sua lista de afazeres para anotá-la. Se você for levar apenas alguns minutos para cumprir a tarefa, considere começar e terminá-la logo em vez de adicioná-la à lista.

110. Haverá dias, às vezes semanas, em que você precisará lidar com um projeto especial em vez de ficar em dia com suas tarefas rotineiras. Você talvez precise organizar uma festa, coordenar uma mudança, lidar com uma crise ou qualquer outra situação que requeira tempo e atenção. O truque é manter todas as bolas no ar sem derrubá-las. O jeito mais fácil e menos estressante de fazer isso é organizar um plano. Escolha momen-

tos específicos do dia para dedicar-se ao novo projeto sem que precise mexer no seu horário do dia a dia. Assim, se você estiver redecorando um quarto, por exemplo, poderá escolher tratar das tarefas relacionadas ao projeto no início das tardes. Assim você saberá que seu dia começa e termina sempre do mesmo jeito, mas deixará um tempo para escolher as cores das tintas, ligar aos empreiteiros, rever orçamentos, assim por diante. Sem um plano, tudo pode ir por água abaixo.

## 6. Pare de se colocar em segundo plano e recupere os finais de semana

111. Embora você possa argumentar que dedicar-se às suas necessidades deveria ser o último item da sua lista, já que isso ocupa o tempo que poderia ser dedicado a outras coisas, as companhias aéreas nos ensinam uma lição valiosa a respeito: coloque sua máscara de oxigênio primeiro. Em caso de emergência, você deve colocá-la antes, assim você poderá cuidar melhor daqueles à sua volta. Esse princípio também vale para o dia a dia. Se você não cuidar dele, não poderá cuidar bem de ninguém mais.

112. Lembre-se de que quando você não estiver se sentindo 100%, demora mais tempo para fazer as coisas, e as tarefas que requerem sua atenção podem acumular-se. Se você não tomar conta de si mesmo e ficar doente, quem irá cuidar de sua lista de afazeres? Se estiver muito apressado e desatento a ponto de prejudicar-se, quem vai substituí-lo? Cuidar de si é uma necessidade, não um luxo.

113. Tudo bem não fazer absolutamente nada, alternar períodos de intenso trabalho com momentos de ócio. Você pode se achar preguiçoso, mas é bom dedicar um tempo para contrabalançar. Se você não tira um tempo para descansar o corpo, corre o risco de fazer coisas demais, o que pode lhe causar muitos problemas.

114. Tenho certeza de que você já ouviu isto antes, mas vou dizê-lo de novo: durma bem, faça exercícios físicos e alimente-se corretamente. Ns maioria das vezes, é mais

fácil falar do que fazer. Muitos de nós ouvimos esse conselho e logo imaginamos um quadro que inclui refeições balanceadas, academia de ginástica e oito ou mais horas de sono por noite. Como esse é um quadro pouco factível para a maioria de nós, geralmente desistimos antes mesmo de começar. Em vez de apenas desistir, tente analisar a questão do lado de fora. Você pode encaixar em seu horário alguns minutos por dia para exercitar-se? Pode estacionar o carro mais longe para andar um pouco mais? Que tal substituir as batatas fritas por frutas frescas ou pedaços de vegetais crocantes? Você pode escolher uma ou duas noites para, de modo constante, marcar um encontro com os lençóis mais cedo que de costume, não importa o que aconteça, mesmo que precise deixar algumas tarefas por fazer?

### FUNCIONOU PARA ELA

"Se você toma vitaminas, coloque-as em um porta-comprimidos com separações que designem os dias da semana. No domingo (ou em um dia específico da semana), pegue todas as vitaminas que você tomará durante a semana e coloque-as no porta-comprimidos. Assim você não vai precisar pensar no assunto durante toda a semana, só vai ter de tomar as vitaminas!"

*Amy Stanley Greensburg, Pensilvânia*

**115.** Você sempre pode mexer na sua lista de afazeres. Sem diversão na vida, você logo ficará aborrecido. Descubra aquilo que o deixa feliz e insira algumas dessas coisas em sua rotina semanal.

**116.** Reservar alguns minutos de tranquilidade para você pela manhã lhe trará mais energia, paciência e o deixará mais atento durante o dia. Não se pressione para começar logo uma rotina maçante se esse não for seu estilo ou se sentar-se quieto faz parte de sua nova rotina. Você pode ler passagens de um livro espiritual inspirador; ouvir uma música relaxante, escrever um diário ou uma carta sobre seus aborrecimentos e depois jogá-la fora. Mesmo que fique sentado olhando pela janela ou observando um peixe nadar no aquário, você estará fazendo algo bom para você, se isso o agradar. Apenas se lembre de colocar um *timer* para não perder a hora e ter de correr porque está atrasado – isso causaria o efeito contrário do que você está querendo.

117. Lembre-se de que tudo o que você faz serve de exemplo para seus filhos: eles aprendem o que veem. Mostrar a eles como dizer "não", priorizar, tomar conta deles mesmos e cumprir uma lista de afazeres são habilidades que eles precisarão desenvolver na vida. De outro modo, daqui a alguns anos, eles precisarão ler este livro e frequentar meus cursos.

118. Para ajudá-la a reduzir o tempo que você gasta para maquiar-se, tente separar sua maquiagem de acordo com o tipo. Se você tem produtos que só usa à noite, coloque-os em uma sacola específica. Desse modo não terá de esvaziar a bolsa de maquiagem todas as vezes que precisar encontrar o brilho labial. Deixe uma bolsa separada para aqueles dias em que você quer apenas usar um brilho e um rímel. Se você guardar a maquiagem diretamente na *nécessaire*, depois de maquiar-se só precisará pegá-la, jogá-la na bolsa e sair.

119. Deixe suas maquiagens favoritas à mão. Se você tem um produto favorito, como um batom que combine com tudo e que você use o tempo todo, então esbanje e compre outro, assim você pode guardar um em casa e levar outro na bolsa. Você também pode comprar um estojo de maquiagem completo, assim você pode deixá-lo na bolsa, na gaveta do trabalho ou onde quiser e deixar os originais em casa.

120. Para economizar ainda mais tempo, deixe de lado a *nécessaire* da moda e opte por uma sacola plástica transparente. Assim você não apenas poderá ver melhor os produtos como jogá-la fora quando ela ficar suja.

121. Tenha um plano B caso seu cabelo não esteja em um bom dia. Sem uma alternativa para caso seu penteado não fique do jeito que você quer, você irá gastar um tempo valioso tentando domar seu cabelo. Você deve ter à mão uma bandana, fivelas bonitas ou até mesmo um chapéu.

122. Sempre que puder, deixe seu cabelo arrumado antes. Se você é fã da chapinha, use-a à noite, ou se você usa bobes, coloque-os cedo e ajeite os cabelos conforme você se arruma. Os secadores iônicos têm fama de diminuir o tempo de secagem pela metade, se você tiver realmente de secar os cabelos; às vezes você pode dispensar o secador ou pelo menos secar os cabelos naturalmente e dar o toque final com um secador. Sempre que puder, deixe seus cabelos ao natural; quanto mais naturais eles estiverem, menos trabalho e tempo você vai gastar.

123. Sempre que possível, escolha produtos que cumpram várias funções para evitar perder tempo em sua rotina. Alguns exemplos são produtos de maquiagem que podem ser usados na face e nas pálpebras, xampus que vêm com condicionador, hidratantes faciais que colorem o rosto, hidratantes com bloqueador solar etc.

124. Você tem dificuldade em deixar os problemas do dia para trás e relaxar à noite? Uma rotina simples, fácil de ser seguida diariamente pode ajudar a "avisar" seu corpo que é hora de encerrar o dia e se concentrar em ficar quieto. Coloque uma música relaxante, perfume o ar com essências que acal-

mam, como a lavanda, ou sente-se em silêncio e pense no dia que teve: tudo isso pode ajudá-lo a relaxar.

**125.** Às vezes pode ser desagradável deixar o mundo à nossa volta acalmar. Sem distrações, somos forçados a ficar sozinhos e a refletir. Isso nem sempre é fácil, especialmente quando os afazeres começam a dominar nossa mente. Mantenha um bloco de anotações e uma caneta ou um gravador ao lado da cama, e quando você pensar em um assunto, tome nota; uma vez fora da sua cabeça, o assunto vai parar de incomodá-lo e você vai perceber que poderá cuidar dele mais tarde. (Se você costuma acordar no meio da noite invadido por pensamentos, mantenha uma luminária ao lado da cama, assim você pode escrever sem precisar acender a luz do quarto.)

**126.** Passe um dia da semana sem se importar com listas e com o tempo. Isso é muito importante. Se você cumprir sempre o horário, vai começar a ressentir-se. Para evitar o tédio, escolha um dia da semana em que seu horário não seja rígido. Não use relógio nesse dia e evite fazer uma lista de afazeres. Se quiser, você pode anotar num post-it algumas coisas que seriam agradáveis de fazer caso você queira.

**127.** Você não precisa gastar muito tempo para cuidar de si mesmo. Há vários exercícios rápidos para ajudá-lo a se acalmar e a liberar o estresse. Tente esta rotina de exercícios: sente-se com os olhos fechados e respire profundamente três vezes – inspire pelo nariz e expire pela boca; eleve os ombros até as orelhas, segure e conte até cinco e então relaxe; repita o exercício mais algumas vezes e seus músculos ficarão menos tensos. Mire um canto do quarto e se concentre nele por dez segundos e depois siga o mesmo ritual com cada canto. Quando você olhar para baixo, seus olhos estarão melhores e você se sentirá mais relaxado.

**128.** Repense a maneira como você encara seu período de folga. Nós nos criticamos com muita frequência por não fazermos a coisa "certa". Entretanto, durante nosso tempo livre, não pensamos em recarregar a bateria, passar um tempo com quem gostamos, ficar sozinho ou fazer alguma coisa que não classificaríamos como trabalho, mas que no fundo é. Pare de pensar no tempo livre como algo improdutivo, um tempo gasto sem necessidade. Em vez disso, classifique o tempo livre como parte importante dos negócios.

### FUNCIONOU PARA ELA

"Quando meu filhinho está no banho, coloco meus pés na mesma água por dez minutos. Depois uso um esfoliante e uma loção. Assim consigo ficar com os pés macios e lisos sem precisar de tempo extra!"

*Ruth Ann Lewis, Nova York*

**129.** Você está cansado de ficar ocupado a semana toda e de passar os finais de semana indo de um lugar a outro e realizando ainda mais tarefas domésticas? Aqui vai uma dica rápida: pegue seu calendário ou agenda e arranque dois dias dos finais de semana por mês. Esses serão seus dias livres, e arrancá-los é importante para evitar que você se comprometa com qualquer compromisso nesses dias. Depois, use bem os dias da semana. Você pode sair para resolver suas pendências na hora do almoço ou quando as crianças estiverem dormindo? Pode fazer compras pela internet, limitando o número de saídas para fazer compras? Como sempre haverá mais a fazer, se você não tomar uma atitude para recuperar seus finais de semana, eles lhe escorregarão por entre os dedos.

**130.** Lembre-se de que demoramos muito mais tempo para fazer as coisas nos finais de semana, já que mais pessoas estão nas ruas. As ruas ficam mais congestionadas, os estacionamentos mais lotados, as filas maiores, as prateleiras mais vazias e assim por diante. Geralmente é melhor fazer as coisas durante a semana.

**TENHA MAIS TEMPO DISPONÍVEL HOJE MESMO!**
1. Use seu calendário ou agenda de modo mais efetivo.
2. Escreva a sua lista de afazeres como um plano para o dia.
3. Prepare o próximo dia na noite anterior.

**TENTE ISTO:**
Pense em três maneiras de obter o melhor do seu calendário ou agenda. Dê-lhe um lugar fixo hoje mesmo e, daqui para a frente, sempre o guarde de volta quando acabar de consultar, assim você o encontrará sempre que precisar.

**REPITA COMIGO:**
"Sinto-me bem com o que consegui fazer hoje!"

**Parte três**

## O QUE EXATAMENTE VOCÊ FAZ DURANTE O DIA?

Você já se pegou fazendo grandes planos sobre o que vai fazer durante o dia, até que chega o final do dia e você percebe que não cumpriu as tarefas de sua lista? Você esteve ocupado o dia todo, mas não consegue descobrir aonde o tempo foi parar ou o que você fez o dia todo? Isso pode acontecer com todos nós. É provável que você sofra da síndrome do ziguezague. Ela é comum e facilmente identificável: você começa a fazer alguma coisa com a melhor das intenções, mas então alguma outra coisa atrai sua atenção e você passa a cuidar dela. Por exemplo, você vai arrumar a cama e encontra um copo no criado-mudo, então vai à lava-louças e percebe que ela está cheia, aí você decide ligá-la, mas vê que está sem sabão, então vai buscar uma nova caixa de sabão em pó e enquanto isso começa a dobrar as roupas que acabaram de sair da secadora de roupas antes que amassem. Já é meio-dia, você ainda não fez a cama e está cansada! Se você trabalha em casa, pode se sentir ainda mais como uma bola de pingue-pongue! Aqui vão alguns dos melhores remédios para combater a síndrome do ziguezague.

## 7. Tarefas domésticas

**131.** Criar um plano simples para suas tarefas domésticas é uma boa maneira de administrá-las e de evitar que você se sinta como se estivesse fazendo as mesmas coisas a cada e todo dia. Pegue seu calendário e escolha dias específicos da semana para fazer certas obrigações. Você talvez queira ir ao supermercado na quinta-feira à noite depois que as crianças forem dormir e sua esposa puder cuidar delas. Assim as prateleiras estarão cheias, as filas, menores, será mais fácil estacionar e você pode ir e voltar sem as crianças a tiracolo. Você pode lavar a roupa às segundas e quartas-feiras à noite antes de se deitar, assim ela estará seca na hora do café da manhã e você poderá dobrá-la quando as crianças saírem para a escola. Um horário que funcione para você o mantém em dia e torna sua vida mais fácil. Crie o próprio horário com base em seu estilo de vida; experimente-o por uma semana e depois faça os ajustes necessários.

**132.** Evite ziguezaguear pela casa enquanto cumpre suas tarefas domésticas. É fácil passar de uma obrigação a outra; ao trocar os lençóis da cama você percebe que o canto do tapete precisa de um aspirador de pó, então você pega o aspirador e vai até a cozinha limpar o filtro e, antes que você perceba, os lençóis ainda estarão intactos. Atenha-se ao seu plano e cumpra a obrigação do começo ao fim. Se no caminho você perceber que há algo que requer sua atenção, simplesmente deixe-o de lado e faça-o depois. Isso inclui levar objetos para outros aposentos da casa: faça uma pilha e distribua-os quando tiver cumprido sua obrigação.

133. Quando você estiver sem motivação para determinado trabalho, mude de tarefa. Podemos esfregar panelas por anos antes de perder o entusiasmo em relação ao trabalho. Alterne os trabalhos, mesmo que por uma semana ou duas, assim você pode dar uma parada até encontrar um novo "desafio" na função, como separar os jornais para reciclagem.

134. Delegue o máximo de tarefas domésticas possível. Tire um tempo para fazer uma lista com todas as obrigações que você precisa cumprir em determinado mês. Depois, antes do início do próximo mês, anote as iniciais do nome da pessoa que normalmente é responsável pela tarefa. Reveja a lista para ver quais tarefas podem ser delegadas a outra pessoa da família. Lembre-se de que, embora a pessoa complete a tarefa de um jeito diferente do seu, ela cumprirá e o deixará com tempo livre. Além disso, e isso é o mais importante, os outros vão aprender a realizar as tarefas, assim eles poderão se tornar autossuficientes.

135. Contrate alguém para fazer as tarefas domésticas sempre que possível. Às vezes não faz sentido realizar a tarefa quando há outra pessoa que faz dela sua profissão e tem o devido conhecimento, o material e o entusiasmo para fazer o trabalho. Quando você comparar seu tempo com o honorário que um profissional cobra para fazer o trabalho, descobrirá que este talvez seja o melhor investimento que você já fez. Se seu orçamento não é suficiente para arcar com essa despesa frequentemente, veja quais gastos você pode cortar. A academia que você não frequenta, assinaturas de revistas que você não lê e refeições de restaurantes custam dinheiro, que pode ser redirecionado para libertá-lo de uma tarefa doméstica desagradável.

136. Se seu orçamento não pode financiar a contratação de profissionais para desempenhar as tarefas domés-

ticas, considere contratar alguém para fazer serviços eventuais nos feriados, no seu aniversário ou quando tiver algum dinheiro sobrando. Uma boa ideia de presente é pagar uma pessoa para limpar a casa, ir resolver pendências na rua ou cuidar do jardim. Esse é um vale-presente maravilhoso para dar a alguém que já tenha tudo (e para ganhar também).

137. Quando tiver oportunidade, realize duas tarefas combinadas. Combiná-las é diferente de pular de tarefa em tarefa. Quando você combina as tarefas, realiza duas tarefas relacionadas simultaneamente – como lavar o carro e o cachorro ao mesmo tempo, já que você vai molhar o jardim em ambos os casos.

138. Escolha um dia por mês para fazer pequenos reparos em casa. Em vez de ter de pegar o martelo, a chave de fenda e a lata de óleo várias vezes, faça tudo de uma vez só. Mantenha uma pequena lista na porta da despensa e toda vez que lembrar de um reparo que precisa ser feito, anote-o. Depois, pegue todas as ferramentas e complete as tarefas de uma só vez.

139. Faça os pequenos reparos necessários em casa antes que eles se transformem em problemas enormes, que consumirão muito tempo e dinheiro para serem feitos. Um pequeno vazamento pode vir a danificar a parede, a enferrujar o encanamento e a causar outros danos hidráulicos.

140. Transforme as tarefas domésticas em algo divertido! Coloque uma música, chame um amigo para conversar enquanto você trabalha ou crie um jogo – coloque um *timer* e tente cumprir a tarefa antes que ele soe.

## 8. Como lavar a roupa

**141.** Passe menos tempo procurando o par da meia! Mantenha os pares de meia juntos até a hora de lavá-los.

**142.** Se você prefere não unir as meias uma dentro da outra, formando uma bolota, use um saco de guardar lingerie para guardar as meias de cada membro da família antes de lavá-las – não haverá mais meias perdidas; e, sim, as meias ficarão limpas! E se você nem imagina aonde as meias foram parar, não as procure na secadora; elas geralmente ficam perdidas na máquina de lavar, quando você porventura esquece um pé de meia lá dentro.

**143.** Economize tempo ao deixar a roupa de cada membro da família em cima da cama quando eles tiverem idade apropriada (e isso pode acontecer mais cedo do que você imagina) e crie uma nova regra: todos da família devem guardar a roupa antes de se deitar.

**144.** Designe uma área para deixar a roupa suja e outra para a roupa limpa. Não corra mais pela casa para recolher a roupa suja. Em vez disso, estabeleça uma nova regra familiar: todas as roupas deixadas na área designada para as roupas sujas serão lavadas. Qualquer roupa que não estiver nessa área terá de esperar por uma próxima lavagem.

**145.** Organize um esquema de lavagem que seja simples de seguir, assim você vai saber quando lavar as toalhas de banho da casa e os tapetes, os lençóis, as toalhas de mesa e assim por diante. Se você tiver um dia certo para lavar os itens pesados e volumosos, não vai precisar mais de lavagens extras porque se esqueceu de colocá-los na máquina.

**146.** Economize ainda mais tempo ao levar acolchoados, sacos de dormir e outros itens muito pesados para que sejam lavados e dobrados na lavanderia. As máquinas de lavar e secar industriais são mais rápidas; além disso, não utilizam sua eletricidade e sua água e você ainda poupa o motor das suas máquinas.

**147.** Deixe sua lavanderia arrumada de modo que todos os produtos estejam à mão. Se você dispõe de pouco espaço perto da máquina de lavar e da secadora, crie um; até uma mesa dobrável ou uma mesa de computador com uma prateleira deslizante para o teclado servem.

**148.** Diminua pela metade o tempo que gasta para passar roupa ao colocar uma folha de pape-alumínio (o lado brilhante virado para cima) embaixo da peça de roupa; a folha refletirá o calor e os dois lados da roupa serão passados simultaneamente.

**149.** Tente fazer outras coisas enquanto passa e dobra a roupa. Você não precisa desempenhar as tarefas na lavanderia. Você pode ajudar seus filhos com a lição de casa, assistir a um filme ou falar ao telefone usando um fone de ouvido enquanto dobra as roupas.

**150.** Não coloque a roupa limpa no cesto da lavanderia. É muito mais rápido tirar alguns minutos para guardar a roupa lavada e dobrada do que deixá-las no cesto. As roupas se desdobram facilmente e depois não é difícil confundir o que está limpo com o que está sujo; as roupas que ainda não estão sujas com frequência são jogadas na pilha de roupa suja.

151. Deixe bem claros os critérios para considerar uma roupa suja. Pare de desperdiçar tempo ao tirar as meias do avesso e verificar os bolsos das calças. Em vez disso, estabeleça uma nova regra doméstica: é preciso fazer tudo isso antes de jogar as roupas na pilha de roupa suja. (Também deixe claro que só porque uma roupa está amassada não significada que ela precise ir parar na pilha de roupa suja; passe-a a ferro rapidamente, pendure-a no cabide e deixe-a no banheiro enquanto você toma banho ou coloque-a na secadora no ciclo de ar, assim você economiza tempo.)

152. Arrume um espaço na cômoda e no armário para guardar as roupas. As roupas fora da estação geralmente não são usadas e ocupam um espaço valioso nas gavetas da cômoda e no armário, o que o faz gastar mais tempo para guardar as roupas que serão usadas. Tire as roupas da outra estação e guarde-as em outro lugar. Você também pode optar por doá-las.

153. Economize tempo ao usar o produto certo para remover manchas. Não desperdice tempo experimentando diferentes métodos de remover as manchas ou você vai correr o risco de arruinar as peças para sempre. (Veja a seção de recursos deste livro. Lá você vai encontrar dicas sobre como remover manchas. Você pode copiar ou imprimir uma cópia da lista e pendurá-la onde você guarda seus produtos para remover manchas.)

154. Coloque as roupas para lavar na máquina antes de ir para a cama e deixe-as lavando enquanto você dorme; depois as coloque para secar de manhã.

155. Para diminuir o tempo gasto para lavar as roupas sujas, separe-as em cestos classificados com etiquetas como "toalhas", "roupas claras", "lavagem a seco" e assim por diante. Um separador de roupa com três divisórias

pode ser muito útil nessa tarefa; em cada sacola cabem duas cargas de roupas sujas e você pode separar a roupa diretamente nelas. Assim você não vai precisar empilhar e depois separar a roupa suja. (Observação: Você não é o único que pode separar as roupas. Apenas mostre aos outros como fazê-lo, assim você os ajudará a aprender o processo para que eles possam repeti-lo quando você não estiver em casa.)

156. Antes de lavar a roupa, esfregue a frente e os lados das máquinas de lavar e de secar com um pano úmido, depois lave o pano junto com as roupas. Isso vai manter o pó e os fiapos de tecido longe das máquinas.

157. Organize os lençóis em jogos usando uma das fronhas de cada jogo. Coloque os lençóis dobrados e as fronhas dentro de uma das fronhas do jogo; assim você vai economizar tempo para pegar o jogo completo em vez de procurar pelas peças soltas.

158. Mantenha as roupas de cama onde você costuma usá-las. Guarde os lençóis na prateleira do armário ou na gaveta da cômoda do quarto ou ainda entre o colchão e a cama. Guarde a roupa de cama das visitas em um lugar diferente de onde você guarda a roupa de cama da família. Experimente o sofá-cama ou a bancada móvel do quarto de hóspedes.

159. Prenda um removedor de manchas em bastão no cesto de roupa suja; você pode cuidar das manchas antes de lavar a roupa, enquanto as coloca dentro do cesto.

160. Coloque todas as roupas que não podem ir para a secadora em uma grande sacola de malha antes de lavá-las, assim você poderá identificar facilmente os itens

quando acabar a lavagem e não correrá o risco de colocá-los por engano na secadora.

**161.** Faça disto uma regra: não lave nenhuma peça que precise de reparo. Se você tem uma saia que está sem botão, pregue-o antes de lavá-la. Isso ajudará a economizar muito tempo, já que você não se sentirá tentado a guardar a roupa no armário para depois, um dia, quando pensar em usá-la, pegá-la e lembrar-se de que ela necessita de um botão. Isso vai fazê-lo gastar um tempo precioso para repensar que roupa irá usar.

**ISTO FUNCIONOU PARA ELA:**
"Nós guardamos o recibo da lavanderia que lava nossas roupas a seco no fundo da sacola que usamos para separar esse tipo de roupa; ele sempre estará lá quando formos buscar a roupa limpa. Eu esvazio a sacola, dou o recibo para a atendente e coloco o novo recibo exatamente na sacola que está vazia. Depois enchemos a sacola com as roupas da semana e guardamos o recibo com segurança no fundo da sacola. Não perca mais tempo procurando recibos perdidos nem se esqueça de pegar a roupa na lavanderia."

*Catherine G. Fanwood, Nova Jérsei*

**162.** Experimente produtos que lavam a roupa a seco em casa; alguns produtos funcionam tão bem ou melhor que os serviços das lavanderias. Isso o ajudará a poupar o tempo de ir e vir da lavanderia e a economizar dinheiro, já que lavar as roupas a seco custa caro. Além disso, você não vai ficar cheio de plásticos e cabides.

**163.** Não perca tempo tentando desemaranhar os cabides que vêm da lavanderia. Em vez disso, use um porta-cabides (à venda em lojas de produtos para casa) para mantê-los em ordem, assim você pode usá-los novamente ou devolvê-los à lavanderia.

**164.** Você pode deixar de passar a ferro várias peças de roupa se as secar adequadamente. Ajuda muito se você deixá-las penduradas ou esticadas horizontalmente para secar. Se você tem pouco espaço no varal, instale um suporte para pendurar toalhas ou um varal retrátil. (Se você não gosta muito de passar roupas, procure comprar peças que não precisem ser passadas para compor seu guarda-roupa.)

**165.** Para economizar tempo e evitar que as blusas escorreguem do cabide, abotoe o colarinho antes de lavá-las, assim você poderá pendurá-las logo que saírem da máquina.

**166.** Se você não quer gastar mais com cabides que não deixam a roupa escorregar, invente uma versão mais barata: utilize pregadores especiais para cabides a fim de evitar o problema. Assim, além de ter cabides melhores por um preço menor, você não vai precisar gastar tempo recolhendo as roupas que escorregam do cabide.

**167.** Para não ter de passar a roupa que ficou muito tempo na secadora de roupas, coloque uma toalha molhada e seque a roupa de novo em um ciclo morno – não quente.

### FUNCIONOU PARA ELA

"Sempre que preciso passar roupa, principalmente camisas pólo e calças compridas, deixo-as penduradas do avesso em um armário, assim fica fácil identificá-las. Também deixo as roupas acumularem e passo-as em um dia chuvoso."

*Eloise, Mountainside, Nova Jérsei*

**168.** Pare de perder tempo tentando decifrar as etiquetas borradas e ilegíveis das roupas para seguir as instruções de lavagem. Em vez disso, pendure um quadro com as instruções; você também pode aproveitar o espaço para anotar dicas para remover manchas, deixar linha e agulha, botões e tudo o que você precisa para cuidar das roupas.

**169.** Em vez de devolver aos donos os objetos encontrados nas calças, coloque-os em uma caixa específica para achados e perdidos; se alguém sentir falta de um objeto, poderá procurar por ele lá.

**170.** Se possível, construa uma rampa que leve diretamente à lavanderia ou, ainda melhor, faça a lavanderia no mesmo nível dos outros cômodos.

## 9. VIDA PROFISSIONAL E TRABALHO EM CASA

**171.** Ao começar o dia, tire uma hora para dar o máximo de si e produzir como você nunca fez na vida. Quando se sentar para trabalhar, não verifique os e-mails, a secretária eletrônica ou atenda ao telefone; em vez disso, concentre-se apenas em seu projeto. Pode ser fazer duas ou três coisas pequenas que se acumularam; tratar de outro projeto que foi deixado para trás como algo menos importante; ou trabalhar em uma pequena parte de um projeto grande, assim você pode terminá-lo aos poucos e não precisará correr no último minuto. Coloque um *timer* para cronometrar esse tempo (se você só dispuser de meia hora, é melhor do que nada), e quando ele soar, comece seu dia.

**172.** Desempenhe tarefas similares ao mesmo tempo; em vez de levantar da mesa várias vezes durante o dia para passar um fax, procure fazer isso uma ou duas vezes ao dia e combine essa tarefa com outra que exija ações parecidas. Por exemplo, você pode aproveitar para buscar um café quando for a uma reunião ou for passar um fax.

**173.** Se você precisar desempenhar uma tarefa que exija tempo e não precise de sua atenção contínua, inicie-a e volte mais tarde. Se você precisar copiar um relatório de 100 páginas, por exemplo, tem duas opções: ficar e assistir à máquina fazer seu trabalho ou sair e fazer outra coisa enquanto isso. Você vai se surpreender com a quantidade de coisas que conseguirá fazer nesse meio-tempo.

**174.** Poupe ainda mais tempo ao programar seu programa de e-mails para responder automaticamente aos remetentes por meio de uma mensagem que os avise que você recebeu o e-mail, mas que costuma verificá-los em determinado momento do dia. Você também pode organizar uma lista com os contatos de alguns colegas e pedir-lhes que, caso necessitem de uma resposta rápida, contatem a pessoa mais habilitada para atendê-los.

175. Você vai trabalhar mais rápido e cometer menos erros se seus olhos e sua cabeça estiverem descansados. Ajuste um *timer* para lembrá-lo de, a cada 20 ou 30 minutos, deixar o computador de lado, alongar-se e tomar um pouco de água para, então, voltar ao trabalho e não perder sua linha de raciocínio. Isso significa que você precisa parar na hora do almoço. Ao contrário do que acredita a maioria das pessoas, trabalhar na hora do almoço não é bom; quando você está cansado e estressado, tende a cometer mais erros e a trabalhar em um ritmo mais lento. Você irá render mais se levantar-se para comer alguma coisa ou até mesmo sair um pouco para respirar ar fresco. Quando você voltar à sua mesa, estará descansado e pronto para enfrentar as tarefas com mais eficiência.

176. Grave uma mensagem em sua secretária eletrônica respondendo às perguntas feitas com maior frequência – deixe informações como o número do fax, o e-mail ou o nome de alguém a quem telefonar em caso de a pessoa precisar de assistência imediata. Em geral você irá responder à pergunta da pessoa e ela nem precisará lhe deixar uma mensagem, o que significa que você terá menos ligações para fazer.

177. Criar hábitos permite que você programe melhor o seu dia, pois você saberá o que esperar na maior parte do tempo, economizando tempo e esforço. Deixe um tempo livre entre as atividades rotineiras e as programadas para o caso de ocorrer uma emergência e também para não se atrasar, caso um projeto demande

mais tempo que o esperado. Tente acrescentar tarefas rotineiras à sua semana; escreva de cinco a dez tarefas que precisam ser cumpridas semanalmente. Depois distribua uma ou duas por dia, experimente sua nova rotina por uma semana e faça os ajustes necessários.

**178.** Sempre que possível, delegue tarefas. Na semana seguinte, quando você terminar uma tarefa, pense melhor se você é mesmo a pessoa ideal para cumpri-la no futuro. Se não for, encontre outra pessoa que possa dividir a tarefa com você ou assumi-la em seu lugar.

**179.** Quando você assumir uma atribuição, pergunte sobre o prazo. Mesmo que lhe digam que o prazo é "curto", isso pode ter significados diferentes. Deixe claro quando você deve terminar o trabalho e priorize suas atividades de acordo com o prazo.

**180.** Passe as instruções com clareza e compreenda bem as instruções recebidas. Quando você ou outra pessoa não tem muita certeza sobre como deve desempenhar determinada tarefa, haverá mais chance de demora e de erro. (Sempre que você não tiver certeza do que esperam de você, pergunte; isso evita que você gaste tempo e se aborreça ao ter de refazer o trabalho.)

**181.** Sempre que possível, faça uma parte do trabalho e peça a opinião do responsável. Depois, quando você tiver certeza de que está no caminho certo, complete o trabalho. Não faz sentido terminar o trabalho e depois perceber que ele está incorreto e que você precisa refazê-lo. Outra vantagem de perguntar se você está cumprindo o trabalho corretamente é que às vezes o responsável resolve terminá-lo para você, deixando-o com mais tempo livre! (Se é você quem dá as instruções, peça à pessoa para mostrar-lhe seu trabalho antes de terminá-lo, assim você poderá verificar como ele está sendo feito e se está correto.)

**182.** Coloque um *timer* em sua mesa para cronometrar o tempo que você deverá se concentrar em uma determinada tarefa sem ser importunado pelo telefone ou mudar de projeto. Sugiro que trabalhe em blocos de dezoito minutos. Esse tempo é suficiente para progredir, mas não fazê-lo adiar o começo do trabalho.

**183.** Lembre-se de que você vai cumprir uma tarefa dentro do tempo que separar para ela. Se você deixar duas horas livres para escrever um relatório, você o escreverá dentro desse espaço de tempo. Porém, se deixar quatro horas livres para fazer a mesma tarefa, irá demorar mais para cumpri-la. Desafie-se a cumprir as tarefas no menor tempo possível e programe-se de acordo.

**184.** Certifique-se de que deixou tempo livre em sua agenda para seguir seu horário e para pôr as coisas em dia. Se você não deixar um tempo para isso, não conseguirá realizar as tarefas e elas se acumularão, o que significa que você vai se atrasar e precisar correr ou deixar algo por fazer.

**185.** Você não conseguirá ler tudo o que precisa durante seu tempo livre. Organize-se para ler durante a semana e o mês. Se você tem pouco tempo disponível, informe-se pela internet, leia o resumo dos principais livros vendidos atualmente.

**186.** Arquivar a papelada é outra tarefa que você não conseguirá cumprir durante seu tempo livre. Se você tiver uma pilha de papéis a ser arquivada, tente organizá-la para ficar em dia. A melhor opção é arquivar os papéis em um local onde você possa acessá-los sem ter de se levantar da cadeira. Não se trata de ser preguiçoso; quando você está muito ocupado, precisa tornar as coisas fáceis, assim você não precisará interromper seu trabalho ou gastar mais tempo que o necessário. Escolha o arquivo que seja melhor para você. Pode ser um arquivo de carrinho para pasta suspensa ou uma pequena cômoda próxima à sua mesa. O que importa é que você pare de empilhar papéis!

**187.** Evite perder tempo para se preparar e ir a um encontro e então descobrir que este foi cancelado. Confirme seus encontros antes de sair.

**188.** Poupe tempo de manhã ao gastar de cinco a dez minutos no final do dia separando e preparando seu material para o próximo dia. Guarde as coisas que usou durante o dia, incluindo seus arquivos. Então pegue o que você precisa para o dia seguinte e deixe em cima da sua cadeira ou escrivaninha.

**189.** Aproveite as horas em que você tiver mais vigor. Há momentos específicos do dia em que estamos com mais energia e outros em que estamos mais calmos. Faça as tarefas que exijam mais esforço mental, atenção e precisão nos momentos em que você está no auge e deixe as tarefas mecânicas, como arquivar os papéis, para quando você tiver menos energia.

**190.** Não deixe uma cadeira extra em frente à sua escrivaninha; isso vai evitar que as pessoas passem em seu escritório para conversar e fiquem mais tempo que o necessário. Além disso, uma cadeira extra pode atrair bagunça e depois você terá de gastar tempo separando e guardando as coisas.

**191.** Deixe uma página para contatos em seu caderno de anotações. Em uma folha limpa, escreva o nome das pessoas com quem você precisa se encontrar ou conversar e, ao lado de cada nome, anote o assunto que precisar tratar com elas. Assim, da próxima vez que você as encontrar, saberá direitinho o que falar com elas. Isso o ajudará a poupar tempo, já que você não irá esquecer o assunto nem precisará marcar outra hora para conversar novamente com a pessoa. Além disso, você anotará os assuntos no papel, mantendo-os longe da cabeça. (Faça todas as perguntas que precisa fazer de uma só vez e peça para seus interlocutores fazerem o mesmo, assim vocês não serão interrompidos tantas vezes.)

192. Sempre que possível, prefira as teleconferências em vez de encontros pessoais.

193. Quando pedirem para que assuma uma determinada tarefa, lembre à pessoa que lhe fizer o pedido o que você já está fazendo e peça a ela que estabeleça prioridades para que você saiba claramente o que deve ser realizado primeiro. Sempre pergunte: "Para quando você precisa disso?", assim ambos concordarão com o prazo. E sinta-se à vontade para negociar o prazo; geralmente ele não é tão rígido.

194. Dizer que sua porta está sempre aberta não significa que sua porta esteja realmente sempre aberta a cada minuto do dia. Pendure uma lista com os horários em que você poderá receber e aconselhar seus colegas; quando você precisar de algum tempo sozinho, feche a porta.

195. Quando você estiver no meio de um projeto que requeira toda a sua atenção, coloque o seguinte aviso para comunicar às pessoas que você não quer ser interrompido: "Por favor, não interrompa, gênio trabalhando". Você também pode colocar um aviso com o horário em que pode atender as pessoas. Por fim, se seu projeto for portátil, pegue todas as suas coisas e trabalhe em um local longe da sua mesa, como a sala de conferências ou uma sala vazia.

196. Se possível, deixe sua mesa longe da porta para evitar que você fique olhando as pessoas que passam. Quando você olha e chama a atenção de alguém, há mais chances de ele parar para conversar.

197. Se puder, selecione suas visitas. Se alguém fizer isso por você, passe instruções claras sobre quem deseja ver, assim essa pessoa saberá quem deve entrar e quando não deve deixar ninguém entrar.

198. Quando uma pessoa quiser vê-lo, assuma o controle da situação e vá você visitá-la. Assim você pode direcionar a conversa e sair quando precisar. Pergunte de quanto tempo a pessoa precisa; desse modo poderá se ater a esse tempo e, se a conversa ultrapassar o tempo estipulado, dizer que você precisa ir mas poderá voltar mais tarde. Procure perguntar antes se você precisa preparar algum material, assim terá tudo pronto quando a pessoa chegar.

199. Sempre que alguém for ao seu escritório, levante-se para conversar. Quando as pessoas ficam sentadas, a conversa automaticamente demora mais a acabar. Levante-se e, se a pessoa for conhecida por falar bastante, se ofereça para andar e falar com ela enquanto caminha. Você pode colocar vários assuntos em dia enquanto vai buscar uma xícara de café ou a caminho do almoço; em geral a conversa termina quando você chega ao seu destino.

---

**TENHA MAIS TEMPO DISPONÍVEL HOJE MESMO!**
1. Organize um horário para realizar suas tarefas domésticas, assim você não terá de fazer as mesmas coisas todos os dias.
2. Mantenha um pé fora da lavanderia ao comprar um separador de roupas com três divisórias.

3. Faça pausas durante o dia, assim você pode recarregar as baterias e desempenhar melhor a próxima tarefa.

**TENTE ISTO**

Escolha uma nova regra doméstica e coloque-a em prática hoje mesmo. Pode ser esta aqui: "Em casa não colocamos as roupas do avesso no cesto" ou "Em casa colocamos as meias juntas antes de lavá-las" ou ainda "Em casa esvaziamos os bolsos antes de colocar as roupas no cesto".

**REPITA COMIGO:**

"Estou concentrado na tarefa que realizo agora e a vejo realizada do começo ao fim."

**Parte quatro**

## REFEIÇÕES E OUTROS

São seis da tarde e as crianças fazem a terrível pergunta: "O que temos para o jantar?". Você gostaria de saber a resposta. Infelizmente, a pergunta parece uma prova-surpresa, já que você se esqueceu de tirar a comida do freezer. Você decide pedir algo *delivery*, pensando como os restaurantes dão conta do recado. Você sabe que há pessoas lá fora preparando refeições que estarão prontas na hora do jantar e que agradarão à sua família, mas nem imagina como elas conseguem fazer isso. Decifrei o mistério para vocês e, acreditem, não é tão difícil como você pensa.

## 10. Planejamento das refeições e da despensa

**200.** Planejar suas refeições o ajudará a poupar muitas horas e muito estresse. Porém, planejar as refeições não é complicado como você talvez pense; na verdade, você já faz isso! O que você cozinha é o que planejou para sua refeição; a diferença é que agora precisa escrevê-lo. Pegue seu calendário, volte uma ou duas semanas e anote as refeições que você preparou e que se lembra de que sua família gostou. Então, durante mais ou menos uma semana, anote as refeições que você irá preparar. Ao final de quatro semanas você terá um plano mensal para suas refeições.

**201.** Pegue as refeições que você preparou no mês e distribua-as de acordo com suas características pelos dias da semana, assim você terá um plano para as refeições. Por exemplo, segunda-feira pode ser dia de massa; terça, de picadinho; quarta, de macarrão com queijo; quinta, de frango; e assim por diante. Isso vai ajudá-lo a economizar o tempo que gasta pensando no que cozinhar, já que você saberá de quais ingredientes principais precisará e o tema do dia. (Para mais ideias sobre refeições incluindo um sistema de planejamento passo a passo, visite meu site, www.jamienovak.com.)

**202.** Você pode levar a ideia das refeições temáticas ainda mais longe e economizar ainda mais tempo ao escolher as refeições que levem ingredientes parecidos para o dia seguinte. Por exemplo, se for servir espaguete com carne moída em um dia, faça panqueca com carne moída no dia seguinte, assim você poderá cozinhar toda a carne no mesmo dia e guardar metade para o dia seguinte.

203. Quando você anotar seu plano para as refeições para o mês, poderá comprar e classificar os ingredientes de que você precisa em dois tipos. Anote os ingredientes não perecíveis que você pode comprar em uma só ida ao supermercado no começo de cada mês. Em outra coluna, anote os ingredientes perecíveis que você precisará comprar semanalmente para preparar as refeições daquela semana. Observação: Economize ainda mais tempo ao encomendar no supermercado grandes quantidades de produtos uma vez ao mês.

204. Você não sabe quem irá gostar da sua comida e quem poderá boicotá-la da próxima vez que você prepará-la? Peça às pessoas que classifiquem a refeição de acordo com uma escala que vai de uma a cinco estrelas; então coloque a classificação no calendário. Assim você poderá substituir as refeições que receberam nota baixa pelas que ganharam cinco estrelas.

205. Divida a tarefa. Você não precisa ser o único a passar horas pensando nas refeições. Peça a cada membro da família para dar duas ou três ideias sobre o que eles gostariam de comer sem criar caso a respeito.

206. Não desperdice tempo complicando demais o sistema de planejamento das refeições. Organize um calendário simples com a lista das refeições ou algumas fichas de arquivos com a receita na frente e a lista de compras necessárias para prepará-la no verso.

207. Para seu planejamento de refeições funcionar, você precisará deixar tempo para imprevistos. Haverá dias em que você não poderá preparar a refeição como planejou.

**ISTO FUNCIONOU PARA ELA:**

"Para tornar o planejamento das refeições mais fácil em casa, anoto nossos jantares mais bem-sucedidos em papéis laminados. Todas as semanas eu me sento e organizo o cardápio para meados da próxima semana – sempre tendo em mente todas as minhas atividades. Assim, quando preciso, fazer algo rápido, estou preparada. O dia em que vou ao supermercado já deixo quase tudo pronto para as próximas refeições, como o frango picado e congelado (se necessário), a alface lavada etc."

*Dawn*

**208.** Deixe um recado anotado para você mesmo para lembrá-lo de tirar a carne ou outros ingredientes do freezer. Mesmo assim você não consegue se lembrar? Que tal colocar um bilhete também no espelho do banheiro ou ligar o alarme do celular?

**209.** Outro jeito de economizar tempo é preparar o jantar enquanto faz o almoço. Se você precisar de legumes picados, por exemplo, corte-os durante a hora do almoço e eles estarão prontos à noite. Você pode usar parte deles para preparar a salada do almoço.

**210.** Não perca mais tempo procurando a receita que recortou e não consegue mais achar. Em vez disso, use um fichário, coloque protetores plásticos e insira as receitas nos plásticos para mantê-las seguras e acessíveis.

**211.** Mantenha a despensa cheia. Se você tiver bastante itens à mão, não vai precisar gastar tempo para parar no supermercado e comprar o que falta. Instale novas prateleiras no armário ou na despensa. Com todos os itens visíveis você perderá menos tempo procurando o que precisa.

**212.** Cestos de vime trançados ou com etiquetas bem nítidas podem ser uma opção atrativa para sua despensa; você pode colocar neles pacotes de alimentos prontos, como batatas fritas, balas ou barras de cereais. Você vai economizar tempo, pois só precisará pegar o alimento sem ter de lutar com a tampa ou a embalagem do produto. Se você gosta de cestos de vime mas não encontra opções com etiquetas atraentes, tente usar uma etiqueta feita em casa. Imprima a etiqueta com o nome do produto e coloque uma fita decorativa em volta. Outra opção de dupla utilidade é comprar um revestimento para o cesto e bordar o nome do produto na parte do revestimento que envolve o lado de fora do cesto.

**213.** Tente cozinhar em um só dia várias refeições fáceis de armazenar; depois sirva-as durante a semana. Lasanhas, cozidos e caçarolas podem ser armazenadas com segurança. Coloque etiquetas bem nítidas antes de congelá-los e procure anotar as instruções de preparo. Se você for consumir pequenas quantidades, congele porções individuais.

**214.** Quer companhia enquanto cozinha? Convide amigos e familiares para cozinhar com você. Cada um de vocês pode preparar uma refeição diferente em porções generosas e dividir os pratos. Se preferirem cozinhar em momentos diferentes ou se a cozinha for muito pequena para acomodar todo mundo, combine de cada um cozinhar na própria casa e levar a refeição pronta ou de todos se encontrarem em um local para trocar os pratos. Tente mandar o recipiente com seu nome com antecedência, assim você não terá de se preocupar em devolvê-lo depois.

**215.** Não perca tempo procurando o cardápio dos restaurantes que fazem entregas a domicílio. Pegue um fichário, coloque folhas de plástico protetoras e depois insira um cardápio em cada uma. Outra opção é colocar todos os cardápios no bolso de uma pasta.

**216.** Deixe no carro outros cardápios de restaurantes que fazem entregas, assim você poderá consultá-los nos dias em que precisa de informações e não está em casa. Salve também o número de telefone dos seus restaurantes favoritos no celular e insira um "R" antes de cada nome, assim você poderá acessar diretamente a lista de restaurantes.

**217.** Quando você quiser levar comida pronta para casa, em vez de fazer o pedido no restaurante assim que chegar, procure fazê-lo com antecedência. É possível acessar o cardápio do restaurante pela internet ou guardar uma versão impressa dos cardápios de seus restaurantes favoritos em um fichário. (Não os insira diretamente no fichário, coloque-os dentro de folhas de plástico protetoras.) Se você telefonar antes, a comida estará pronta quando for buscá-la e você não terá de perder tempo em filas.

**218.** Quando você for a um restaurante, veja se ele disponibiliza o cardápio na internet. Assim você poupa tempo e ficará mais familiarizado com o cardápio. Como a maioria dos cardápios tem algumas páginas, você pode perder bastante tempo ao tentar ler as letras pequenas em um restaurante escuro.

**219.** Monte na cozinha uma seção de alimentos fáceis de levar. Deixe uma prateleira ou um cesto na cozinha para as barras de cereais e pequenos sacos de salgadinhos. Você pode preparar um saquinho do tamanho ideal para você usando sacolas plásticas com fecho hermético.

220. Uma das maneiras mais fáceis de poupar tempo, especialmente quando você começar a planejar as refeições, é acertar um *timer* para soar na hora em que você deve começar a preparar a refeição. Há dias em que você está tão ocupado que quando olha o relógio já é muito tarde para começar a preparar a refeição. Acertar o *timer* para lembrá-lo de começar a cozinhar o jantar pode ajudá-lo a economizar muito tempo.

221. Quando você for receber visitas para jantar e quiser servir uma refeição em que o prato principal e os acompanhamentos devam estar prontos ao mesmo tempo, siga esta dica para administrar o tempo: faça uma programação. Pegue um papel de tamanho razoável e anote no final a hora em que você pretende servir a refeição. Depois trabalhe de trás para frente, inserindo os demais itens e a maneira de preparo de cada um. Por exemplo, se for servir algum tipo de carne, mais dois acompanhamentos e pãezinhos quentes às seis da tarde, você terá de trabalhar de trás para frente para calcular quando deverá colocar a peça no forno. Se ela demorar cerca de cinco horas para cozinhar, você deve colocá-la no forno preaquecido a 350°C à uma hora da tarde, o que significa que você terá de preaquecer o forno às 12h45. Escreva "preaquecer o forno a 350°C às 12h45" no topo do papel, já que essa é uma das primeiras coisas que você terá de fazer. Então preencha o horário em que você deve colocar os pães na assadeira e começar a assá-los e o horário em que você deve começar a preparar os dois acompanhamentos. Você pode inclusive acrescentar a hora em que deve colocar a mesa, esquentar o molho, temperar a salada e assim por diante. (Coloque sua programação na frente da geladeira ou em outro lugar onde você possa consultá-la. Você também pode usar um *timer* para não se atrasar; coloque-o para tocar em intervalos pre-estabelecidos para lembrá-lo de começar a nova tarefa. Prefira um *timer* portátil para poder levá-lo com você quando sair da cozinha.)

## 11. Supermercado

**222.** Evite ter de sair para fazer supermercado e faça compras pela internet. Alguns supermercados oferecem serviço de entrega por uma pequena taxa; geralmente essa taxa é compensada por ofertas especiais ou pelo fato de você não desperdiçar dinheiro cedendo ao impulso de comprar itens de que você não precisa, já que você não estará na loja. Mesmo que você prefira escolher pessoalmente os alimentos perecíveis, pode pedir que entreguem os itens maiores. Imagine o tempo que irá poupar ao não precisar comprar e carregar sacolas e mais sacolas de garrafas de água, de areia para o gato e de toalhas de papel. (Muitos supermercados oferecem um serviço de compra e entrega em que você encomenda os produtos e apenas passa para buscá-los em uma hora determinada. Essa é uma ótima opção se você já precisa sair várias vezes de todo o jeito.)

**223.** O Dia do Supermercado é uma organização norte-americana que dá uma porcentagem do dinheiro obtido com as compras para o sistema escolar. Ela funciona da seguinte maneira: a pessoa faz o pedido e busca a comida quando for pegar as crianças na escola. Observação: No Brasil ainda não temos esse tipo de serviço.

**224.** Verifique se há um mapa de localização dos artigos nas prateleiras no serviço de atendimento ao cliente do supermercado em que você costuma fazer compras; se houver, peça um e use-o para ajudá-lo a organizar sua lista de compras. (Às vezes os mapas podem estar disponíveis na internet.)

**ISTO FUNCIONOU PARA ELA:**
"Para colocar esta dica em prática é preciso um pouco de organização, mas você irá economizar muito tempo se fizer isso. Trata-se de uma lista de compras organizada de acordo com o supermercado que você frequenta. Faça uma lista dos produtos encontrados em cada corredor de seu supermercado favorito. Ao lado de cada produto, escreva o símbolo "___", assim você poderá escrever no espaço quando o produto acabar ou quando estiver fazendo sua lista. Por exemplo, escreva 'Corredor 3, cereal ___'. Faça várias cópias da lista para tê-la em mãos ou deixa-a disponível no computador para imprimi-la quando for preciso. Quando for às compras, será muito mais fácil percorrer cada corredor com a lista correspondente."

*Carol*

**225.** Escreva ou digite uma lista de compras completa incluindo alimentos, artigos secos, produtos de limpeza, de higiene, de papelaria e assim por diante; depois faça 52 cópias dessa lista. Use uma folha por semana, assinalando os produtos que você precisa comprar.

**226.** Organize sua lista de supermercado completa de acordo com a disposição dos produtos nos corredores do supermercado. Com a lista em ordem você economizará bastante tempo e não precisará ir e voltar na loja para pegar todos os produtos.

**227.** Fixe a lista completa na geladeira ou dentro do armário da cozinha. Quando um produto estiver perto de acabar, anote-o na lista. Divida esse novo hábito com todos da família. Você também pode deixar uma caneta comum ou um marcador de texto perto da lista; é só colocar um pequeno pedaço de velcro auto-adesivo na caneta e outro na porta perto da lista. Outra opção mais "ecológica" é cobrir a lista com papel-alumínio e utilizar um tipo de caneta que apague, assim você pode apagar os itens da lista e reelaborá-la semana a semana.

**228.** Combine com a família o que significa um produto "quase vazio", assim você pode repô-lo antes e não precisará ir correndo comprá-lo no meio do preparo de um prato.

**229.** Marque a letra "P" ao lado dos itens que estiverem em promoção, assim você poderá escolher os tamanhos e marcas dos produtos. (Você poupará ainda mais tempo se anotar o tamanho e a marca na lista.)

**230.** Leia o informe sobre os produtos antes de ir à loja. Assim você poderá fazer compras sem ter de ler as informações dos produtos na loja.

**231.** Pare de gastar tempo recortando cupons de desconto que você nunca vai usar. Abra mão dos cupons por um tempo, até começar a planejar suas refeições. Depois você pode começar a juntá-los.

**232.** Saiba onde o supermercado que você frequenta costuma dispor os itens em promoção; assim você não vai perder tempo procurando na prateleira errada se eles normalmente estiverem localizados no final de determinado corredor.

**233.** Não vá à loja sem seus cupons de desconto. Recortá-los e se esquecer de levá-los é perda de tempo e de dinheiro. Deixe os cupons que serão usados na semana junto com a lista de compras e faça disso um hábito. (Se você preferir, guarde-os em um envelope e escreva a lista do lado de fora do envelope. É possível imprimir sua lista principal do lado de fora do envelope usando o computador.)

**234.** Sempre que possível, faça compras sem as crianças pequenas e acompanhado. Seu companheiro, um familiar ou um amigo podem tornar a compra mais rápida. Enquanto um pega produtos de um corredor, o outro pode ir a outra seção. Você realmente vai terminar a compra na metade do tempo, e ter companhia torna a tarefa mais divertida e mais fácil, já que você terá ajuda para carregar as sacolas. Ir ao supermercado com alguém pode ajudá-lo a se socializar enquanto você faz as compras, o que é uma ótima maneira de fazer mais de uma tarefa ao mesmo tempo.

**235.** Evite lugares lotados ao fazer compras tarde da noite ou logo pela manhã, um pouco antes de as lojas abrirem. Domingo bem cedo é uma hora especialmente boa para isso – as prateleiras contêm produtos mais frescos, o estacionamento está vazio, quase não há filas e o trajeto até o supermercado é mais agradável.

**236.** Não se atrase ao olhar os produtos que não estão na sua lista nem fique preso na seção de revistas e livros. Essas diversões podem consumir um tempo valioso. A menos que você disponha de tempo livre, afaste-se delas!

**237.** Empacote suas compras, assim você pode colocar juntos na sacola os produtos que serão guardados assim em sua casa. Isso vai ajudá-lo a poupar tempo na hora de desempacotar as compras. (Se você comprou produtos congelados e não planeja ir diretamente para casa, armazene-os no portamalas do carro junto a alguns sacos de gelo, ou dentro de uma mala térmica.)

**238.** Compre os produtos em grandes quantidades. Mesmo que você não tenha espaço suficiente em casa para armazená-los, você ainda pode economizar tempo e dinheiro e dividir as quantidades com um familiar ou amigo.

## 12. Cozinha

**239.** Use uma panela de cozimento lento. Você vai se surpreender com a qualidade dos pratos feitos nesse tipo de panela. (Poupe ainda mais tempo e compre uma panela de cozimento lento que possa ir diretamente ao forno, ao fogão e ao micro-ondas.)

**240.** Você adora mangas? Não perca mais um minuto sequer descascando outro caroço estranho; em vez disso, compre um descascador de legumes/frutas. Economize tempo quando for descascar tomate ao esfregá-lo gentilmente com a parte de trás de uma faca antes de descascá-lo. Para descascar o alho com rapidez, insira a parte plana da faca no dente do alho e bata; a pele sairá facilmente. Procure algumas dicas em programas de tevê, sites ou livros de culinária para ajudá-lo a poupar tempo enquanto prepara seus pratos preferidos.

**241.** Quando cozinhar ovos, pingue uma ou duas gotas de colorante na água, assim você saberá quais ovos estão cozidos e quais não, pois as cascas dos ovos cozidos ficam tingidas. Não perca mais tempo tentando descobrir quais ovos estão cozidos ou limpando a bagunça caso se engane.

**242.** Mantenha o material que você mais usa à mão. Pendure os utensílios de cozinha perto do fogão. Deixe sacos de lixo extras perto da lata de lixo. Coloque os utensílios em locais acessíveis para acessá-los com mais facilidade, sem perder tempo.

**243.** Designe um lugar onde você possa encontrar com rapidez os itens necessários para embrulhar, armazenar e guardar a comida. Tenha à mão filme de PVC, papel-alumínio, sacolas e embalagens plásticas.

**244.** Quando for ferver água, tampe a panela para a água ferver mais depressa. Faça o mesmo quando for cozinhar alimentos, assim eles cozinharão mais rápido. Cortar a carne no sentido longitudinal (conhecido como asas de borboleta) também ajuda a cozinhá-la em menos tempo.

**245.** Em noites muito movimentadas, em vez de comprar comida em um restaurante, descongele um prato já pronto ou prepare uma refeição pronta comprada no mercado. Comprar comida em restaurante nem sempre é a opção mais rápida como parece. Se você for gastar 20 minutos dirigindo até o restaurante e outros dez minutos na fila, é melhor usar esse mesmo tempo para, por exemplo, esquentar uma lasanha congelada no micro-ondas.

**246.** Não frite o bacon – coloque-o no micro-ondas. Forre um prato com uma folha de papel toalha, ponha o bacon por cima, cubra-o com outra folha de papel toalha e leve-o ao micro-ondas. Você fará menos sujeira e ainda terá bacon crocante em menos da metade do tempo que levaria para fritá-lo.

**247.** Use uma tampa para micro-ondas para cobrir os alimentos quando for aquecê-los. Quanto menos os alimentos respingarem, menos tempo você gastará para limpar a sujeira. Também use uma tampa quando for fritar alimentos no fogão.

**248.** Cubra o fogão e o forno com papel-alumínio para limpá-los com mais facilidade em caso de derramar ou respingar alimentos na hora de cozinhar. (Não cubra os orifícios na base do forno, pois o calor precisa circular adequadamente.)

**249.** Para fazer panquecas, misture a massa no liquidificador; depois a coloque diretamente na chapa. Você terá uma massa macia e menos utensílios para limpar. (Limpe o liquidificador da seguinte maneira: coloque detergente e água no copo e bata a mistura, depois lave e pronto: o aparelho está limpo.)

**250.** Sempre que possível, prefira usar o forninho elétrico; a comida cozinha mais depressa e você poupa tempo. (Nem todos os alimentos podem ser cozidos no forninho, portanto siga o modo de preparo de cada alimento corretamente.)

**251.** Use um *timer* portátil; não se torne um escravo do fogão. Livre-se dos *timer*s embutidos no fogão e compre um pequeno, a pilha ou a corda. Leve-o com você ao jardim ou ao escritório de casa, assim você não precisará ficar na cozinha enquanto a comida cozinha.

**252.** Um funil pode tornar seu trabalho mais fácil e ajudá-lo a economizar tempo, já que ele evita que os alimentos transbordem. Você pode usá-lo para colocar alimentos a granel em recipientes menores, como saleiros.

**253.** Utilize um separador de ovos ou um pequeno funil para separar a clara da gema com rapidez. A clara passa pelo funil, enquanto a gema fica retida.

**254.** Em vez de refrigerar os bolinhos tipo *muffin* individualmente, coloque-os em uma travessa um ao lado do outro e gele todos de uma só vez.

255. Quando for cobrir um bolo, economize tempo cobrindo-o com chocolate ou doce de leite enquanto ainda estiver morno. Em apenas alguns minutos as lascas irão derreter e será mais fácil espalhá-las. (Você pode adicionar pequenos *marshmallows* para fazer um glacê.)

256. Use apenas uma xícara para medir a quantidade de mais de um ingrediente ao mesmo tempo. Por exemplo, se você precisa de meia xícara de açúcar e de meia xícara de farinha, use apenas uma xícara e preencha uma metade com o açúcar e depois a outra com a farinha. (Isso ajuda bastante se você usar xícaras para medidas resistentes ao micro-ondas; assim você pode derreter manteiga diretamente na xícara e depois acrescentar o resto dos ingredientes para misturá-los com mais facilidade.)

257. Para tornar a limpeza da cozinha mais rápida quando for cozinhar ou assar alimentos, passe um *spray* antiaderente ou unte a panela ou forma.

258. Prepare e cozinhe todos os alimentos que possam ser guardados, como panquecas, lasanhas, carne moída, cebolas picadas e arroz, entre outros. Os molhos também podem ser congelados em formas de gelo e retirados em cubos quando necessário.

259. Deixe os vegetais preparados para o próximo ou próximos dias. Corte a cebola em cubos, amasse o alho e pique o aipo. (A maioria dos vegetais pode ser conservada em papel-alumínio.)

260. Utilize uma faca sempre afiada; assim você conseguirá cortar os alimentos mais rápida e facilmente.

Além disso, terá menos chances de se ferir; usar uma faca cega é muito mais perigoso.

**261.** Separe e etiquete uma tesoura para a cozinha. Use-a para cortar cebolinha e ervas, abrir embalagens e várias outras tarefas.

**262.** Coloque uma folha de papel-manteiga entre as carnes como as de porco e as de peixe antes de congelá-las, assim você pode tirar apenas a quantidade necessária para cozinhar. (Isso é útil se você costuma comprar grandes quantidades de carne; você pode separá-la em porções menores, do tamanho ideal para sua família.)

**263.** Vá lavando e limpando os utensílios durante o preparo dos pratos. É mais fácil lavar os utensílios antes que a sujeira seque e grude. (Uma dica, especialmente quando você for cozinhar, é colocar uma bacia dentro da pia, enchê-la de água quente com sabão e mergulhar as colheres usadas e os batedores da batedeira.)

---

**TENHA MAIS TEMPO DISPONÍVEL HOJE MESMO!**
1. Torne seu planejamento mais fácil de seguir ao planejar suas refeições inicialmente para uma semana e depois vá aumentando o tempo gradativamente.
2. Escolha dois itens que possam ser entregues e peça-os hoje mesmo.
3. Tente descobrir um prato que possa ser preparado em uma panela de cozimento lento de que todos gostem e prepare-o pelo menos uma vez ao mês para deixar uma noite livre, sem que precise cozinhar.

**TENTE ISTO:**
Tire um utensílio que você não usa da gaveta e livre-se dele; quanto menos coisas você tiver, mais fácil vai ser encontrar o que precisa.

**REPITA COMIGO:**
"Estou tranquila por ter escolhido não servir uma refeição diária com cinco pratos. Meu objetivo realista é servir refeições balanceadas durante a semana."

**Parte cinco**

## COMO REALIZAR AS TAREFAS

Entre ir ao banco, comprar ração para o cachorro, devolver o livro na biblioteca e passar em três lojas para encontrar o presente que você deseja para a festa do final de semana, não é difícil imaginar que não lhe sobre tempo. Isso sem falar nas coisas que aparecem na última hora e de que você não dá conta. Você vai se resignar e aceitar que sempre foi e que sempre será assim? Ou está pronto para assumir o controle do seu tempo e recuperar os finais de semana?

## 13. Tarefas externas

**264.** Separe um lugar perto da porta pela qual você passa com mais frequência para deixar alguns objetos que usará durante a semana; por exemplo, as contas a pagar, os livros que precisa devolver na biblioteca e os cupons de desconto das lojas a que irá. Deixe também o celular, o recarregador e as chaves. Esse lugar pode ser uma prateleira do armário, a estante perto da entrada ou ainda uma bancada ou um cesto.

**265.** Você também pode deixar perto da porta uma sacola grande que não seja sua maleta, bolsa ou a bolsa do bebê e que deve ser usada apenas quando você for realizar alguma tarefa na rua. Jogue tudo o que você precisar nela e saia.

**266.** Para evitar escrever e reescrever seus contatos em formulários, leve com você etiquetas preenchidas com seu nome e endereço, assim sempre que lhe pedirem essas informações você terá apenas de colá-las no papel.

**267.** Faça todas as suas tarefas externas de uma só vez. Se você não estiver com pressa para ir a determinada loja, espere alguns dias até ter de ir a algum lugar perto e faça tudo de uma vez.

**268.** Quando você tiver uma lista de tarefas a realizar na rua, tente não deixar para fazer o que menos gosta no final. Você terá vontade de desistir e de deixar a parada para outro dia. Porém, se você começar pelo que menos gosta e deixar o que mais o diverte para o final, se sentirá mais estimulado a cumprir todos os seus afazeres. Além disso, se ainda lhe sobrar algum tempo para aproveitar sua última parada, você terá mais um motivo para comemorar por ter terminado tudo. Por exemplo, se você precisa comprar um livro e gosta de passear por livrarias, separe algum tempo para olhar os livros enquanto estiver lá.

**269.** Pense em algo diferente. O fato de você sempre comprar na mesma loja não significa que precisa continuar comprando lá. Veja se há uma loja mais conveniente para você, que funcione até mais tarde ou tenha um estacionamento maior, por exemplo. Se você encontrar outra melhor, vale a pena mudar de loja. (É claro que você terá de experimentar a loja para saber se ela atende às suas necessidades. Você não economizará tempo se puder comprar a maior parte dos itens lá mas, mesmo assim, precisar parar em outro lugar para comprar outro item em outra loja.)

**270.** Não se desvie das lojas a que está habituado para ir a lojas mais longe ou comprar itens especiais se não conhecer a loja ou se não souber se ela tem aquilo que você deseja comprar. Se a loja não tiver os itens da sua marca favorita ou exatamente o que procura, você vai perder mais tempo.

**271.** Economize o tempo que gasta procurando o carro no estacionamento ao parar sempre na mesma fileira, próximo das lojas que frequenta. Instituir esse hábito simples irá fazê-lo poupar muito tempo.

**272.** Quando for parar em um grande estacionamento, como o de um estádio, anote em que fileira e em que corredor deixou o carro. Coloque o papel na carteira, assim você não vai perdê-lo e encontrará seu carro com facilidade. Ou, se preferir, insira a palavra "carro" na lista de endereços do seu telefone e, sempre que preciso, acrescente o número ou a letra do corredor onde parou.

**273.** Quando planejar suas saídas, comece com a mais longe da sua casa e depois vá parando no caminho de volta para casa. (Não faça isso se você for comprar algum alimento congelado no verão, pois ele não resistirá a outras paradas.)

**274.** Em vez de perder tempo e dinheiro parando para beber ou comer alguma coisa durante sua saída, leve uma pequena sacola térmica com um lanche e bebida.

**275.** Não perca mais tempo na fila dos correios para comprar selos. Em vez disso, peça-os pela internet no site www.correios.com.br ou compre-os em bancas de jornal.

## 14. Compromissos com hora marcada

**276.** Leve sempre alguma coisa para fazer quando tiver um compromisso com hora marcada. Assim, se houver atraso e você tiver de esperar, poderá aproveitar o tempo. Leve alguma coisa para ler, escrever, tricotar, um álbum de fotos para organizar; a lista não tem fim. (Para transportá-los com facilidade, coloque todos os objetos em uma bolsa grande e leve-a com você quando achar que terá um tempo para "perder".)

**277.** Quando for marcar um compromisso, tente marcá-lo para o primeiro horário disponível do dia. Assim você perderá menos tempo esperando, já que os atrasos se acumulam durante o dia.

**278.** Você também pode tentar marcar o primeiro horário logo depois do almoço. A maioria dos lugares faz uma pausa na hora do almoço, o que os faz recuperar o atraso para recomeçar na hora após o intervalo para o almoço.

**279.** Pergunte se você pode marcar uma hora fora do horário convencional. Você vai se surpreender ao descobrir que seu cabeleireiro não achará ruim de atendê-lo às sete da manhã, e assim você pode cortar o cabelo antes de ir ao trabalho. Você não saberá se não perguntar.

**280.** Lembre-se de telefonar e confirmar se o compromisso ainda está de pé. (Poupe ainda mais tempo ao anotar o telefone ao lado do compromisso, no calendário.)

281. Ligue antes de sair para confirmar se a pessoa com quem você marcou o compromisso está no horário. Por exemplo, se você leva 15 minutos para chegar ao consultório do seu médico, ligue um pouco antes de sair para saber se ele está atrasado. Se estiver, você poderá ficar mais alguns minutos em casa em vez de perder tempo na sala de espera.

282. Você poupará tempo se souber exatamente o endereço e o caminho antes de sair para um compromisso. Peça informações claras, com pontos de referência e uma foto do local; também pergunte um ponto de referência que fique depois do local aonde você vai, para o caso de você ir muito longe.

## 15. Compras

**283.** Escolha a marca dos produtos que deseja comprar antes de ir às compras. Você pode perder muito tempo parado no corredor escolhendo a marca da pasta de dente ou do lenço de papel.

**284.** Pesquise antes de sair para fazer uma compra grande. Você irá economizar tempo se souber com antecedência as perguntas a fazer e as opções disponíveis.

**285.** Decida o modelo de roupa que você quer comprar antes de sair para comprá-la. Procure na internet ou recorte a foto de uma revista ou catálogo, assim você saberá o que está procurando.

**286.** Ligue antes para verificar se a loja tem aquilo que você está procurando. Se tiver, peça que guardem para você. (É importante perguntar o nome do vendedor, assim a chance de ele ou ela realmente verificar se a loja tem o item no estoque será maior e você poderá saber a quem chamar se a peça não estiver no balcão.)

**287.** Em vez de perder tempo andando pela loja atrás de um item, pergunte ao vendedor onde ele está.

**288.** Em vez de gastar tempo procurando pelos cupons, cartões de presente ou vale-descontos de determinada loja, guarde-os em um pequeno arquivo sanfonado e escreva nas etiquetas de cada parte o nome das lojas (ou das seções, como vestuário, alimentos, brinquedos) que você mais frequenta.

289. Quando precisar dar um presente, em vez de comprá-lo pessoalmente, encomende-o pela internet ou pelo catálogo da loja e mande entregá-lo diretamente à pessoa. Em muitos casos, a empresa mandará o presente com um cartão.

290. Contrate uma babá para cuidar de seus filhos enquanto você faz compras. Se você já tiver uma babá, realize algumas tarefas na rua antes de voltar para casa. Se você não tem dinheiro suficiente para contratar uma babá, tente fazer uma troca com um vizinho ou um amigo; você realiza algumas tarefas externas para ele enquanto você estiver na rua e ele toma conta das crianças para você.

291. Deixe alguns presentes genéricos em casa para uma emergência. Um kit de artes para crianças, um jogo de velas para uma anfitriã e um cobertor para bebê podem ser muito úteis. Obviamente, não escolha produtos com prazo de validade, como vários cartões comemorativos e produtos alimentícios. (Essa ideia só irá funcionar se você se lembrar dos presentes, portanto escolha uma prateleira, um cesto ou uma gaveta para deixá-los e reponha-os quando necessário.)

292. Fazer compras pela internet ou pelo catálogo da loja pode ajudá-lo a poupar tempo, mas apenas se a loja for confiável e se você não precisar analisar o produto pessoalmente. Se o produto não chegar ou se você precisar devolvê-lo, não irá economizar tempo, ao contrário. Produtos como sapatos são difíceis de escolher sem que você os experimente; comprar roupas sem vê-las também não é uma boa opção, pois você pode não conhecer a qualidade da peça ou não gostar do tecido. Por outro lado, toalhas de papel, artigos de papelaria e ração para animais de estimação são produtos fáceis de comprar e não precisam ser analisados pessoalmen-

te. (Quando você fizer uma compra de que gostou, lembre-se do nome da loja e da marca que lhe agradou. Isso fará com que gaste menos tempo na próxima compra.)

**293.** Quando fizer uma compra pela internet, não perca tempo procurando senhas e dados do usuário. Faça uma lista com essas informações e mantenha-a embaixo do teclado do computador. Procure escolher uma única senha para usar na maioria dos sites. Por exemplo, muitas senhas agora exigem de seis a dez caracteres, com no mínimo dois números. Escolha uma senha que cumpra essa exigência e use-a para a maioria dos cadastros na internet. Você pode abreviá-la e usá-la nos sites que exijam uma senha menor. Escolher uma senha que não seja fácil de descobrir torna a vida mais fácil e o ajuda a poupar bastante tempo.

**294.** Procure usar o serviço de entrega via internet ou telefone. Sempre que possível, peça para que lhe entreguem rapidamente os produtos que você compra com frequência. Ao marcar a entrega de produtos como ração de animais, água mineral, papel toalha e papel para a impressora, você economiza tempo, evitando o risco de se atrasar.

**295.** Assim que você chegar em casa, tire as compras da sacola e guarde-as em seus devidos lugares. Isso evitará que perca tempo procurando os produtos que acabou de comprar e ainda estão escondidos no monte de sacolas plásticas.

**296.** Quando precisar substituir um produto pouco comum, leve a embalagem antiga com você – isso facilitará. Você pode pedir ajuda e, em vez de tentar descrever o produto ao vendedor, mostre-o a ele. (Se você for pedir a alguém para fazer a compra em seu lugar, é bom mandar junto a caixa ou a embalagem do produto para que sirva de exemplo do que deseja comprar. Há tantas opções, mesmo para um produto simples como lenços de papel; é muito mais fácil encontrar a embalagem com outra na mão do que perder tempo lendo as letras miúdas dos produtos.)

---

**TENHA MAIS TEMPO DISPONÍVEL HOJE MESMO!**

1. Cumpra suas tarefas externas ao mesmo tempo em vez de sair várias vezes para resolver uma ou duas tarefas.
2. Confirme sempre seus compromissos e leve alguma coisa para fazer em caso de ter tempo livre.
3. Antes de sair às compras, ligue para a loja e pergunte se eles têm o produto em estoque.

**TENTE ISTO:**

Arrume agora mesmo um lugar perto da porta para deixar os itens que usará durante a semana.

**REPITA COMIGO:**

"Vou tirar as compras da sacola assim que chegar em casa."

**Parte seis**

## Limpeza rápida

Levante a mão quem quer limpar a casa. Alguém? Embora às vezes seja verdade que limpar a casa é algo catártico, na maioria das vezes não queremos fazê-lo. Mesmo que você goste de fazer limpeza, há alguns truques rápidos que podem ajudá-lo a limpar a casa com mais rapidez. Assim você terá mais tempo para fazer outras coisas de que gosta.

## 16. Área limpa

**297.** Pare de usar sapatos em casa: 87% da sujeira interna é trazida pela sola dos sapatos; ao tirá-los perto da porta, você terá menos a limpar.

**298.** Guarde os produtos de limpeza onde você os utiliza. Talvez você precise ter dois frascos de cada produto em casa, mas isso o ajudará a economizar tempo. Em vez de ir de cômodo em cômodo para reunir todos os produtos, você pode tê-los à mão para quando precisar deles.

**299.** Fazer toda a limpeza de uma só vez economiza tempo, já que você não terá de carregar um monte de produto para lá e para cá nem de fechar várias embalagens.

**300.** Sempre que possível, faça uma pré-limpeza na área a ser limpa. Deixe o produto agir enquanto você faz outra coisa. (Acerte um *timer* para lembrá-lo de voltar a tempo de terminar o trabalho. Se você esperar demais, o produto pode secar e levar duas vezes mais tempo para sair.)

**301.** Use o utensílio certo para a função. Por exemplo, uma escova de dentes velha pode ajudar a limpar atrás da pia, assim você não vai precisar perder tempo tentando enfiar um pano em um lugar tão apertado. (Um bom truque é vestir um par de meias nas mãos e usá-las para polir e tirar o pó.)

**302.** Adquira bons produtos. Não economize em produtos de papel e de limpeza. Para economizar dinheiro e tempo e ainda não agredir o meio ambiente, aproveite os produtos que você provavelmente já tem em casa, como vinagre branco, bicarbonato de sódio e suco de limão. (As receitas para fazer os próprios produtos de limpeza podem ser encontradas na seção de recursos deste livro ou no site www.jamienovak.com [em inglês].)

303. Torne a coisa simples! Você pode se sentir tentado a experimentar o utensílio de limpeza mais novo no mercado. Alguns valem o tempo e o esforço, mas a maioria deles não, já que muitos não funcionam tão bem quanto prometem os anúncios, ou você pode gastar tanto tempo para aprender a usá-los ou limpá-los que é melhor fazer o trabalho sem eles. Às vezes bicarbonato de sódio e água funcionam melhor que qualquer produto.

304. Leve os utensílios de limpeza com você; coloque-os dentro de um balde com alça ou de uma caixa. (Às vezes você pode economizar tempo ao usar um avental com bolsos, assim você pode guardar os objetos e manter os braços livres.)

305. Se você se preocupar em não sujar as mãos enquanto limpa a casa, pode levar mais tempo para terminar a tarefa, portanto use luvas. Você irá terminar o trabalho e não terá de fazê-lo de novo tão logo.

306. Divida a limpeza da casa em pequenas tarefas; por exemplo, em vez de limpar a geladeira de cima a baixo, limpe uma prateleira por vez. Assim você não vai precisar esperar ter tempo suficiente para limpar tudo de uma vez; você pode inserir a limpeza da geladeira na sua rotina.

**307.** Limpar a casa com rapidez é muito mais fácil quando você tem menos coisas a limpar. Evite colecionar muitos badulaques e procure deixar a bancada dos móveis tão vazia quanto possível; potes para guardar alimentos, torradeiras e pilhas de correspondência atrapalham a limpeza rápida.

**308.** Quando você precisar deixar objetos na cozinha, coloque-os em bandejas, assim, para limpar a bancada, você terá de levantar apenas um item em vez de vários individualmente.

**309.** Procure evitar comprar itens que precisem de cuidados especiais como objetos de prata de lei, que precisam ser polidos, ou facas que não podem ser colocadas na máquina de lavar.

**310.** Se você tiver condições financeiras, contrate uma faxineira extra para a limpeza pesada. (Lembre-se: você não precisa contratá-la para limpar a casa toda; se você preferir chamá-la apenas para limpar as janelas, a lareira ou a churrasqueira, faça isso.)

### ISTO FUNCIONOU PARA ELA:

"Uma coisa que aprendi com minha mãe foi usar as sacolas plásticas das compras para forrar as latas de lixo pequenas. É só colocar uma sacola dentro da outra (na lata de lixo) e quando uma estiver cheia, nem preciso trocá-la. Apenas tiro a sacola e deixo a de baixo em seu lugar."

*Sandra B.*

**311.** Torne a limpeza o mais divertida possível. Coloque uma música ou deixe para ler aquele livro que você tanto quer depois que terminar a tarefa.

312. Se você está tentando encontrar um pequeno objeto perdido com a ajuda de um aspirador, amarre uma pequena tela – uma gaze, por exemplo – com um fio de nylon por cima do bocal do tubo do aparelho.

313. Se um lugar não está sujo, então não o limpe. Isso pode parecer óbvio, mas você vai se surpreender com o tempo que gasta limpando um lugar antes da hora.

314. Pare de limpar demais; uma vez que o lugar estiver limpo, deixe-o de lado. Não é preciso fazer 20% de esforço a mais para deixar o local perfeitamente limpo.

315. Nem sempre mais é melhor; use apenas a quantidade necessária de produto de limpeza. Usar uma quantidade maior do que precisa significa perder tempo limpando o produto de limpeza!

316. Quando for passar o aspirador, em vez de passá-lo e repassá-lo em cima daquele pedaço de tecido que teima em não se soltar, apenas abaixe-se e pegue-o com a mão!

317. Quando for reabastecer um produto em um recipiente, tire um tempo e reabasteça todos de uma vez. Por exemplo, quando for reabastecer o refil de cera líquida, faça o mesmo com os demais refis, já que estará com a mão na massa.

318. Se você notar que um produto está acabando, troque-o antes disso, já que geralmente levamos mais tempo para trocá-lo quando estamos com pressa. Por exemplo, quando você notar que o papel higiênico está no fim, troque-o por um novo e deixe o velho por cima para que o usem primeiro.

319. Para remover com rapidez os alimentos grudados no interior do micro-ondas, ferva um copo de água dentro dele. O vapor ajudará a soltar a sujeira grudada e ficará mais fácil removê-la. Você pode pingar algumas gotas de suco de limão para deixar um cheiro agradável.

320. Torne a limpeza o mais agradável possível. Esconda moedas pela casa para as crianças encontrá-las enquanto você faz a limpeza.

321. Quando for encher a lava-louças, coloque a louça de uma maneira que fique mais fácil emparelhá-la depois e tire-a da máquina assim que estiver limpa. (Não é possível fazer isso com as colheres, já que elas podem se emaranhar e ficar presas na hora de sair.)

322. Quando for limpar as janelas da casa, passe do lado de fora da janela um spray específico para proteger o parabrisa do carro da chuva, assim elas ficarão limpas e sem marcas.

## 17. LIMPE A COZINHA COM FACILIDADE

323. Use sua lava-louças para outras coisas além de lavar a louça. Lave os porta-objetos (toalhas, xampus etc.) e as saboneteiras do banheiro, entre outras coisas. Se o objeto for pequeno, prenda-o em uma rede, assim ele não irá cair dentro do motor. Selecione a opção "secar a ar" para os itens de borracha e plástico.

324. Quando derramar alguma coisa na geladeira, limpe imediatamente e aproveite para passar um pano em outra prateleira ou do lado de fora da porta. É mais fácil fazer isso quando você já estiver com o material à mão, assim haverá menos a fazer depois.

325. Forre as prateleiras e as gavetas da geladeira; é mais rápido limpar o revestimento do que tirar toda a prateleira para limpá-la.

326. Coloque um prato embaixo dos alimentos que podem fazer sujeira, como as carnes deixadas para descongelar, para evitar pingos e transbordamentos. Quanto menos sujeira, menos tempo você irá passar limpando a geladeira.

327. Guarde os marinados e os temperos em potinhos; assim, se algo derramar, a sujeira ficará restrita ao pote. Você também irá economizar tempo ao procurar pelos produtos na geladeira.

328. Descarte ou recicle as embalagens usadas de restaurantes, copos descartáveis e embalagens de condi-

mentos que você guardou. Quanto menos objetos você tiver de separar dos itens que de fato usa, mais tempo economizará.

**329.** Enquanto cozinha, enxague os utensílios, recipientes e panelas sujos e depois os coloque na lava-louças. Assim, quando você for se sentar para comer, poderá aproveitar a refeição em vez de olhar para a louça suja; além disso, se a lava-louças estiver lotada, lavará a louça enquanto você come. Assim, quando você terminar, poderá colocar a nova louça usada na máquina.

**330.** Se você for ligar a lava-louças mas ela ainda não estiver completamente cheia, coloque as tampas da boca do fogão, os descansos de talheres ou as prateleiras menores da geladeira, assim eles também ficarão limpos.

**331.** Sempre que possível, compre utensílios que possam ser levados à lava-louças; isso vai ajudá-lo a economizar o tempo que você gastaria lavando a louça à mão.

**332.** Pesquise modelos diferentes de tábuas para cortar alimentos, como as dobráveis, assim você economizará tempo. Em vez de cortar vegetais e depois gastar tempo levando os alimentos de um lugar a outro, molde a tábua em formato de U e corte os alimentos exatamente onde você os quer.

**333.** Chame outras pessoas para fazer o serviço também. Estabeleça uma regra doméstica: você e os demais irão limpar logo que derrubarem alguma coisa e pôr a louça suja diretamente na lava-louças. Você também pode delegar algumas tarefas que consomem tempo, como esvaziar o lixo reciclável e tirar o lixo da casa.

## 18. Limpeza fácil

**334.** Guarde um produto de limpeza para o chão e alguns panos em um armário perto do banheiro. Será mais prático remover a sujeira e limpar o chão durante a semana.

**335.** Se você usa toalhas descartáveis para remover a maquiagem, lave-as e reutilize-as para limpar rapidamente a pia e a bancada ou remover alguma mancha do chão.

**336.** Quando sua família terminar de escovar os dentes ou de fazer a barba, use uma toalha de mão no espelho e nas torneiras do banheiro para tirar manchas de espuma, assim elas não se acumularão.

**337.** Antes de sair do banho, passe um rodo nos azulejos e na porta. Apesar de parecer que isso vai lhe custar mais tempo, você irá gastar menos tempo com a limpeza.

**338.** Após dar a descarga, borrife ¼ de uma xícara de bicarbonato de sódio no vaso. Espere um pouco e depois esfregue-o. Dê a descarga para lavá-lo.

**ISTO FUNCIONOU PARA ELA:**
"Uso tira-manchas concentrado em um pano molhado para remover a espuma de sabão, partículas indesejáveis etc. da porcelana do banheiro. Não é preciso esfregar! Eba! Para os mais difíceis de sair, deixo um pano ou uma esponja molhada com o produto em cima da mancha e volto depois.
*Dorothy Bellow, S. Plainfield, Nova Jérsei*

339. Deixe o aspirador no piso principal ou no piso onde estejam os cômodos em que você o usa com mais frequência. Guarde um aspirador vertical nos outros pisos da casa. Assim você não precisará arrastar o aspirador para cima e para baixo para pequenas limpezas.

340. Jogue fora as revistas e catálogos. Estabeleça uma rotina semanal e tire do revisteiro as revistas que não lhe interessam. Recicle os catálogos repetidos e jogue as revistas (lidas ou não) após três meses. Se você demorar muito para separar as revistas, irá gastar mais tempo, portanto faça isso todas as semanas. Quanto menos revistas e catálogos você tiver em casa, menos tempo perderá com eles; pare de assinar periódicos que você não lê. Se você não quiser perder a assinatura, peça para mudar o endereço de entrega e mande a revista para um hospital, casa de saúde, creche, cabeleireiro, biblioteca, consultório médico, amigo, vizinho ou parente, entre outros.

341. Descarte diariamente a correspondência que não lhe interessa. Quanto mais você deixar juntar, mais tempo irá gastar para separar o que interessa do que não interessa. Estabeleça um hábito: quando você tiver tempo, separe a correspondência; depois descarte imediatamente o que não quiser.

**ISTO FUNCIONOU PARA ELA:**
"Deixe um cesto de lixo em frente à porta para jogar toda a correspondência que não lhe interessa. Livre-se dela rapidamente!"
*Lisette G.*

342. Se você prefere destruir as correspondências que contenham informações importantes, deixe o picotador de papel ligado e à mão e destrua as cartas imediata-

mente. Não deixe acumular papel para ser destruído. Destrua a correspondência logo ou rasgue-a e descarte-a. (Se você já tem vários papéis para destruir, economize tempo pedindo a alguém da família ou à babá das crianças que faça isso em seu lugar quando seus filhos dormirem.)

**343.** Antes de se deitar, faça uma rápida arrumação na sala. Pegue os controles-remotos e guarde-os em um cesto ou em uma gaveta. Arrume o revisteiro, dobre e guarde os cobertores e travesseiros deixados em cima do sofá e recolha os CDs e DVDs. Você economizará muito tempo fazendo uma arrumação rápida diariamente em vez de passar horas fazendo isso no final da semana.

**344.** Você não precisa mais perder tempo procurando o CD que deseja pôr para tocar. Contudo, você também não precisa passar horas arrumando seus CDs em ordem alfabética. Em vez disso, arrume-os por categoria e guarde cada grupo em sua caixa ou prateleira. (A maioria das caixas revestidas com tecidos comporta CDs perfeitamente; meça a caixa antes para não errar, mas essa pode ser uma maneira decorativa de guardar e dispor os CDs).

**345.** Antes de sair do quarto pela manhã, pegue todos os objetos que estão na cômoda ou no criado-mudo e leve-os para seu devido lugar – copos de água, recibos e outros itens que acumulamos tomam nosso tempo na hora da limpeza.

**346.** Quando se despir, pendure a roupa imediatamente ou ponha-a no cesto de roupa suja; não use o chão ou o braço de uma cadeira para deixar a roupa. (Designe uma área em seu armário para as peças que foram usadas mas que ainda estão limpas. Você pode usar seus jeans mais de uma vez – apenas guarde-o no lugar certo.)

**347.** Guarde os objetos no lugar certo logo depois de usá-los. Quando tirar os adereços, guarde-os na caixa imediatamente. Não faz sentido deixá-los em qualquer lugar e depois ter de tirá-los de lá várias vezes antes de finalmente guardá-los. Se você não fizer isso, ficará um bom tempo procurando por eles na próxima vez que for usá-los.

**348.** Para arrumar as camas com mais rapidez, guarde alguns jogos de lençóis extras entre o colchão e a cama. Se você preferir, guarde-os em uma prateleira do armário; se tiver pouco espaço no armário, escolha um divã ou deixe um baú com tampa ao pé da cama e guarde-os lá.

**349.** Coloque um porta-papel toalha dentro da porta do armário do banheiro, assim você poderá usar um pedaço de papel para limpar pequenas sujeiras.

**350.** Tire as manchas de dentro do vaso sanitário com uma pedra-pomes, pois ela não risca a porcelana. (Sugiro que você faça um teste antes em uma área que não seja visível, mas até hoje não conheço nenhum vaso que tenha sido riscado por uma pedra-pomes!)

---

**DEZENOVE TAREFAS DOMÉSTICAS QUE VOCÊ PODE CUMPRIR EM CINCO MINUTOS OU MENOS**

**351.** Limpar as impressões digitais da geladeira.

**352.** Descartar os alimentos vencidos.

**353.** Limpar as prateleiras grudentas.

**354.** Revestir as gavetas onde você guarda as frutas e os vegetais com papel toalha.

**355.** Colocar os potes melados como os de marinados em formas de papel-alumínio.

**356.** Trocar os lençóis das camas.

**357.** Dobrar algumas peças de roupa.

**358.** Consertar alguma peça.

**359.** Limpar o vaso sanitário.

**360.** Passar um produto para pré-limpar os azulejos.

**361.** Tirar o lixo comum.

**362.** Tirar o lixo reciclável.

363. Colocar a roupa amassada na secadora de roupas e depois pendurá-la para não precisar passá-la.

364. Tirar algum utensílio que você não use da bancada para economizar tempo na hora de limpar a cozinha.

365. Tirar os copos e pratos da lava-louças e colocá-los no armário mais perto.

366. Fazer, junto com a família, uma arrumação rápida de cinco minutos todas as noites.

367. Passar um produto para pré-limpar o fogão.

368. Tirar o pó de uma área do cômodo.

369. Destruir uma pilha de correspondência indesejável.

**TENHA MAIS TEMPO DISPONÍVEL HOJE MESMO!**
1. Guarde os produtos de limpeza onde você os usa.
2. Tire os objetos desnecessários da bancada para tornar a limpeza da cozinha mais fácil.
3. Escolha um lugar para deixar os controles-remotos.

**TENTE ISTO:**
Escolha uma caixa para armazenar os produtos de limpeza e arrume um lugar para guardá-la.

**REPITA COMIGO:**
"Eu sempre vou arrumar um cômodo quando passar por ele."

**Parte sete**

## VIDA DE PAIS

Você deseja que o mundo pare para você alcançá-lo? Você não é o único! Lembre-se de que fazer tudo sozinho é, na verdade, sinal de egoísmo. Em algum momento, os outros membros da família terão de aprender como fazer determinada tarefa, e, sem mostrar isso a eles, você os deixará em desvantagem. Peça ajuda quando precisar – isso não é sinal de fraqueza. E tire um tempo para demonstrar aos outros como fazer as coisas; isso é muito importante. Ao mostrar às crianças como administrar o tempo hoje significa que daqui a alguns anos elas não precisarão ler este livro ou frequentar meus cursos.

## 19. CRIANÇAS

**370.** Mostre aos seus filhos como montar horários e ensine-os outras estratégias para administrar o tempo. Organize os horários de seus filhos com eles e deixe-os cumpri-los sozinhos; as crianças aprendem fazendo. Para isso, delegue cada vez mais tarefas a eles; assim, daqui a anos eles não terão de ler este livro, já que saberão controlar as coisas.

**371.** Use o calendário para anotar as datas das tarefas como o dia de devolver o livro na biblioteca ou de entregar os trabalhos escolares e os resumos de livros; depois, divida-as em tarefas menores e mostre-lhes como cumprir uma parte por vez. Isso os ajudará a aprender a planejar – uma prática muito valiosa para a vida!

**372.** Pare de andar pela casa procurando os livros e filmes que precisa devolver. Escolha um cesto ou uma prateleira e guarde os objetos que pegou emprestado ou alugou.

**373.** Escolha uma criança para ser o ajudante do dia. Pegue seu calendário mensal e escreva a inicial de uma criança por dia, alternadamente. Assim, todos os dias você saberá que criança chamar para ajudá-lo. Isso o ajudará a economizar bastante tempo, já que cada criança saberá realizar todas as tarefas. (Mesmo que elas não cumpram as tarefas como o desejado, deixe-as ajudar mesmo assim.)

**374.** Guarde os trabalhos de artes de cada um de seus filhos em uma caixa de papelão, assim você conseguirá separar os trabalhos de cada criança e não precisará perder tempo separando sacolas e sacolas de trabalhos.

375. Ao examinar com antecedência seu calendário para verificar os compromissos do mês, você conseguirá planejar melhor os eventos. Por exemplo, poderá comprar um presente antes de uma festa de aniversário na escola de seu filho ou lavar a camiseta do uniforme que ele usará em uma comemoração escolar.

376. Verifique o calendário no início de cada semana. Isso o ajudará a se preparar com antecedência para os eventos especiais.

377. Guarde o máximo possível de materiais para arte – caixas de sapatos vazias, cartolinas, bonecos de plástico para trabalhos em 3D etc. Com esses objetos à mão, você não precisará perder tempo para correr à loja.

378. Separar um lugar para guardar todos os papéis escolares é uma boa maneira de mantê-los organizados, assim você poderá encontrá-los quando precisar.

379. Separe um ímã para os papéis que precisam ser enviados à escola no dia seguinte, como relatórios assinados ou autorizações, e chame-o de "ímã do dia". Coloque-o na porta da geladeira; ensine cada criança a verificá-lo quando for pegar sua mochila.

380. Não perca tempo procurando a cola e outros materiais que as crianças precisam para fazer a lição de casa. Em vez disso, dê a cada criança o material escolar necessário. Coloque etiquetas em cada estojo e deixe o material extra longe do alcance delas. Você pode comprar o material de reposição pela internet quando necessário.

**381.** Use um *timer* para se manter no horário. Acerte-o para tocar e lembrar as crianças que é hora de se arrumar para sair ou de fazer outras atividades durante o dia.

**382.** Anote o número do hospital, do pediatra e de outros telefones de emergência em um papel. Deixe-o perto do telefone, assim estará à mão quando você precisar. Além disso, passe os números para seu celular, já que você nunca sabe onde estará quando precisar deles – não apenas em uma emergência, mas também para confirmar uma consulta, avisar que você vai chegar atrasado ou perguntar se os documentos estão prontos para você buscá-los.

**383.** Um jeito de não perder mais tempo correndo atrás das crianças para fazê-las arrumar a bagunça é escolher uma caixa para ser o "cercadinho da bagunça". Avise as crianças que elas têm cinco minutos para arrumar tudo; você pode inclusive ajustar um *timer* para lembrá-las. Quando o alarme soar, coloque todos os objetos que restarem no cercadinho. Para tirar um objeto de lá, seus filhos terão de ajudar com outro afazer doméstico ou tarefa – um negócio justo, já que você gastou seu tempo para pegar o(s) objeto(s) deixado(s). Geralmente é necessária uma única vez para que as crianças sigam a regra e limpem a bagunça, já que elas sentirão falta dos brinquedos. (Quando o cercadinho começar a ficar muito cheio, você pode selecionar os objetos que forem esquecidos e/ou estabeleça um dia de anistia em que os objetos poderão ser "soltos" sem sofrer nenhuma penalidade.)

**384.** Estabeleça uma nova regra na família e só permita que elas façam duas atividades extracurriculares por semestre. Isso o ajudará não apenas a poupar tempo e dinheiro como ensinará as crianças a fazerem escolhas e a se tornarem boas em uma ou duas atividades em vez de se saírem medianamente em várias.

**385.** Organize um sistema de carona. Talvez você gaste algum tempo no início para organizar um horário, mas uma vez feito isso, economizará tempo diariamente. Use o sistema de caronas não apenas para levar e buscar as crianças na escola; use-o também para festas de aniversário, casa de amigos e atividades extracurriculares. (Anote em seu celular o nome e o telefone dos pais das outras crianças que participam do sistema de caronas para o caso de você sair e precisar falar com eles.)

**386.** Imprima cartões com todas as informações importantes de "mãe". Você pode anotar seus contatos, o telefone do pediatra do seu filho, qualquer alergia que ele tenha ou cuidados especiais que necessite e tudo que você queira que outros pais saibam quando forem tomar conta dele. Isso faz com que você não precise escrever essas informações todas as vezes. (Vá ao site www.jamienovak.com para mais informações sobre o assunto [em inglês].)

**387.** Se seu filho reclamar muito da tarefa que lhe foi atribuída a ponto de você achar mais fácil fazer você mesmo, tente várias tarefas, assim ele não se aborrecerá com a rotina.

**388.** Não perca mais tempo e dinheiro comprando um mesmo item que você já comprou para seu outro filho e ainda pode servir para o irmão. O segredo é guardá-los em caixas etiquetadas, assim você poderá encontrá-los quando precisar.

**389.** Guarde os brinquedos que seus filhos não usarem após algumas semanas ou mais. Se você descartá-los ou doá-los, eles poderão sentir falta dos brinquedos. Em vez disso, coloque-os em uma caixa etiquetada e guarde-os por um mês ou dois. Se eles sentirem falta dos objetos, você os devolve; se não sentirem, você pode doá-los com o apoio das crianças.

**390.** Não perca mais tempo se repetindo e tenha certeza de que as crianças estão prestando atenção em você antes de lhes dar as instruções. Olhe nos olhos delas, seja preciso e peça-lhes que repitam o que você disse para que não haja mal-entendidos.

**391.** Deixe uma pequena prancheta com uma caneta no carro. Anexe uma lista com o telefone dos colegas dos seus filhos, dos professores, pediatra e outros telefones importantes. (Use uma marca-texto para destacar os telefones mais discados, como os dos melhores amigos dos seus filhos. A prancheta também pode servir como apoio para escrever cartões de agradecimento, fazer contas ou preencher formulários enquanto você espera pelas crianças.)

**392.** Como a maioria dos formulários pede sempre as mesmas informações, como o número do CPF, da carteira de motorista e do RG, mantenha uma cópia de um formulário preenchido à mão recentemente. Assim, da próxima vez que precisar preencher um novo formulário, poderá copiar os dados em vez de checar todas as informações novamente. (Um bom lugar para guardar o formulário-modelo é em um protetor de papel colado atrás da prancheta, assim você não vai perder tempo procurando por ele da próxima vez que precisar.)

**393.** Tente combinar os compromissos. Por exemplo, marque dois horários no cabeleireiro com dois profissionais diferentes, assim seus dois filhos poderão cortar o cabelo ao mesmo tempo. Se não der para marcar compromissos simultâneos, tente marcar um horário depois do outro, assim você terá de ir apenas uma vez ao mesmo local.

394. Quando você estiver concentrado, permita-se algumas distrações. É bobagem pensar que você não será interrompido quando as crianças estiverem em casa. Portanto, aprenda a dar uma pausa, lembre-se de onde parou, faça alguma outra coisa e volte para o que estava fazendo. Por exemplo, pare de pagar as contas, pegue um lanche para seu filho e volte a cuidar das contas como se nada tivesse acontecido. (Deixar uma anotação lembrando onde você parou pode ajudá-lo, assim você pode voltar ao que estava fazendo sem perder tempo revendo o que já fez.)

395. Limite os compromissos sociais de seus filhos. Aceitar todos os convites para festas de aniversários e para ir à casa de amigos, combinados com todas as atividades extracurriculares de que eles querem participar, como escotismo, esporte e dança pode deixar qualquer um sobrecarregado. Limitando o número de compromissos sociais e de atividades extracurriculares você poupará tempo e também permitirá que seus filhos vivenciem uma ou duas coisas profundamente em vez de ficarem num vaivém entre cinco ou seis atividades mal-aproveitadas.

396. Faça seus filhos gravarem no gravador as anotações das matérias da escola, assim eles poderão ouvi-las enquanto tomam banho ou realizam outras tarefas. Gravá-las vai ajudá-los a reter as informações com mais facilidade e você terá de perder muito menos tempo checando as matérias com eles.

397. Se seus filhos forem como a maioria, eles têm rotinas diferentes para voltar da escola ou da creche durante a semana. Para diminuir a confusão e evitar erros e perda de tempo, ponha um clipe com imagens das diferentes opções que eles têm; por exemplo, um ônibus, um carro e um de seus vizinhos ou pessoas que lhes dão carona. Assim, à noite, quando você for se preparar para o dia seguinte, prenda bem o clipe na mochila dos seus filhos. Desse modo eles sempre saberão aonde ir e quem irá buscá-los.

398. Você já desejou ter um clone seu? Não é raro precisar estar em dois ou três lugares ao mesmo tempo. Considerando o número de demandas pelo seu tempo, isso irá acontecer mais cedo ou mais tarde. O melhor jeito de evitar marcar dois compromissos para o mesmo horário é anotar tudo no calendário ou agenda e verificar com frequência. Quando isso acontecer, seja porque você marcou dois compromissos ao mesmo tempo ou por necessidade, tente chegar a um acordo e resolva o problema da melhor maneira que você puder. Por exemplo, talvez você possa perder a reunião de pais e mestres e marcar um horário na hora do almoço para conversar com o professor de seu filho, ou você pode pedir para alguém filmar um evento (como uma partida de futebol, por exemplo) para assistir mais tarde. Porém, não assuma mais de um compromisso ao mesmo tempo; você pode querer juntar dois eventos no mesmo horário e chegar mais cedo em um e mais tarde em outro, mas isso não será bom para ninguém.

## 20. Crianças com necessidades especiais

**399.** Para ajudar seu filho a lembrar das rotinas, faça cartazes com fotos dele realizando as tarefas, como escovar os dentes ou colocar os sapatos. Enfileire algumas dessas fotos para criar uma imagem visual da rotina.

**400.** Acerte um *timer* para ajudar você e seu filho a se concentrarem na tarefa que vocês estão realizando em um determinado momento. Um *timer* ajuda a acabar com as distrações e permite que vocês dois se concentrem na tarefa que estão desempenhando.

**401.** Para poupar tempo, tire um tempo para etiquetar os objetos da casa com sinais. Você pode usar palavras e imagens, dependendo da maneira que seu filho compreende melhor. Coloque etiquetas nas gavetas de meias, no armário onde estão guardados os pratos e na estante onde estão seus filmes favoritos, assim você ajudará seu filho a economizar o tempo que perderia procurando esses objetos. Se seu filho for muito pequeno, colocar etiquetas nos sapatos com a letra "D" e "E" para direito e esquerdo também pode ajudá-lo a poupar bastante tempo.

**402.** Não perca tempo procurando por resultados de exames e relatórios que mostrem o desenvolvimento de seu filho. Deixe-os em um lugar central, assim você pode acessá-los com rapidez. Se você precisa levar os relatórios com você para as consultas, usar um fichário sanfonado pode ser a solução. Entretanto, se precisa guardá-los em casa, um arquivo de gaveta pode funcionar muito bem.

403. Mantenha um fichário com folhas protetoras para colocar listas de contatos dos médicos, terapeutas e conselheiros juntamente com o endereço dos consultórios e folhetos, cartões pessoais e outras informações necessárias. Observação: Mantenha um estojo que possa ser guardado no fichário para guardar caneta e outros itens diversos.

404. Outro fichário com folhas protetoras pode ser um bom lugar para guardar atividades sugeridas e exercícios dados para você realizar com seu filho entre as consultas.

405. Preencher os formulários de pedidos para a empresa de seguro pode tomar muito do seu tempo. Assim, se você precisar submeter os formulários às companhias de seguro, pegue um e preencha-o com todas as informações genéricas como nome, endereço e médico. Depois faça fotocópias do formulário e deixe-as à mão. Da próxima vez que você precisar preencher um, a maior parte das informações já terá sido preenchida. E para manter seus pagamentos do seguro em dia, faça uma lista com as contas e risque as que chegarem.

## 21. Um novo bebê

**406.** A hora do banho pode levar o dobro do tempo se você tiver de procurar os produtos de higiene e os brinquedos pela casa. Deixe um cesto no banheiro com produtos de banho como: toalhas, xampu, sabonete, loções, fraldas, lenços umedecidos, brinquedos e um livro. Observação: Você tem pouco espaço para guardar um cesto? Pendure atrás da porta uma sapateira de plástico trasparente e coloque os produtos, assim eles estarão à mão na hora do banho.

**407.** Mantenha no carro uma bolsa de bebê completa, assim você terá tudo de que precisar à mão e não precisará parar para comprar um item em caso de emergência. Guarde alguns itens como: fraldas, lenços umedecidos, pomada, protetor solar e repelente, antitérmico e analgésico, antisséptico e pomada antibiótica, band-aids, roupas extras de tamanhos diferentes para mudanças bruscas de temperatura, água mineral, remédios, se você os usa, lanches não perecíveis e sucos em caixinha, uma pinça para tirar farpas, uma escova para tirar areia, brinquedos extras e uma chupeta, se seu filho a usa. Com todos esses objetos à mão você estará preparada para tudo. (Essa bolsa de emergência pode ser feita com tubos de pomadas e frascos de produtos quase vazios. Quando o tubo da pomada antibiótica estiver quase no fim, coloque-a em uma sacola hermética e guarde-a na sacola de emergência.)

**408.** Além do trocador no quarto do bebê, monte pequenos postos improvisados para trocar o bebê em toda a casa. Um cesto decorativo com fraldas, brinquedos, lenços umedecidos e um trocador pode ajudá-la a economizar tempo durante o dia.

409. Deixe duas ou três sacolas de bebê prontas para sair. Se todas contiverem os mesmos itens, então você pode levar qualquer uma, pois todas terão aquilo de que você precisa. Lembre-se de repor os itens quando voltar para casa, assim você estará sempre pronta para sair de casa rapidamente.

### TENHA MAIS TEMPO DISPONÍVEL HOJE MESMO!

1. Lembre-se de que seu(s) filho(s) aprende(m) a administrar o tempo ao vê-la fazer o mesmo.
2. Monte um fichário para guardar toda a papelada que você precisa levar às consultas.
3. Monte pequenos postos improvisados para trocar o bebê em diversos locais de sua casa.

### TENTE ISTO:

Ensine algo diferente a seu filho esta semana e faça junto até que ele saiba fazer sozinho.

### REPITA COMIGO:

"Sou uma boa mãe."

**Parte oito**

## QUANDO AS COISAS SAEM DO CONTROLE

Às vezes a capacidade de administrar o tempo simplesmente está fora de nosso controle. Contudo, isso não significa que você precise desistir de tudo. Se um amigo, um familiar ou o chefe lhe roubar o tempo, há muitos truques que você pode ter embaixo das mangas para lidar com as demandas inesperadas. E, embora haja ocasiões em que precisará se preparar e enfrentar um período atribulado, você poderá lidar com elas com elegância e criar uma estrutura que o ajude a diminuir as chances de que isso volte a ocorrer.

## 22. Cônjuge, família e amigos

**410.** A primeira coisa que você precisa fazer é pegar o calendário e marcar a hora que você e seu cônjuge escolheram para sair. Se vocês não marcarem uma hora para fazer programas divertidos juntos, perderão a forte união que existe entre vocês. Além disso, o momento de aproveitar a vida juntos será importante para ajudá-los a passar pelas coisas menos divertidas da semana, como cumprir a lista de afazeres e se manter dentro dos horários.

**411.** Unir-se ao seu cônjuge é a melhor maneira de voltar a ter controle sobre o tempo. Se vocês têm opiniões diferentes, poderão brigar. Por exemplo, se você quer deixar um final de semana livre por mês e seu cônjuge não, ele ou ela pode marcar compromissos para vocês ou para a família todos os finais de semana e não deixar nenhum final de semana livre. A chave para o sucesso é combinar juntos o que fazer. Vocês terão de assumir um compromisso, mas isso valerá a pena no final das contas.

**412.** Faça uma lista principal de afazeres em uma planilha de computador ou em um quadro branco para que você não precise reescrever tudo. Se os dois preferem usar o computador, tentem compartilhar um arquivo em tempo real. Vocês podem escrever bilhetes um para o outro e atualizar o arquivo.

**413.** Estabelecer prazos com os quais você e seu cônjuge concordem é um bom jeito de fazer as coisas darem certo. Vocês devem estabelecer uma data ou um prazo para completar o projeto final e prazos menores para não se atrasarem. Assim, se você quer terminar de organizar a garagem em outubro, estabeleça objetivos menores: organize a venda de móveis para o início de setembro e a compra de estantes para o meio de setembro. Desse modo vocês conseguirão atingir o objetivo final em outubro. (Ao lado de cada tarefa relacionada ao objetivo final, anote o nome da pessoa responsável por ela; assim, vocês não vão correr o risco de realizar a mesma tarefa ou de deixar de cumprir alguma obrigação.)

**414.** Muitas vezes perdemos muito tempo graças aos mal-entendidos. Quando alguém não compreende com exatidão as instruções que damos, a tarefa pode ter de ser refeita. Fale claramente o que você deseja; vale inclusive pedir para a pessoa repetir exatamente o que ela planeja fazer. Isso lhe dá a chance de esclarecer qualquer dúvida que porventura persista. Algo simples como pedir para seu cônjuge ir à loja comprar um livro para você pode resultar em uma grande perda de tempo se ele ou ela voltar para casa com o livro errado e precisar trocá-lo.

**415.** Seja preciso. Isso vem logo depois do "fale claramente o que deseja". Pedir que seu cônjuge coloque no carro as sacolas que vocês doarão a uma instituição e pedir-lhe que coloque as três sacolas que irão doar no portamalas do carro são coisas completamente diferentes. O primeiro pedido é vago, e ao fazê-lo você corre o risco de encontrar duas ou três sacolas enfiadas no banco da frente do carro. O segundo é preciso o bastante e deixa pouca margem para mal-entendidos.

**416.** Deixe claro quem é responsável pelo quê. Você pode ser o responsável por embrulhar o almoço e seu cônjuge por cuidar dos problemas relacionados à troca de baterias e lâmpadas. Assim, se seu filho vier até você para avisar-lhe que um de seus brinquedos está sem bateria, você pode automaticamente delegar essa tarefa a seu marido ou mulher. Isso os ajuda a não perder tempo, pois cada pessoa se especializará em determinadas áreas, aprenderá a cuidar delas com mais rapidez e saberá onde está guardado o material necessário para desempenhá-las.

**417.** Pare de refazer o trabalho de outra pessoa. A menos que haja uma razão específica para fazer uma coisa de determinada maneira, deixe-a como está. A maneira como se deve enrolar ou dobrar as toalhas não é importante. Assim, se alguém realiza a tarefa de um jeito diferente do seu, procure deixá-lo fazer o trabalho do jeito dele e lembre-se de que seu objetivo final não é dobrar as toalhas "perfeitamente"; é obter mais controle sobre seu tempo. Redobrar as toalhas não é a melhor maneira de usar seu tempo.

**418.** Separe uma lata, um cesto ou um recipiente para guardar os objetos achados e perdidos; um lugar onde todos da casa possam deixar um item que pareça importante, mas que ninguém saiba a quem pertence ou onde guardá-lo. Por exemplo, algo que pareça a capa de um controle remoto pode ser importante, mas no momento em que for achado talvez não esteja claro do que se trata ou a quem pertence. Em vez de perder tempo andando pela casa para tentar descobrir que objeto é esse ou ainda jogá-lo no lixo e depois ter de perder tempo e dinheiro para repô-lo, coloque-o na caixa de achados e perdidos; assim, quando alguém procurar por uma capa de plástico, ele saberá onde olhar primeiro.

**419.** Designe uma área perto da porta para seu cônjuge deixar as coisas dele. Um lugar para deixar as chaves, a carteira ou a bolsa, trocados e outros papéis como cartões pessoais e recibos. Pode ser uma gaveta na mesinha de entrada, uma prateleira no armário da cozinha ou outro local conveniente. Observação: Se o lugar não ficar perto da porta, há menos chances de seu marido ou sua mulher utilizar o espaço.

## 23. Quando é preciso dizer sim

**420.** Aceite o trabalho, mas explique que você enfrentará dificuldades por causa disso. Avise a pessoa que está pedindo sua ajuda para avisar-lhe com mais antecedência da próxima vez, assim você poderá organizar um projeto mais apropriado.

**421.** Concorde em fazê-lo, mas lembre gentilmente a pessoa que ela lhe deve uma. Certifique-se de que ela lhe prestará o favor no futuro. Geralmente nos sentimos mal em cobrar favores, mas fazer isso pode realmente ajudá-lo a economizar tempo quando você estiver atrapalhado.

**422.** Procure estabelecer uma data na hora de aceitar a tarefa. Estabelecer um prazo logo vai evitar que você sofra as pressões de última hora para terminar a tarefa.

**423.** Não tenha medo de pedir um prazo maior. Se você aceitou o projeto porque ninguém mais pôde ou quis, então talvez precise de mais tempo para terminá-lo. Não tenha medo de voltar e dizer que precisa de mais tempo. Apenas seja honesto e avise a quem lhe deu o trabalho com bastante antecedência, pois caso eles tenham um prazo muito rígido, poderão decidir realizar o trabalho eles mesmos.

**424.** Aceite o projeto, mas peça ajuda. Apenas explique que você pode fazer X e Y, mas que precisará de ajuda para realizar Z.

**425.** Diga sim, mas coloque condições como "Posso fazer isso, mas só posso me dedicar ao trabalho três horas por semana". Estabelecer esse limite antes pode ser bastante útil, uma vez que você pode começar o projeto e ter de lembrar a pessoa de que só tem um tempo limitado para se dedicar ao trabalho.

**426.** Aceite o trabalho, mas lembre a pessoa que o resultado final pode ficar aquém dos seus padrões, já que você irá trabalhar sob pressão. Assim você não se sentirá pressionado a gastar horas para terminar o trabalho perfeito e se sentirá bem ao entregar um trabalho bom, mas não ótimo.

**427.** Para diminuir a chance de você se oferecer para cumprir uma tarefa, escolha suas atividades com antecedência, antes de alguém pedir ajuda de última hora, assim você já estará comprometido com sua escolha, que pode levar menos tempo e ser mais divertida de realizar. Digamos que você faça parte de uma organização em que os funcionários sejam solicitados a desempenhar um papel na organização das festas comemorativas. Oferecer-se para enviar e-mails lembrando as pessoas da festa pode ser uma boa saída, já que você pode fazer isso de casa durante seu tempo livre e essa não é uma tarefa muito exaustiva. Porém, se você esperar até a hora de planejar a festa, talvez se sinta obrigado a dizer sim quando lhe pedirem para aceitar as tarefas de co-diretor que ninguém mais quis.

## 24. Atraso crônico e adultos com transtorno de déficit de atenção com hiperatividade (TDAH)

**428.** O atraso crônico pode ser o resultado de um pensamento bem-intencionado: "Não quero perder um só minuto". Pensando assim, você terminará os projetos e tarefas no último minuto, às vezes excedendo seu objetivo e se atrasando porque administrou mal o tempo. Querer aproveitar cada minuto é algo importante, mas que tal sair de casa mais cedo, a tempo de chegar na hora e levar algo para fazer caso chegue mais cedo? Desse modo, você usará bem seu tempo e estará onde precisa na hora certa.

**429.** Planejar as coisas com muita tranquilidade pode ser a razão de alguns casos de atraso crônico. Você talvez lembre com ternura do dia em que as estrelas estavam alinhadas e você conseguiu realizar o trabalho em um tempo recorde, não pegou nenhum farol vermelho, o tempo estava ótimo e as ruas, totalmente vazias, mas isso não pode servir de parâmetro, pois nem sempre acontece. Em vez disso, aceite o fato de que as coisas podem dar errado: você pode enfrentar obras no caminho, mau tempo ou se perder; assim, quando você sair e der tudo certo, chegará mais cedo; se não, mesmo assim ainda estará na hora. (Para começar, pegue o tempo que você leva para chegar a um lugar e acrescente 40%.)

**430.** Muitas das pessoas que estão sempre atrasadas dizem gostar da adrenalina de deixar tudo para a última hora. Na verdade, sabemos que as pessoas podem até se viciar nessa sensação. Se você acha que esse pode ser seu caso, tente fazer outra coisa que possa lhe causar a mesma sensação. Talvez a adrenalina liberada em 15 minutos de corrida seja suficiente. (Contudo, certifique-se de que terá tempo para mais essa atividade para não se atrasar!)

**431.** O sentimento de superioridade pode mover algumas pessoas que vivem atrasadas, já que elas se sentem muito bem ao contar para os outros o quanto podem realizar. Elas irão se gabar com uma longa lista de atividades que conseguiram realizar e as pessoas olharão para elas admiradas. Mas a pessoa pode acabar se sentindo vazia, pois essa é uma falsa sensação de superioridade. Apesar de algumas pessoas se perguntarem como você faz tanta coisa, elas podem se sentir alheias a tudo isso, já que não conseguem compreender.

**432.** Rebelar-se contra regras e estruturas pode gerar o atraso crônico. Mas a atitude "Eu não quero ir" ou "Você não pode me forçar a fazer isso" não o levará muito longe. (Se você tem filhos pequenos, lembre-se de que eles aprendem com o exemplo. Daqui a alguns anos eles talvez precisem ler este livro ou você pode poupá-los disso ao ajudá-los a administrar um horário adequado ao estilo de vida deles e que seja exequível.)

**433.** Falsas estimativas também podem ser responsáveis pelo seu atraso. Se você acha que leva 20 minutos para realizar uma tarefa na rua quando na verdade você vai levar o dobro do tempo, não é de surpreender que você sempre chegue mais tarde em casa do que o esperado nos dias em que precisa sair para resolver alguma coisa. A melhor saída é cronometrar da próxima vez e estimar o tempo que você realmente vai gastar daqui para a frente.

**434.** A maioria das pessoas que enfrentam atrasos crônicos é, na verdade, sinceramente otimista. As pessoas com uma atitude positiva se sentirão mais aptas e propensas a acumular várias tarefas em um curto período de tempo. O resultado dessa superestimativa é que elas acabarão se atrasando.

435. Ao contrário do que pensa a maioria das pessoas, aqueles que vivem atrasados não estão à procura de mais atenção ao adentrar um evento com certo estardalhaço. Em geral isso simplesmente acontece, mas há como evitar essa situação.

436. Às vezes a falta de autodisciplina pode ser a raiz do problema. Se você tende a ser relapso em relação aos horários, listas e calendários, não se preocupe – você não terá de seguir nenhum regime radical; há várias alternativas no meio do caminho.

437. Busque conforto no fato de que você simplesmente pensa no tempo de maneira diferente da média das pessoas; não de um jeito bom ou ruim, apenas diferente. Isso pode ajudá-lo quando você se comparar com outras pessoas e se autocriticar. (O que, aliás, você deve parar de fazer.)

438. Descubra quanto tempo você leva de fato para realizar as tarefas rotineiras. Você pode pensar que gasta 20 minutos para tomar banho e se vestir, mas na verdade levar uma hora. Essa é uma informação importante e o ajudará a não se atrasar mais.

439. Em vez de deixar seus relógios adiantados, o que raramente funciona, apenas planeje chegar 15 minutos mais cedo. Quando você marcar um jantar para às 18h30, pense que o jantar será às 18h15.

440. Encontre os objetos perdidos antes, assim você não ficará estressado na última hora, tentando achar o isopor que você prometeu levar no piquenique, por exemplo.

441. Evite emergências preparando-se com antecedência. Por exemplo, abasteça o carro quando o tanque estiver pela metade; desse modo você não vai ser pego de surpresa ao perceber que está quase ou completamente sem combustível bem na hora de sair.

442. Pare de assumir mais compromissos do que pode. Planeje seu dia de modo realista; o dia tem apenas 24 horas, afinal. A melhor coisa de assumir menos compromissos é que, se você tiver cumprido todas as tarefas do dia, terá tempo livre para trabalhar na sua lista de afazeres do dia seguinte ou apenas aproveitar o fato de estar adiantado.

443. Acabe com a tentação de adiar e procure alguém que o apoie e o ajude a ser responsável. Se você tem consciência de que costuma enxergar os prazos como a hora de começar a trabalhar e não como o objetivo final, procure trabalhar com alguém que o mantenha no caminho certo.

444. Terminar projetos muito grandes pode ser um desafio. Há os problemas relacionados à administração do tempo e ao adiamento, juntamente com os desafios de planejamento e organização, por isso é mais fácil terminar os projetos grandes se você trabalhar em conjunto com outras pessoas. Divida a tarefa em pequenas partes e peça para que alguém da equipe reveja seu trabalho frequentemente. Quando sabemos que outras pessoas têm expectativas em relação a nós, tendemos a fazer mais coisas.

445. Não deixe a papelada dominar sua vida. Cuidar de toda a papelada de uma vez pode ser bastante exaustivo, portanto não deixe acumular papéis e cuide deles aos poucos. Peça ajuda a alguém se tiver muita coisa acumulada para colocar em dia.

**TENHA MAIS TEMPO DISPONÍVEL HOJE MESMO!**
1. Combine com seu cônjuge uma maneira gentil de um lembrar o outro sobre as questões relacionadas ao tempo.
2. Quando você precisar dizer sim a um projeto, aceite-o com elegância, mas estabeleça com clareza as condições para a próxima vez.
3. Escolha uma maneira de lidar com seu atraso e coloque-a em prática esta semana.

**TENTE ISTO:**
Arrume todos os seus relógios e deixe um deles no banheiro, caso você ainda não tenha um.

**REPITA COMIGO:**
"Administro bem meu tempo."

**Parte nove**

## APENAS FAÇA!

Você é medalha de ouro na prova olímpica "Adiamento"? Mas, espere, você não pode ser o campeão se ainda está preenchendo a papelada... onde está ela mesmo? Você já pensou por que tem tendência a adiar as coisas até o momento crítico ou até que elas não sejam mais relevantes? Embora este não seja um livro de psicologia, tenho algumas maneiras de lidar com as tarefas que parecem mais chatas que ir ao dentista.

## 25. Adiamento e Personalidades Adiadoras

**446.** Tente cumprir as tarefas de que menos gosta primeiro. Assim, tudo o que você tiver de fazer durante o resto do dia será mais fácil e você não terá de ficar pensando na tarefa desagradável.

**447.** Procure se recompensar quando fizer algo bem feito. Essa recompensa pode ser qualquer coisa que escolher: tomar sua bebida preferida, assistir a um filme ou fazer as unhas.

**448.** Não faça as coisas mais divertidas antes de terminar a tarefa chata. Sua recompensa não precisa ser nada de extraordinário; pode ser algo que você faça normalmente, apenas não o faça até realizar a tarefa que você vem adiando.

**449.** Dizer aos outros o que você planeja fazer é uma boa maneira de se tornar mais responsável. Como você não deseja ficar sem graça por não fazer aquilo que prometeu, provavelmente cumprirá a tarefa.

**450.** Encontre um amigo para ajudá-lo. Às vezes só precisamos de alguém que nos encoraje, apoie ou nos ajude a ser mais responsável. Peça a um amigo para apoiá-lo ou ajudá-lo a terminar a tarefa.

**451.** Relacione a atividade a um hábito já existente. Digamos que você goste de assistir a um determinado programa de televisão que passa às 21 horas. Você pode realizar a tarefa logo antes de o programa começar; assim, quando isso ocorrer, você terá terminado a tarefa. Assistir ao programa funcionará como sua recompensa, e você terá mais chances de se lembrar e de realizar a tarefa, já que ela estará relacionada a algo de que você certamente se lembrará.

452. Às vezes, apenas imaginar a sensação de cumprir uma tarefa já é o suficiente para superar a vontade de adiá-la, cumprindo-a logo. Pensar em como você se sentirá quando terminar a tarefa que o está incomodando geralmente acaba com a dificuldade de começá-la.

453. Divida as tarefas extensas e exaustivas em partes menores e mais exequíveis. É como responder à velha pergunta "Como comer um elefante?": "Por partes". Ao dividir a tarefa em partes que podem ser administradas com mais facilidade e rapidez, você terá menos chances de ficar sobrecarregado.

454. Se você quer começar devagar e se sair bem, então talvez seja bom fazer uma tarefa pequena e fácil primeiro. Escolha algo factível e termine-o. Assim você se sentirá confiante para realizar as tarefas maiores e mais complexas.

455. Recomece sempre. Toda vez que você começar a fazer alguma coisa e recuar, simplesmente recomece e continue.

456. Lembre-se de que começar é o mais difícil. Depois de começar, o resto é fácil. Então quebre o gelo e a inspiração virá.

457. Reconheça que a ansiedade acerca da tarefa pode ser pior que realizá-la. As tarefas desagradáveis ra-

ramente são tão ruins como imaginamos; em geral, imaginamos que a tarefa será muito pior do que ela de fato é, e quando a começamos, nos questionamos o porquê de tanto estardalhaço.

**458.** Pesquise mais. Às vezes adiamos alguma coisa porque não sabemos bem o que fazer. Pesquise mais para descobrir qual o próximo passo a dar. Lembre-se de que pesquisar conta como parte da realização da tarefa, assim você não a adiará mais.

**459.** Pergunte-se: O que eu mais gostaria de evitar fazer hoje? Analise os motivos da resposta. Se a tarefa for importante, realize-a de qualquer jeito; se não for, risque-a de sua lista ou delegue-a a outra pessoa.

**460.** Pare e pergunte-se se é mesmo preciso realizar a tarefa. Se a resposta for sim, pergunte se ela precisa ser desempenhada por você. Às vezes, a tarefa não é mais necessária ou você pode delegá-la a outra pessoa.

**461.** Tome uma decisão e vá em frente; você sempre pode fazer alguma mudança mais tarde, se necessário. Não seja ter pego pela incapacidade de tomar uma decisão.

**462.** Às vezes adiamos uma tarefa com medo dos resultados. Pergunte-se: "Qual a pior coisa que pode acontecer?". Na maioria das vezes a resposta é algo com que você pode conviver. Quando você perceber que não irá acontecer nada de trágico, poderá ir fundo e desempenhar a tarefa, sem o medo para atrapalhar.

**463.** Estabeleça um prazo para cumprir a tarefa, mesmo que você precise criar um. Por exemplo, se você vem adiando a tarefa de pintar o deque, organize um churrasco e mande convites. Assim você terá um prazo, já que terá de pintar o deque para a festa!

464. Veja se alguém já realizou a tarefa antes de você. Se sim, use a experiência da pessoa para ajudá-lo a começar.

465. Pare de assumir muitas tarefas ao mesmo tempo. Quando você divide a atenção entre muitas tarefas, acaba perdendo tempo, já que não pode se concentrar tão bem e vai demorar mais tempo para cumpri-las. Além disso, você terá menos chance de lembrar as coisas porque não está totalmente concentrado. Em vez disso, concentre-se 100% em cada tarefa, complete-a e só depois assuma outra.

466. Quanto tempo você gasta refletindo sobre suas escolhas? Usa-se o termo "paralisia por análise" para descrever alguém que pensa demais sobre as alternativas que tem. Isso pode fazê-lo gastar muito tempo. Faça uma escolha e vá em frente. Você sempre pode mudar de ideia mais tarde.

467. Planejar geralmente é mais fácil que preparar-se para fazer alguma coisa e começar a fazê-la. Às vezes, pensar, pesquisar e planejar demais pode ser prejudicial, já que muitas vezes precisamos apenas de tempo suficiente para planejar como começar; planejar demais é perda de tempo.

468. A preocupação nos leva a perder muito tempo. Perguntar sempre "e se..." e pensar em coisas que provavelmente nunca irão acontecer pode acabar com sua energia, tirar seu sono à noite, levá-lo a buscar saídas e, no final, lhe custar um preço alto. Se você sabe que costuma se preocupar demais, tente anotar a próxima coisa que o deixar preocupado e depois veja se

ela de fato acontece. Na maioria das vezes, as coisas não acontecerão do jeito que você imaginou, e quando você as vir no papel, será mais fácil parar de se preocupar demais.

**469.** Dê uma pausa! Às vezes, dar-se um tempo de tudo o que há em volta pode ajudá-lo a se concentrar naquilo que está à sua frente. Ajuste um *timer* para tocar em 18 minutos e cumpra a tarefa que está à frente sem interrupções: não se distraia com coisas como entrar na internet, ligar para os amigos, ler, andar pela casa ou qualquer coisa assim – apenas trabalhe sem olhar para o lado até o alarme soar.

**470.** Apenas faça. Inscreva-se naquele curso, dê aquele telefonema; seja o que for que você tiver de fazer, apenas faça. Surpreendentemente, uma vez que você fizer uma tarefa, terá arranjado tempo para ela. Comece hoje mesmo. Pare de arranjar desculpas para justificar sua falta de tempo. Se você quiser fazer alguma coisa, arranjará tempo para ela – ou não.

**471.** O perfeccionista: A personalidade adiadora e perfeccionista muitas vezes é confundida com outra coisa, já que a maioria das pessoas acha que uma pessoa perfeccionista não deixaria coisas por fazer; entretanto, isso não é verdade. Os perfeccionistas têm uma das personalidades mais desafiadoras, já que eles estabelecem padrões altos e irreais para si mesmos e objetivos tão elevados e inatingíveis que eles quase nunca atingem suas expectativas. Solução: Pare de se concentrar naquilo que acha que deveria fazer e se concentre no que de fato você pode fazer. Depois tente estabelecer padrões adequados (atingíveis), e não perfeitos (impossíveis).

**472.** O indeciso: As pessoas que têm dificuldade para decidir geralmente confiam pouco na sua capacidade de escolha. Porém, paralisadas, elas são forçadas a viver com as consequências dessa atitude, o que apenas reforça sua sensação de que não sabem fazer uma boa escolha. Solução: Divida as tarefas em partes menores, que necessitem de escolhas mais simples, e então faça sua escolha e parta para a ação. Pergunte a si mesmo: "E agora?" e vá em frente. Você logo vai verificar que sabe escolher, e mesmo que faça uma escolha não muito boa, poderá mudá-la depois.

473. O desafiador: A frase favorita do desafiador é: "Você não pode me forçar". E mesmo que seja verdade que não pode ser forçado a nada, você está apenas se fazendo mal com essa atitude. A pior parte disso tudo é que para evitar o confronto, os desafiadores geralmente assumem os compromissos sem entusiasmo e depois não o cumprem, decepcionando as pessoas no caminho. Solução: Analise suas opções e faça sua escolha antes que alguém lhe peça ou o force a fazer uma escolha que não lhe agrade.

474. Problema com os detalhes: Pessoas com essa personalidade geralmente são acusadas de não se importarem com as coisas quando, na verdade, elas se importam – até certo ponto. Quando é preciso tomar decisões acerca de questões pequenas, entretanto, elas tendem a deixar os projetos. Solução: Sempre que der, delegue os detalhes a alguém. Se isso não for possível, encare-os logo e lembre-se de que quanto mais rápido você cuidar dos detalhes do projeto, mais rápido poderá partir para os aspectos maiores de um novo projeto.

475. O surfista: Se você geralmente pensa que as coisas serão resolvidas "quando for o momento certo", então você pode ser considerado um surfista ou costeiro. O problema com esse padrão de pensamento é que você pode acabar

agindo contra si, permitindo que seus caprichos o levem para onde quiserem. Você terá de fazer as coisas mais de uma vez e irá se afastar de seus objetivos. Embora essa atitude tranquilizadora tenha vantagens, não deve ser empregada todos os dias. Solução: Escolha um ou dois objetivos importantes para perseguir e reserve tempo suficiente em seu calendário para ficar livre das listas, do tempo e dos horários. O equilíbrio o ajudará a ir aonde quer sem que se sinta tremendamente pressionado, e o tempo que tiver livre lhe dará forças para enfrentar os momentos mais delicados.

476. O viciado em adrenalina: A adrenalina pode viciar, sem mencionar toda a emoção de seus fãs quando você surge no último minuto e banca o herói. Mas você não pode usar apenas a adrenalina como combustível; seus efeitos em seu corpo e em sua vida trarão consequências. Solução: Crie outros desafios como uma forma de competir com você mesmo, o que pode funcionar como uma recompensa. Acerte o *timer* para tocar em 30 minutos e veja o quanto consegue fazer antes de o alarme soar.

477. Farei isso mais tarde ou "já volto e resolvo isso daqui a pouco" ou ainda, "vou deixar isso aqui por enquanto..." Solução: Pense sempre em fazer as coisas na hora e aplique a regra dos dois minutos: se você pode cumprir uma tarefa em dois minutos ou menos, faça-a agora mesmo. Em vez de adiar as coisas, admita que você não terá mais tempo depois do que tem agora. Além disso, as coisas sempre levam menos tempo para serem feitas na hora; faça-as agora, já que o depois raramente chega.

478. Aquele que deseja sempre agradar: Essas pessoas não se parecem com os adiadores, já que estão fa-

zendo coisas sucessivamente. Mas além da aparência elas mantêm um controle muito tênue sobre suas atividades. As pessoas que gostam de agradar geralmente estão tão sobrecarregadas – fato que elas sempre escondem dos outros – que deixam de atender às suas necessidades e realizam um trabalho malfeito para se manter em dia. Elas têm dificuldade em dizer não e frequentemente se oferecem para fazer mais do que podem. Solução: Aposente sua capa de Super-Homem ou o laço de Mulher-Maravilha imediatamente. Entenda que sua necessidade de parecer tão capaz aos olhos dos outros e de agradar pelo seu trabalho excessivo são um desejo de reconhecimento que pode ser preenchido de outras maneiras, sem que você se acabe por causa disso. Comece a dizer "não" com elegância a partir de hoje e pare de se oferecer para fazer mais um trabalho. Na verdade, você deve reconsiderar seu compromisso e se oferecer para ajudar a encontrar um substituto.

## 26. Mitos comuns e objeções frequentes

**479.** Mito 1: Você pode controlar o tempo. A verdade: É impossível controlar o tempo. A única coisa que você pode controlar é como administrar você mesmo.

**480.** Mito 2: Você pode deixar tudo em dia. A verdade: Sempre haverá mais a fazer. Além disso, você nunca vai querer estar totalmente em dia porque assim você não terá mais nada a fazer!

**481.** Mito 3: Você deve fazer tudo sozinho. A verdade: Você não deve nem pode fazer tudo sozinho. Na verdade, insistir em fazer tudo sozinho é sinal de egoísmo; você recebe todo o crédito e nunca deixa os outros aprenderem e melhorarem. E sempre que você não conseguir resolver tudo, deixará os outros em uma posição difícil, pois eles terão de resolver os problemas para você.

**482.** Mito 4: Você pode resolver isso mais tarde. A verdade: Se você deixa uma tarefa de lado sem completá-la, haverá pouco tempo para você retomá-la e terminá-la. Além disso, você irá demorar mais tempo para cumprir a tarefa, já que poderá ter esquecido onde parou.

**483.** Mito 5: Sua vida está fora de controle. A verdade: Você tem total controle sobre a maneira como aproveita seu tempo. Talvez você precise fazer algumas mudanças ou reconhecer suas prioridades, mas a cada dia você controla a maneira como vai passar as 24 horas.

**484.** Mito 6: Se você parar, vai ficar muito atrasado. A verdade: Às vezes você precisa tirar o pé do acelerador e reservar um tempo para se reorganizar antes de ir na direção certa.

**485.** Mito 7: Isso nunca irá funcionar para você. A verdade: Apesar de todo mundo ter diferentes problemas para administrar o tempo e de não haver uma receita para solucioná-los, há um sistema que funcionará e você levará menos tempo para descobri-lo do que imagina.

**486.** Mito 8: Esta é uma fase que já vai passar. A verdade: A vida é feita de fases que se sucedem; portanto, a todo o momento você está no meio de uma fase. No momento em que estiver esperando uma fase passar, estará no meio de outra.

**487.** Objeção 1: Já tentei administrar o tempo, mas isso não serve para mim. A realidade: Se você já tentou isso antes e não deu certo como você esperava, provavelmente não escolheu o plano certo para você. As pessoas têm estilos diferentes, portanto não há uma solução única que funcione para todos. Tente outra solução; um pouco de experiência e erro valerão a pena no final das contas.

**488.** Objeção 2: Eu tentei por uma semana e nada mudou. A realidade: Você sabia que são necessários 21 dias para estabelecer um novo hábito e mudar um velho padrão? Você deve tentar uma ideia nova até pelo menos conseguir avaliar se ela funciona.

**489.** Objeção 3: Eu já tentei tudo. A realidade: Há poucas chances de você já ter tentado tudo; você apenas deve se sentir como se nunca tivesse se saído muito bem. Escolha uma ideia que lhe pareça boa e tente de novo.

**490.** Objeção 4: Não é assim tão ruim; posso lidar com o estresse. A realidade: É claro que você pode lidar com o estresse, mas não precisa estar sempre tão estressado. Por que se contentar em apenas passar pela vida quando você pode aproveitá-la?

**491.** Objeção 5: É assim que minha vida é agora. A realidade: Embora seja verdade que podemos estar mais ocupados em certas fases da vida, você não precisa deixar que isso se torne uma situação permanente. Mudar de casa, ter um bebê, voltar para a escola e cumprir o prazo de um trabalho são apenas alguns exemplos desses momentos estressantes, mas com um plano para ajudá-lo a administrar o tempo você poderá recuperar o controle rapidamente.

**492.** Objeção 6: Consigo fazer mais coisas quando estou sob pressão e trabalhando perto do final do prazo. A realidade: Isso é discutível. Você pode sentir que está fazendo mais coisas, já que está mais sobrecarregado. E mesmo que isso seja verdade, imagine o quanto poderia fazer se tivesse mais tempo!

**493.** Objeção 7: Não faço listas. A realidade: Você não precisa fazer! Algumas pessoas simplesmente não se dão bem com uma lista tradicional. Há listas variadas, e você só precisa descobrir qual se adapta melhor à sua personalidade.

**494.** Objeção 8: Não há nada que eu possa fazer. A culpa é de outras pessoas e está fora do meu controle. A realidade: Embora seja verdade que a personalidade, o estilo e os prazos das outras pessoas afetam seu tempo, você tem controle. Você pode controlar sua resposta e a maneira como vai deixar essas forças externas o afetarem. Você só precisa descobrir suas opções e colocá-las em prática.

495. Objeção 9: Eu já tenho o meu jeito. A realidade: Até as pessoas mais sistemáticas podem ser um pouco flexíveis se a nova ideia lhes for útil e fizer uma diferença positiva na vida. Escolha alguma ideia e coloque-a em prática. Você terá uma boa surpresa.

496. Objeção 10: Eu sou desorganizado; não tem jeito. A realidade: Isso não é verdade. Sempre há esperança! Comece devagar e dê pequenos passos. Você tem o poder de se sair bem. A desorganização e a administração do tempo estão relacionadas em alguns níveis, mas em outras áreas elas estão completamente separadas. Escolha uma área em que a administração do tempo não esteja relacionada com a desorganização e comece daí.

## 27. Interrupções, distrações e uma mente limpa

**497.** Algumas vezes é impossível evitar as interrupções. Nesse caso, faça uma anotação para lembrá-lo de onde você parou. Assim, quando voltar a desempenhar a tarefa, poderá retomá-la mais depressa.

**498.** Evite interrupções e distrações que o façam perder tempo eliminando o que puder. Desligue a televisão e o sonido do telefone por um certo período de tempo, apenas enquanto você estiver realizando uma tarefa.

**499.** Um outro jeito de evitar as interrupções e distrações é fechar a porta do cômodo onde você estiver trabalhando; pode ser por pouco tempo, apenas enquanto estiver realizando a tarefa. Isso pode ajudá-lo muito quando for realizar uma tarefa divertida como embrulhar presentes, assim os outros não irão querer "ajudar".

**500.** Pendure uma plaquinha com os dizeres "por favor, não perturbe". Pode parecer estranho no começo, mas depois que você experimentar, irá adorar. Pendure um bilhete do lado de fora da porta para avisar todo mundo que estiver pensando em interrompê-lo que você estará ocupado por cinco, dez, 20 minutos ou o tempo que precisar. (Isso funciona melhor se você estabelecer uma hora específica para terminar a tarefa, assim todos saberão o quanto eles devem esperar para falar com você. Além disso, dê instruções claras sobre as situações em que as pessoas poderão interrompê-lo, como em caso de alguém se machucar ou incêndio.)

**501.** Limpe seu local de trabalho. Isso o ajudará a economizar muito tempo. Cercado de projetos iniciados, anotações, ideias e bagunça, você não poderá se concentrar 100% na tarefa que estiver realizando.

**502.** Comece uma tarefa por vez. Talvez você tenha muitas tarefas para fazer, mas comece uma por vez. Por exemplo, em vez de cuidar das contas ao lado de uma pilha de roupas para dobrar, deixe a roupa em um cesto, assim você pode se concentrar nas contas primeiro, sem se distrair com as roupas.

**503.** A desordem mental faz você achar que tem menos tempo do que de fato tem. Além disso, com a cabeça cheia de coisas, você realiza as tarefas mais devagar. Organize a confusão mental. Para começar, anote em um papel todos os pensamentos, tarefas e ideias que vagam pela sua cabeça.

**504.** Não perca mais tempo procurando os pedaços de papel com as anotações que fez para si mesmo. Em vez disso, mande um e-mail para você mesmo ou grave uma mensagem em seu correio de voz ou na secretária eletrônica.

**505.** Você precisa lembrar-se de levar alguma coisa consigo quando sair? Deixe as chaves do carro, a bolsa ou a carteira perto do objeto, assim não vai se esquecer de levá-las quando sair. Por exemplo, você precisa levar um cozido para um jantar na casa de amigos? Deixe as chaves na geladeira, perto do prato.

**506.** Se o objeto de que você precisa se lembrar de levar for um item não-perecível, deixe-o no carro logo que você pensar nele, assim você não irá esquecê-lo. Sair de casa sem levar tudo o que precisa lhe custará tempo e dinheiro se você tiver de parar para comprar outro item substitutivo ou voltar para buscá-lo.

507. Se ajudar, leve um gravador com você sempre. Isso será útil para gravar listas de afazeres, pensamentos e ideias. Como você não precisará usar as mãos, pode gravar enquanto dirige.

508. Anote tudo. Quando você faz isso, os pensamentos deixam sua cabeça, livrando-o da desordem mental, o que é muito bom.

509. Ajuste um *timer* para mantê-lo no horário. Você pode usá-lo para lembrá-lo de tirar um bolo do forno, passar para outra tarefa, sair para um compromisso ou fazer um telefonema.

510. Os post-its podem ajudá-lo a se concentrar em uma tarefa e a não perder tempo. Por exemplo, coloque um post-it no mouse do computador para lembrá-lo que você não pode surfar na internet até terminar uma tarefa. (Aviso: Usar muitos post-its é perda de tempo. Não os use em excesso!)

511. Você pode pendurar um pequeno quadro de avisos na porta de entrada da sua casa para anotar as coisas que precisa levar com você. Isso o ajudará a poupar tempo, já que você não sairá de casa sem os objetos de que necessita.

512. Criar hábitos rotineiros ajuda-o a poupar tempo, já que você não terá de pensar em como fazer certas tarefas todas as vezes que precisar. Por exemplo, se você sempre perde tempo procurando as chaves, crie o hábito de colocá-las sempre em um determinado gancho. Isso pode ajudá-lo a poupar vários minutos por dia. A rotina torna a vida mais fácil.

---

**TENHA MAIS TEMPO DISPONÍVEL HOJE MESMO!**
1. Escolha um modo de parar de adiar que sirva para você e comece a implementá-lo hoje. Não adie, tente hoje mesmo!

2. Veja se alguma das objeções frequentes lhe soa familiar. Se sim, diga a você mesmo que está indo por outro caminho e que não quer se amarrar a velhos padrões de pensamento.
3. Escolha uma estratégia para lidar com as interrupções necessárias, como escrever uma nota para você mesmo avisando onde parou.

**TENTE ISTO:**

Divida as tarefas extensas em partes pequenas e comece pela parte menor; depois pergunte a si mesmo "E agora?". Faça a tarefa seguinte e, antes que você perceba, a tarefa inteira estará cumprida!

**REPITA COMIGO:**

"O que posso começar a fazer hoje?"

**Parte dez**

## ANIMAIS DE ESTIMAÇÃO E HOBBIES

Pode ser difícil arrumar tempo para fazer aquilo de que gostamos, como cuidar do jardim, passear com nosso animal de estimação ou frequentar as aulas de ioga. Se para você é difícil realizar as atividades divertidas da vida porque está muito ocupado apenas cumprindo os afazeres diários, aqui vão algumas soluções que irão ajudá-lo a recuperar o lado bom da vida num piscar de olhos.

## 28. Jardinagem e animais de estimação

**513.** Escolha flores e plantas perenes de fácil manutenção; assim, você não terá de replantá-las e economizará tempo.

**514.** Pesquise antes de comprar, assim você pode escolher o tipo adequado de plantas e flores para o espaço de que dispõe. Não faz sentido gastar tempo plantando e depois ter de replantar caso as plantas ou flores não fiquem bem no lugar.

**515.** Pare de ir e voltar do jardim e coloque uma caixa decorativa no local para guardar as ferramentas que você mais usa, como pá, barbante, tesouras, alicate e tudo o mais que você vive procurando.

**516.** Montar um abrigo, mesmo que pequeno, pode evitar viagens extras à garagem para pegar os objetos mais usados. Deixe o abrigo perto do jardim, assim você poderá guardar os objetos em um lugar mais conveniente. Além da comodidade, você terá mais espaço vago na garagem.

**517.** Para transportar com facilidade as ferramentas e o material para o jardim, guarde-os em uma lixeira com rodas.

**518.** Guarde cartões com os cuidados necessários às plantas em um fichário com folhas plásticas; assim, você poderá consultá-los sempre que preciso.

**519.** Coloque os pacotes de sementes em uma caixa plástica à prova de água. Etiquete a caixa e guarde os pacotes dentro para mantê-los protegidos. Se quiser, deixe uma caneta na caixa para anotar o tipo e a data da semente antes de guardá-las. Anotar a data das sementes é útil, pois podemos nos esquecer da sua validade.

520. Da próxima vez que for colocar fertilizante nas plantas, meça a quantidade do produto em uma sacola descartável com fecho hermético, assim você poderá colocar a quantidade certa do fertilizante em sacolas e guardá-las para não precisar medir o produto todas as vezes.

521. Regar o jardim pode consumir muito do seu tempo. Use um irrigador e se livre dessa tarefa. Você pode usar uma mangueira e fazer pequenos furos para funcionar como irrigador caseiro.

522. Regue seu jardim automaticamente. Instale um *timer* automático no seu irrigador ou aspersor. Deve-se parafusar o *timer* entre a torneira e a mangueira.

523. Se você precisa regar duas áreas do jardim, conecte duas mangueiras na mesma torneira usando um cano em forma de T e regue as áreas ao mesmo tempo.

524. Forre o jardim com uma cobertura orgânica ou uma folha de plástico para evitar que as ervas daninhas cresçam e o façam perder muito tempo capinando.

525. Faça o trabalho de poda mais depressa usando uma tesoura de podar, assim você poderá cortar galhos com mais rapidez e menos esforço. A marca Black&Decker® tem um modelo chamado "alligator", que funciona muito bem.

**526.** Use a luva apropriada para cada trabalho. Em vez de perder tempo fugindo dos espinhos quando for podar as rosas ou galhos pontudos, use uma luva à prova de furos.

**527.** Para economizar tempo, use um regador automático para as plantas de dentro de casa, assim você não precisará regá-las pessoalmente. Instale um gotejador automático em uma garrafa plástica de refrigerante e coloque-a no vaso da planta. A água irá pingar e molhar a planta constantemente.

**528.** Instale um medidor de umidade no solo, assim você saberá quando a planta precisa de água. Um modelo que emite som poderá avisá-lo quando for a hora de regar as plantas para que você não precise verificar o medidor.

**529.** Pare de perder tempo procurando os brinquedos de seu bicho de estimação e estabeleça um lugar para guardá-los. Se você costuma usar os brinquedos em mais de um cômodo, designe um lugar para armazená-los em cada cômodo, assim você não vai precisar ir de um lugar a outro quando for limpar a casa.

**530.** Deixe a coleira de seus animais perto da porta. Para não perder mais tempo desemaranhando as coleiras, compre um modelo retrátil. Guarde-as sempre no mesmo lugar para encontrá-las com facilidade. Se você precisar levar sacos para recolher os excrementos de seu animal, deixe-os perto das coleiras.

**531.** Prepare uma sacola de viagem para quando for levar seu cachorro ao parque, a uma caminhada longa ou a uma viagem de carro e guarde nela água e ração. Coloque os objetos não-perecíveis na sacola, como um brinquedo e a gamela para água, e pouco antes de sair pegue uma garrafa de água para você.

**532.** Para limpar a gaiola dos animais, organize uma lata com os produtos de limpeza que você mais usa, como panos e luvas de borracha. Assim você pode pegar todos os produtos com facilidade em vez de ter de procurar cada produto a cada vez que for fazer a limpeza.

**533.** Organize a documentação dos seus animais, principalmente o contato do veterinário e as fichas e formulários, em algum lugar de fácil acesso para casos de emergência, por exemplo em um envelope colorido, e coloque-o em uma prateleira. Às vezes gastamos muito tempo para encontrar os papéis em um armário de arquivo.

**534.** Escolha recipientes simples e fáceis de usar, com fecho hermético, para guardar coisas como ração e lascas de cedro para a cama dos animais. Você também pode guardar uma pá dentro para facilitar o uso. Etiquete o lado de fora da caixa, assim você logo saberá o que há dentro dela.

**535.** Guarde todos os medicamentos de seu animal em um local totalmente diferente de onde você mantém o resto dos medicamentos da casa. Você não vai querer confundi-los com os seus remédios!

**536.** Anote o telefone do veterinário em um papel junto com os telefones de emergência, como o do hospital veterinário 24 horas, e deixe-o perto do telefone para tê-lo à mão em caso de emergência. Durante um problema, você não vai querer perder tempo procurando telefones e contatos.

**537.** Automatize o máximo de coisas que puder. Quanto menos tempo gastar com os cuidados com os animais, mais tempo livre terá para realizar outras tarefas. Experimente usar uma gamela atarraxada a uma garrafa de refrigerante de dois litros e encha-a de água; assim você precisará repor a água da gamela com menos frequência.

538. Se você tiver um aquário, fixe um *timer* à tomada de luz, assim ela acenderá e apagará automaticamente nos horários que você estabelecer. Dessa maneira você pode riscar uma tarefa a mais da sua lista.

539. Se você tem gatos dentro de casa, experimente usar uma areia de boa qualidade para os excrementos do animal. Ela facilitará na hora de retirar a urina com a pá, pois formará bolotas compactas de areia umedecida. Isso fará com que você gaste menos tempo limpando as caixas. (Cobrir a caixa do gato ajuda-o a economizar tempo, já que você não terá de lavá-la todas as vezes que limpá-la.)

540. Para tirar os pelos dos animais das cadeiras e sofás, use um rolo adesivo que limpa tecido. Se você colocar um cabo comprido no rolo, conseguirá limpar o chão também, já que o aspirador às vezes apenas espalha os pelos pela casa, o que significa que você precisará gastar mais tempo com a limpeza.

541. Leve seu animal ao veterinário para fazer uma avaliação de tempos em tempos. Com isso, você gastará menos tempo e dinheiro com emergências que podem ser evitadas.

## 29. Trabalhos manuais e costura

**542.** Mesmo que você não tenha uma "sala de trabalhos manuais", use uma estante alta para colocar seu material artístico. Se você tiver crianças em casa que possam alcançar as prateleiras de baixo, use um armário de computador como sua área de trabalho. Com a prateleira retrátil do móvel você terá mais espaço e ainda pode aproveitar as prateleiras de cubos para manter seu material organizado. E o melhor de tudo, você pode fechá-lo e trancá-lo quando necessário.

**543.** Guarde o material do seu projeto em uma bolsa grande mesmo que você só pretenda usá-lo em casa. Você vai perder menos tempo procurando pelo material. Isso quer dizer que você poderá dedicar-se aos trabalhos manuais de fato em vez de perder tempo buscando o material.

**544.** Você pode guardar seus utensílios e aviamentos em uma sapateira de plástico e pendurá-la atrás da porta. Os bolsos transparentes facilitam a visibilidade, assim você sempre poderá encontrar aquilo que procura.

**545.** Guarde os objetos semelhantes juntos; assim você poderá ver o que já tem e não gastará tempo comprando itens desnecessariamente. Se você não souber bem o que deve ser guardado junto, observe como eles estão dispostos no corredor da loja. Se você encontrá-los juntos, guarde-os assim em casa.

**546.** Um jeito simples de guardar moldes e trabalhos é colocá-los em um saco grande de plástico com fecho hermético. Você poderá identificar com facilidade cada trabalho e todo o material necessário para fazê-lo e deixará tudo à mão.

547. Cole etiquetas de identificação em tudo! Assim você terá mais facilidade para localizar as coisas e para limpar a casa, já que saberá direitinho onde guardar cada objeto.

548. Se você não tiver carpete irá gastar menos tempo para arrumar a casa ou para localizar objetos caídos no chão (como um botão, por exemplo). Acarpetar o local onde você realiza seu trabalho manual irá apenas gerar mais trabalho, portanto tente um piso de madeira, linóleo ou azulejo. Não só será mais fácil limpar o chão como a cadeira deslizará melhor de um lugar a outro enquanto você trabalha.

549. Siga a velha regra: planeje antes de fazer. Você cometerá menos erros e economizará tempo.

550. Pare de reler revistas e livros velhos para encontrar um trabalho que você acha que ficaria maravilhoso. Em vez disso, quando vir algo de que goste, cole um post-it na página e deixe uma ponta para fora para anotar a descrição do conteúdo da página. Assim, quando você procurar algo que já viu antes, é só ler as pontas do post-it.

## 30. Você já poderia estar fazendo exercícios físicos

551. Em casa ou no escritório, aproveite a hora do almoço e faça uma caminhada.

552. Brinque com as crianças ou com seu animal de estimação enquanto se exercita. Em vez de ficar sentado observando-os, participe e jogue bola, brinque de bambolê ou faça qualquer coisa que exija que você se levante e se movimente.

553. Quando fizer suas tarefas rotineiras, você pode realizar alguns exercícios combinados. Por exemplo, quando guardar as compras, use as duas mãos para carregar e levantar os produtos, ou quando passar o aspirador na casa, em vez de curvar-se, faça agachamentos para aspirar embaixo de mesas e cadeiras.

554. Deixe seu aparelho de ginástica perto da máquina de lavar roupas. Assim, quando estiver lavando as roupas, permaneça no local e se exercite.

555. Fuja do elevador e use as escadas, seja no trabalho ou no shopping.

556. Estacione na vaga mais distante da entrada e ande até lá.

557. Faça exercícios combinados em que você trabalhe mais de um grupo muscular por vez; assim, você fará sua série de exercícios com mais rapidez.

558. Monte um kit com tudo de que você necessita para fazer exercícios. Não perca mais tempo procurando seus equipamentos, toalhas, fones de ouvido ou garrafas de água. Assim você terá mais tempo para se exercitar e menos tempo para reclamar que gostaria de fazer os exercícios.

559. Guarde as roupas de ginástica em um lugar acessível, assim você não irá perder mais tempo procurando por ela no armário ou nas gavetas.

560. Se você está enfrentando dificuldades para encontrar um horário em que possa encaixar os exercícios físicos ou se deseja fazer exercícios nas horas vagas, a melhor saída é marcar um horário para isso. Firme um compromisso com você mesmo para se exercitar e terá mais chances de cumpri-lo. Experimente fazer exercícios com os amigos com quem costuma sair; em vez de sair para passear, chame-os para fazer exercícios com você.

561. Organize um grupo do livro e reúna-o para as caminhadas. Converse sobre um livro enquanto caminha. Faça o máximo de tarefas ao mesmo tempo!

562. Outro jeito de fazer duas coisas ao mesmo tempo é assistir ao seu programa favorito, ler ou ouvir um audiolivro enquanto faz exercícios físicos. Fazer as duas coisas ao mesmo tempo lhe deixará de 20 a 60 minutos de tempo livre mais tarde. Além disso, você terá mais chances de fazer os exercícios, já que terá uma rotina e ainda poderá se divertir mais.

563. Leve seus filhos à escola a pé. Isso o ajudará a economizar tempo, já que você fará exercícios e ainda colocará o papo com eles em dia. Você pode voltar para casa acompanhado por um amigo ou parente, assim cuida da vida social enquanto faz exercícios.

## TENHA MAIS TEMPO DISPONÍVEL HOJE MESMO!

1. Se você tiver um jardim ou um animal de estimação, troque o lugar onde você guarda um produto por outro mais conveniente.
2. Desista de um trabalho que você começou e nunca terminou, assim outra pessoa poderá terminá-lo. Dessa forma você terá mais tempo para um trabalho novo de que goste.
3. Analise seu dia e descubra uma maneira simples de acrescentar um pouco mais de atividade física, como estacionar em uma vaga longe.

### TENTE ISTO:
Encontre um amigo que também queira acrescentar atividades agradáveis à sua semana e façam alguma coisa divertida juntos. Pode ser uma aula noturna ou uma caminhada de manhã uma vez por semana.

### REPITA COMIGO:
"Eu mereço arrumar tempo no meu dia para fazer as coisas de que gosto."

**Parte onze**

## PROMETI UMA SOCIEDADE SEM PAPEL

Imagine a cena: os convidados devem chegar em 15 minutos e de repente a campainha toca – eles chegaram mais cedo! Você sai correndo e, com uma sacola na mão, cata pilhas de papel e de correspondência da bancada da cozinha e das mesas. Depois, joga-as em um armário, na garagem ou no porão, pensando em arrumá-las mais tarde... mas o mais tarde não chega nunca. Se você tem uma (ou mais) dessas sacolas, cestos ou caixas onde joga os papéis que catou pela casa, você não é o único. Os papéis são um problema sério e consomem muito de nosso tempo. São tantas decisões a tomar, tantas correspondências indesejáveis para destruir e a necessidade de disponibilizar mais tempo, que não é de surpreender que adiemos sempre encarar as pilhas de papel. Contudo, há uma maneira mais simples de separar as pilhas e economizar tempo.

## 31. Correspondência e papelada pendente

**564.** Pare de perder tempo destruindo os cartões de crédito pré-aprovados que os bancos mandam para você. Em vez disso, tire seus contatos da lista desses bancos.

**565.** Reduza a quantidade de correspondência indesejada que você recebe pedindo que seu nome seja retirado da lista de contatos de lojas e afins.

**566.** Quando você enviar sua carta à Associação Brasileira de Marketing Direto (ABEMD) precisará incluir o tipo e a forma como cada correspondência não desejada chega até você. Às vezes eles usam suas iniciais ou escrevem seu nome de maneira incorreta, e assim por diante. Você deve incluir essas versões do seu nome na carta que mandar, já que seus dados serão removidos do banco de dados com base na informação que você fornecer. Para tornar o processo mais fácil, durante o próximo mês ou dois, junte a parte do destinatário da carta de cada correspondência indesejada, então grampeie à carta as-sinada, coloque tudo num envelope e envie.

**567.** Pare de ler a correspondência indesejada; isso só vai fazê-lo perder tempo. Se você souber que a correspondência não lhe interessa, jogue-a fora. Se não tiver certeza, abra-a, dê uma olhada e, se não for importante, descarte-a. Nós já sabemos que não existe receita para ficar rico que dê certo.

**568.** Para abrir a correspondência com mais rapidez, compre um abridor de cartas; ele custa menos que a maioria dos almoços e ajuda a poupar tempo.

**569.** Você gasta muito tempo separando os pedidos de doações para entidades beneficentes? Sabe como as entidades conseguem seu nome se você nunca doou dinheiro a elas? Bem, muitas entidades conseguem um bom dinheiro vendendo sua lista de contatos. Portanto, antes de fazer uma doação a outra entidade, verifique a situação financeira da organização.

**570.** Sempre que fizer compras e for preencher um formulário de registro ou fornecer seus dados, verifique se é possível deixar claro que você não quer que forneçam seus dados a lista de contatos de outras empresas. Faça o mesmo quando passar pelo caixa; a empresa pode usar a função inversa para procurar seu endereço.

**571.** Selecionar sua papelada é um jeito simples de economizar tempo. Em vez de amontoar papéis diferentes em uma mesma pilha, tente deixar os papéis do mesmo tipo juntos. Isso o ajudará a poupar tempo quando você precisar pegar um papel.

**572.** Coloque os papéis no lugar certo e pare de perder tempo levando-os de um lugar a outro. Por exemplo, em vez de deixar o jornal em cima da cadeira da cozinha quando terminar de lê-lo e depois levá-lo para a bancada e, por fim, para a garagem para colocá-lo na pilha de reciclagem, leve-o diretamente para a garagem após lê-lo. (Se você perceber que todos estão deixando os papéis de lado constantemente, procure colocar a lata de lixo em um lugar mais conveniente. Se a garagem for longe, monte uma pequena estação de reciclagem em um lugar mais acessível.)

**573.** Guarde os papéis em pastas suspensas – assim é bem mais fácil localizá-los. Estabeleça uma nova regra: todos os papéis serão guardados em pastas suspensas. Assim, você terá mais espaço livre, já que nessa posição ocupam menos espaço.

**574.** Use pastas coloridas para guardar os papéis e poupe tempo, já que você conseguirá identificar qual papel está em cada pasta. Com apenas um olhar você saberá que os cardápios dos restaurantes onde pede comida estão na pasta vermelha e as contas a pagar, na verde. Isso o fará economizar tempo procurando pelos papéis.

**575.** Estabeleça um método para organizar as correspondências que chegam para os outros moradores da casa. Quando você souber onde colocar a correspondência e o quanto deixar acumular antes de separá-la, você poupará um tempo valioso.

**576.** Se você acha que está perdendo tempo com pilhas de papéis que você nunca irá ler, para começar, pare de levar papel para casa. Não leve para casa panfletos eleitorais, cópias do jornal da escola ou folhetos bancários.

---

### SOLUÇÃO INFALÍVEL PARA OS PAPÉIS

Este é um método seguro para cuidar de toda a papelada pendente que atrapalha sua vida. Usei o mesmo método durante anos, e o indico aos meus clientes. Este é o verdadeiro método de McCoy; não se deixe enganar pelas imitações.

Ele é ótimo para cuidar de toda a papelada pendente que você tem. Você sabe, aquela que está em uma pilha em cima de suas mesas ou das bancadas esperando que você faça alguma coisa com ela. O segredo é mantê-la escondida e acessível sem que ela fique espalhada já na terça-feira. Como você vai fazer isso? Usando um arquivo de mesa. Esse arquivo deve ficar na bancada da cozinha para que os papéis fiquem sempre à mão.

Esse tipo de arquivo não tem tampa e acomoda cerca de vinte pastas suspensas do tamanho de uma carta. Há vários estilos e cores e ele está disponível em lojas de material de escritório e papelarias. Seu preço varia, mas a maioria tem um bom custo/benefício. Escolha um que combine com a decoração da sua cozinha, já que ele ficará exposto.

Aqui está o que você precisa para colocar suas pilhas de papel em ordem:

- Um arquivo de mesa
- Um jogo de pastas suspensas (de qualquer cor)
- Um bloco de post-it
- Uma caneta
- Um calendário

Como cuidar da papelada que está espalhada pela casa:

1. Acerte o *timer* da sua cozinha para tocar após 18 minutos e comece. Você não vai terminar a tarefa, mas esse tempo é suficiente para adiantar o trabalho.
2. Junte todos os papéis que estiverem nas bancadas e nas mesas.
3. Sente-se e separe a papelada em pilhas. Por exemplo, uma pilha para as contas, outra de coisas para ler, outra de fotos, cupons, recibos e assim por diante.
4. Conforme você separa as pilhas, descarte aquilo que não interessa mais, como cupons vencidos. Mas não perca tempo decidindo o que fazer com os papéis. Esse não é o momento de decidir o que guardar e o que jogar fora. Também não é o momento de pensar se você vai renovar a assinatura daquela revista ou se vai ou não àquela festa para a qual foi convidado. Em vez disso, coloque o convite na pilha de convites e continue o trabalho.
5. Quando você separar a pilha grande em pilhas menores de acordo com categorias específicas, terá quase acabado.
6. Depois, pegue o arquivo e coloque todos os papéis do mesmo tipo em um arquivo.

7. Use um post-it para etiquetar o arquivo. Grude a parte adesiva no arquivo e deixe o resto do post-it para cima, como uma etiqueta. Não há nomes perfeitos para as etiquetas, apenas escreva algo que irá ajudá-lo a se lembrar do conteúdo do arquivo. "Importante", "pendente", "esta semana" e "urgente" não são as melhores escolhas, já que muitos papéis podem caber nessas categorias. Em vez disso, use denominações como "horário das atividades esportivas", "convites para eventos sociais" e assim por diante. Veja adiante a lista mais completa.
8. O passo final é anotar no calendário tudo o que requeira sua atenção. Como você não vai querer mexer no arquivo todo dia para verificar qual papel necessita da sua atenção, você tem de estar pronto. Digamos que, por exemplo, você precise pagar a natação de seu filho no 20º dia do mês. Uma semana antes, anote no calendário "boleto da natação na pasta da natação". Quando naquele dia você for olhar o calendário, irá lembrar não apenas de pagar, mas de onde o boleto está. E como haverá quase uma semana de prazo até o vencimento, você não precisará correr na última hora.

Aqui vai um exemplo de como o novo método pode funcionar:

A correspondência chega hoje e você recebe um comunicado de uma escola, que deseja ler rapidamente. Para saber se você quer ou não fazer a matrícula, precisa ler o comunicado primeiro. Abra o comunicado e veja qual o prazo para a matrícula. Pegue o calendário e anote uma semana antes o prazo final para lembrá-lo de ler o comunicado arquivado na pasta dos documentos da escola. Então pegue um post-it e escreva "escola". Coloque a etiqueta no arquivo, guarde o comunicado na pasta e feche o arquivo. Quando a data se aproximar, você verá a anotação no calendário lembrando-o de que precisa ler o comunicado. Leve o comunicado com você para lê-lo em uma hora vaga. Se nada o atrair no comunicado, jogue-o fora. Se achar algum curso interessante, preencha o formulário e envie-o ou, se tiver tempo suficiente, coloque-o na pasta de contas, assim poderá pagá-la na próxima vez que for pagar as contas. Anote a data do curso no calendário. Então, guarde o comunicado de novo na pasta da escola, pois vai querer lê-lo para ter todas as informações necessárias quando as aulas começarem. Pronto!

Os arquivos devem durar pouco tempo; o arquivo do acampamento das férias deve durar até a matrícula ou o fim do acampamento, mas não mais do que isso. Outros arquivos, como contas e recibos, devem permanecer, mas seu conteúdo deve durar por pouco tempo. Por isso você deve usar os post-its em vez de etiquetas. Como os arquivos são temporários, não há sentido em perder tempo fazendo as etiquetas. Você pode optar por etiquetas para os arquivos que duram mais como o das "contas" e o dos "recibos", já que o post-it pode cair.

Aqui estão alguns exemplos do que pertence a cada pasta:
- Doméstica: garantias e manuais de instrução
- Recibos: recibos do mês
- Receitas de culinária
- Carnês: de pagamento ou recibos de depósitos
- Viagem: folhetos, flyers etc.
- Entretenimento: ingressos para eventos e anúncios de jornais com sugestões de programas futuros
- Contas: a pagar
- A arquivar: papéis que serão guardados em arquivos permanentes
- Impostos: itens necessários para os impostos futuros
- Contatos: cartões e anotações com dados pessoais
- Fotos: que serão guardadas em álbum
- Reuniões familiares: tópicos a serem discutidos com a família
- Babá: coisas que sua babá precisa saber
- Horários: das atividades esportivas, do calendário de reciclagem, dos eventos do calendário

- Saúde: arquivos médicos das crianças, receitas, recomendações médicas
- Endereços
- Compromissos sociais: convites para festas, endereço dos eventos
- Restaurantes: que deseja experimentar e críticas de restaurantes
- Cupons: e vales
- Compras: folhetos de vendas, lista de compras, cupons de descontos
- Discussão: coisas que você precisa perguntar ao seu cônjuge
- Viagens de um dia: folhetos e sugestões de viagens de um dia
- Livros para ler: listas de livros que você deseja ler um dia e críticas de livros
- Filmes para assistir: uma lista de filmes que você deseja assistir e críticas de filmes
- Presentes: ideias de presentes para dar a outras pessoas ou para comprar para você mesmo, fotos de catálogos grampeadas a outras informações
- Instruções: recortes de modelos para trabalhos manuais, de decoração de bolos ou outras
- Menus de restaurantes: cardápio de restaurantes onde você costuma pedir comida e vales-descontos dos restaurantes
- Banco: recibos de depósitos e saques, extratos mensais
- Recortes: recortes de jornais e revistas que não caibam em outra categoria, mas que será bom tê-los para consulta
- Online: sites recomendados ou sites que você deseja navegar um dia
- Investimentos: recibos da imobiliária e afins
- Escola: vales-refeição, trabalhos e calendários escolares
- Espiritual: horários de eventos
- Caixa de lembranças: fotos, figuras e outros itens a serem guardados em um baú
- "Sugestões de penteados", "Lugares para visitar", "Paisagens",

"Associação de pais e mestres", "Escotismo", "Feiras", "Reforma da cozinha", "Festa de aniversário", "Fantasias de carnaval", "Cartões comemorativos", "ONGs", e assim por diante
- Dê a cada membro da família seu próprio arquivo

Lembre-se, entretanto, de que seu arquivo deve ser personalizado, já que cada pessoa tem diferentes papéis. Você talvez tenha algumas ou todas essas categorias e outras como penteados, lugares para visitar, paisagens, entre outras. Para mais informações acesse o site www.jamienovak.com [em inglês].

## 32. E SE EU QUISER GUARDÁ-LOS?

**577.** Pare de empilhar os recortes de revistas e jornais. Encontrar papéis perdidos em pilhas consome muito tempo. Em vez disso, para economizar tempo procurando um recorte que você guardou de uma revista, jornal ou catálogo, pegue um fichário e coloque folhas de plástico transparentes. Da próxima vez que você recortar alguma coisa, coloque-a dentro do fichário. As folhas de plástico são fáceis de usar e mesmo que você tenha de ler os dois lados de um recorte, você não precisará tirar o papel do plástico. Etiquete a lombada do fichário, assim você saberá o que há dentro dele. (Para ver uma lista completa de categorias e outras maneiras de usar o fichário acesse www.jamienovak.com [em inglês].)

**578.** Pense antes de recortar. A maioria das informações que recortamos e guardamos está disponível em outros lugares. Além disso, se não nos lembrarmos onde guardamos os recortes quando precisarmos deles, não os usaremos – e todos os recortes acabarão se tornando uma enorme perda de tempo. Portanto, a menos que você tenha um plano específico para usar a informação dos recortes, como ideias de viagens de um dia para fazer no início do verão, você não precisa perder tempo com eles.

**579.** Pense antes de imprimir. Às vezes é tão fácil quanto ou mais fácil ainda salvar a informação no computador em vez de imprimi-la e depois ter de achar um lugar para guardá-la. Salve o link da internet ou copie e cole o que lhe interessa em um novo documento. Depois é só salvar o documento em uma pasta no computador e nomeá-la.

**580.** Pense antes de arquivar. Muitos de nós perdemos tempo arquivando papéis que nem sequer precisamos. Você sabia que 90% do que é arquivado nunca mais é usado como referência? (Mais informações sobre o que deve ou não ser arquivado no site www.jamienovak.com [em inglês].)

### SOLUÇÃO INFALÍVEL PARA FICHÁRIO

Uma maneira simples e portátil de manter todas as suas coisas juntas!

Passo um: Decida qual tipo de fichário você irá montar

Passo dois: Guarde rapidamente os itens que separou no fichário*

Passo três: Etiquete o fichário e use-o

Passo quatro: Conforme você for encontrando novos itens, junte-os no fichário

*Não espere até juntar todos os itens para iniciar o fichário. Comece-o e vá juntando os itens aos poucos.

### INCLUA EM SEU FICHÁRIO:
- Folhas pautadas (para anotar ideias)
- Folhas plásticas protetoras (não precisam estar furadas)
- Um estojo com zíper (para guardar canetas e objetos perdidos)
- Divisórias grandes etiquetadas (para separar os papéis por categorias)

### TIPOS DE FICHÁRIOS QUE VOCÊ PODE MONTAR

Sugestão de conteúdos:

**Manual doméstico:** itens consultados com frequência, telefone de amigos das crianças, horário das aulas

**Endereços:** localidades e mapas

**Para ler:** itens que deseja ler, assim você pode levá-los com você

**Ideias de viagens:** projetos, planos, folhetos, valores, agências de viagem, sites
**Férias:** o que você quer conhecer, lista de coisas para colocar na mala, itinerários
**Receitas:** separadas por categorias
**Recibos:** guardados em folhas protetoras e organizados por tipo
**Documentos escolares:** provas das crianças, lições de casa incompletas, entre outros
**Associação:** papelada relacionada a uma organização ou grupo ao qual você pertença
**Membros da família:** cada pessoa deve ter um fichário que contenha horários e agenda de endereços
**Menus de restaurantes:** cardápios de restaurantes onde você pede comida (mantenha uma cópia no carro)
**Hobby:** instruções, endereços e ideias relacionadas ao seu hobby
**Garantias e manuais:** guardados por categoria
**Reforma:** amostra de cores, cartões com contatos de empresas, orçamentos, amostras de tecidos
**Um novo bebê:** informações do hospital, sugestões de nomes, informações sobre o médico
**Mudança:** informações da empresa de serviços, orçamentos de empreiteiros, lista de afazeres
**Casamento:** planos, ideias, contratos, contatos, lista de convidados
**Festa:** sugestões de locações, cardápio, lista de convidados, contatos
**À procura de emprego:** currículos, lista de contatos, recortes com anúncios de empregos
**Finanças:** quais dívidas você tem, com quem pagá-las e o contato deles
**Pagamento de contas:** credores, envelopes, calculadoras, talão de cheques

**Arquivos médicos:** nome dos médicos, cópias de relatórios, receitas
**Recortes para consulta:** de revistas e jornais
**Recortes sobre saúde:** de revistas e jornais
**Sugestões:** filmes, livros, lugares e outros
**Exercícios:** recortes e sugestões para entrar em forma separados por categoria
**Cartões de contatos profissionais:** tudo relacionado aos seus contatos, inclusive recorte dos remetentes das correspondências
**Cartões de felicitações:** selecionados por categoria
**Instruções:** como fazer trabalhos manuais, ideias para decorar bolo etc.
**Jardinagem:** etiquetas com instruções para cuidar das plantas, lista do que plantar e os resultados obtidos

## 33. Contas, arquivos e registros

**SIMPLIFICAÇÃO DAS FINANÇAS**

Leve apenas 18 minutos para começar. Você provavelmente não guardará tudo o que precisa nas pastas, mas ao menos irá separá-las. Depois você as completará conforme encontrar os papéis, pois cada papel importante terá seu lugar.

Aqui está o que você precisa para montar seu método em 18 minutos:
- 10-15 pastas suspensas
- Mais ou menos 25 pastas para arquivo de papel manilha
- Caneta marcadora
- 18 minutos ininterruptos

**PASSO 1: ETIQUETAR CADA UMA DAS PASTAS SUSPENSAS COM ESTES TÍTULOS:**
- Restituição de impostos
- Aposentadoria
- Seguro social
- Investimentos
- Contas bancárias
- Contas domésticas
- Cartões de crédito/empréstimos
- Seguros
- Testamento/bens confiados

**PASSO 2: ETIQUETAR AS PASTAS PARA ARQUIVO DE PAPEL MANILHA QUE FICARÃO DENTRO DAS PASTAS SUSPENSAS**
**Restituição de impostos:** 1999, 2000, 2001, 2002, 2003, 2004, 2005, 2006, 2007, 2008 e assim por diante. Coloque a

restituição dos impostos de cada ano na pasta correspondente. (Os arquivos para os impostos dos anos seguintes terão seu espaço.)
**Aposentadoria:** Uma pasta para cada instituição financeira que cuida de seus investimentos (Previdência privada etc.); guarde os extratos do trimestre e do ano.
**Seguro social:** Organize uma pasta para cada membro da família para guardar os extratos do governo.
**Investimentos:** Um arquivo para cada tipo de investimento (não inclua os investimentos de aposentadoria); por exemplo, fundos mútuos, recibos de depósitos, ações e investimentos de corretagem.
**Contas bancárias:** Um arquivo por conta corrente e/ou poupança.
**Contas domésticas:** Título de propriedade (recibo de aluguel, se for o caso), recibos de benfeitorias, hipoteca.
**Cartões de crédito/empréstimos:** Um arquivo por cartão de crédito, empréstimo, crédito educativo e qualquer outra dívida que você tenha.
**Seguros:** Um arquivo por apólice – saúde, de vida, do automóvel, domiciliar etc.
**Testamentos/bens confiados:** Um arquivo por testamento, bens confiados ou declaração de vontade juntamente com os contatos do advogado e as instruções sobre onde encontrar saídas importantes que levem a outros documentos.
**Contas das crianças:** Um arquivo para cada menor que possua conta.

Pronto. Você fez a parte mais difícil. Quando organizar o arquivo, poderá preenchê-lo conforme for encontrando os papéis. Imagine a tranquilidade ao encontrar os documentos quando precisar deles.

581. Evite ter de ir ao banco apenas para depositar seu salário; em vez disso, abra uma conta-salário, ela envia seu dinheiro automaticamente para seu banco.

582. Sempre que possível, passe suas contas para um único lugar. Por exemplo, mude todos os seus seguros para uma empresa só; assim você pagará só uma conta. Geralmente as empresas fornecem descontos para casos como esse.

583. Você arquivará os papéis com mais rapidez se separá-los por mês em vez de por instituição. É muito mais simples colocar os papéis e notas fiscais em um arquivo etiquetado com o nome do mês em que você fará os pagamentos do que com o nome da instituição. Você pode economizar ainda mais tempo usando um arquivo sanfonado com treze divisórias e estabelecer uma divisória por mês em vez de organizar vários arquivos.

584. Experimente pagar suas contas pela internet. Se for novidade para você, tente ao menos pagar uma. Quando você perceber quão fácil é e que seus pagamentos serão realizados corretamente, provavelmente irá querer pagar todas as suas contas pela internet. Os bancos oferecem o serviço sem cobrar nenhuma taxa adicional, e serão necessários apenas cerca de dez minutos para pagá-las.

585. Quando você passar a pagar suas contas pela internet, poderá agendar os pagamentos futuros para não ter de entrar na internet e acessar o site do banco todos os meses. Para contas fixas, como contas de serviços públicos, você pode agendar o pagamento para dias específicos. Se ao receber a conta você notar que por qualquer razão o valor está mais alto ou mais baixo, você pode resolver antes de o pagamento ser efetuado.

**586.** Procure colocar todas as contas fixas do mês em débito automático. Assim, você não gastará tempo pagando uma a uma nem correrá o risco de esquecer e ter de pagar multa, mas não esqueça de sempre verificar os valores debitados.

**587.** Considere outras possibilidades que não o arquivo. Não há nenhuma lei que o obrigue a arquivar os papéis em um arquivo de armário tradicional. Ele não funciona para todo mundo. Em vez disso, torne o processo de arquivar mais fácil. Talvez um cesto decorativo funcione bem para você; guarde o cesto em uma prateleira e coloque os papéis mais recentes por cima. Use um cesto por categoria – apenas não misture as categorias; isso irá causar muita confusão. Assim, quando precisar de um papel, é só procurá-lo por data, pois os mais recentes estarão por cima.

**588.** Guarde seus papéis mais importantes em casa, em uma caixa à prova de intempéries (certos acidentes), assim você precisará ir menos vezes ao banco. Use um cofre de banco apenas se você não precisar consultar os papéis com frequência. Assim, se por qualquer razão você precisar deles e o banco estiver fechado, você poderá acessá-los.

---

**VINTE E DUAS COISAS PARA GUARDAR NA CAIXA À PROVA DE INTEMPÉRIES**

**589.** Apólices e cartões do seguro do carro

**590.** Certidões de nascimento e de óbito

**591.** Certidões de casamento

**592.** Certificado de propriedade e parcelas de compra de veículo

**593.** Número de contas bancárias

**594.** Escrituras e títulos

**595.** Cópias das carteiras de habilitação

**596.** Cópias de apólices e cartões de seguros

**597.** Arquivos dos investimentos

**598.** Lista de contatos da família e amigos

**599.** Histórico médico

**600.** Certidões militares

**601.** Senhas

602. Comprovantes de residência

603. Carteira do seguro social

604. Arquivo do pagamento dos impostos

605. Testamento/declaração de vontade ou procurações

606. Negativos de fotos, uma foto do casamento e do bebê

607. Papéis ou arquivos que comprovem a propriedade (como escrituras de bens, certificado de posse de automóveis, apólices e títulos de ações)

608. Documentos legais definitivos (como certidão de divórcio e escrituras de propriedades)

609. Inventário doméstico

610. Recibos de contas

**TENHA MAIS TEMPO DISPONÍVEL HOJE MESMO!**
1. Organize sua correspondência logo que ela chegar em casa e abra-a com mais facilidade usando um abridor de cartas
2. Guarde os papéis e recortes de uma maneira que seja fácil encontrá-los depois

3. Organize um meio de arquivar os papéis que funcione para você.

**TENTE ISTO:**
Compre uma caixa à prova de intempéries e, com a ajuda da lista acima, guarde um item por semana. Em poucas semanas sua caixa estará completa e você ficará sossegado.

**REPITA COMIGO:**
"Vou organizar minha correspondência logo que ela chegar; não vou deixá-la para mais tarde."

**Parte doze**

## LOUCOS POR TELAS E SURF
## (E NÃO ME REFIRO AO MAR)

Quanto tempo você gasta por semana apagando spams no computador? Bom, se você for como a maioria de nós, você gasta cerca de 40 minutos por semana! Isso significa de sete a dez dias por ano apagando e-mails. Aqui vão algumas dicas para ajudá-lo a recuperar esse tempo.

## 34. E-MAIL

**611.** Quanto mais e-mails você guardar na sua caixa de entrada, menos tempo terá para gastar com coisas realmente importantes. Instale um programa que bloqueie os spams e aprimore seus filtros, assim a maioria dos spams será bloqueada.

**612.** Abra contas de e-mail diferentes para propósitos diversos. Você talvez ache que várias contas de e-mail vão fazê-lo perder tempo, mas na verdade elas vão ajudá-lo a economizar tempo. Abra uma conta para receber mensagens de amigos e familiares, outra para recibos e extratos, outra para boletins informativos e publicações eletrônicas, outra para as organizações e associações a que você pertence, outra para propagandas e assim por diante; depois forneça o e-mail apropriado quando necessário. Por exemplo, muitos sites pedem o e-mail para fazer seu registro – forneça o e-mail destinado a propagandas. Assim, quando venderem seus contatos para outra empresa, as mensagens enviadas não irão mais lotar seu e-mail destinado às mensagens mais importantes da sua família e amigos. Você pode usar o e-mail que utiliza para sua associação para receber mensagens da escola das crianças, por exemplo; se no futuro você precisar de alguma mensagem enviada pela escola, ela estará lá, mas se não precisar, ela não ocupará espaço nem tomará seu tempo.

**613.** Se as empresas que enviam propaganda já tiverem seu e-mail destinado às mensagens de amigos e da família, abra uma nova conta de e-mail e forneça-a apenas aos amigos e à família, sem se esquecer de verificá-la diariamente.

614. Limpe sua caixa de itens enviados uma vez por semana em vez de diariamente. Desse modo, se por acaso uma mensagem não for enviada, você poderá copiar ou recortar e colar a versão enviada, assim você não perderá tempo reescrevendo-a.

615. Se for possível, programe seu e-mail para ler as primeiras linhas da mensagem sem precisar abri-la. Essa é uma maneira fácil de identificar spams sem correr o risco de abrir uma mensagem infectada por um vírus. Posso lhe garantir que ninguém do outro lado do mundo precisa de sua ajuda (e do seu dinheiro) para recuperar um montante preso em uma conta bancária, portanto você pode pular esse tipo de mensagem sem pestanejar.

616. Pare de perder tempo verificando seus e-mails a toda hora. Em vez disso, crie o hábito de verificá-lo uma ou duas vezes ao dia. (Para que isso dê certo, desative o alerta que o avisa quando chega uma nova mensagem, assim você não se sentirá tentado a abrir seu e-mail sempre que chegar uma nova mensagem.)

617. Acerte um *timer* quando for ler suas mensagens para que você não passe muito tempo surfando na internet. Isso vai ajudá-lo a se concentrar nas mensagens e a evitar que você clique em todos os links incluídos nos e-mails. É difícil, mas tente evitar a tentação.

618. Pegue o tempo que você separou para ler os e-mails e, em vez de apenas lê-los, decida o que fazer e faça. Apenas lê-los é fácil; sua obrigação é fazer algo com eles. Trate-os como se fossem papéis – não os deixe acumular!

**619.** Organize pastas em seu e-mail para arquivar as mensagens selecionadas. (Alguns programas de e-mails enviam as mensagens diretamente para as pastas previamente determinadas, assim elas não vão parar na sua caixa de entrada. Essa ferramenta é bastante útil para receber publicações eletrônicas ou extratos e recibos que precisam ser arquivados para consulta.)

**620.** Seu programa de e-mail provavelmente tem uma ferramenta que lhe permite criar pastas com os nomes de determinadas pessoas que lhe enviam e-mails. Ao fazer isso, as mensagens são automaticamente direcionadas para as pastas, poupando-lhe tempo de organizá-las e facilitando a localização caso você necessite relê-las. Assim, com um olhar rápido, você poderá distinguir facilmente as mensagens importantes em vez de precisar ler o título de cada mensagem.

**621.** Use com cuidado o recurso das pastas para as mensagens que chegam. Como elas não entram na caixa de entrada, você pode acabar esquecendo de checar se há novas mesagens nas pastas criadas.

**622.** Peça com educação a seus amigos e familiares que parem de lhe repassar mensagens – você sabe quais são: piadas e avisos de golpes repassadas para toda a lista de contatos deles. Se você não tiver coragem de pedir, ponha a culpa em mim. Avise-os que você leu este livro e que eu insisti para você colocar em dia toda sua caixa de entrada antes de receber mensagens "engraçadinhas" – é um pouco estranho, mas funciona!

**623.** Se seus amigos e familiares continuarem lhe repassando mensagens, forneça-lhes um dos seus e-mails alternativos e organize-se para verificá-lo com pouca frequência.

624. Não repasse mensagens para sua lista de contatos. Você gastará tempo enviando-as e, se não gosta de recebê-las, pode imaginar que seus amigos e familiares também não gostam. Além disso, muitas dessas mensagens pedem para que os destinatários a reenviem ao remetente, e você sabe o que isso significa: mais mensagens na sua caixa de entrada.

625. Pare de se inscrever para receber piadas, horóscopo e outras mensagens diárias. Você pode lê-las pela internet quando desejar, mas elas atravancam sua caixa de entrada. Além disso, geralmente os donos das listas de e-mail vendem as listas de contatos, o que significa que você receberá um monte de spams.

626. Cancele a assinatura de publicações eletrônicas e boletins informativos que você não lê. Você levará menos tempo cancelando a assinatura do que apagando as mensagens indesejadas ou lendo-as. Se você não sabe se quer deixar de assiná-los, registre uma nova conta de e-mail para que as mensagens sejam mandadas para lá. Você pode verificar esse e-mail quando tiver tempo, mas enquanto isso, seu e-mail principal estará livre. Se você não checar o e-mail alternativo, saberá que não tem interesse em ler aquelas mensagens.

627. Você está pensando em trocar o provedor de e-mail, mas treme só de pensar em avisar todo mundo? Use um serviço que faça isso para você; alguns deles comunicam sua lista de contatos que você trocou de e-mail.

628. Quando você fornecer suas informações pessoais a algum site ou assinar uma publicação eletrônica, fizer um pedido pela internet ou se registrar em um site, leia e selecione a opção para que não lhe enviem e-mails promocionais. Às vezes você precisa assinalar a opção para receber mensagens

e informações adicionais, mas na maioria das vezes essa opção é assinalada automaticamente, portanto você precisa desmarcá-la se não quiser receber mensagens de ofertas, cupons de desconto, informativos etc.

629. Não se deixe seduzir pelo marketing dos sites que faz a pessoa que não opta por receber os informativos e promoções do site sentir-se como se estivesse perdendo alguma coisa.

630. Não entre em discussões online. Elas tomam muito do seu tempo e no final só servem para que as empresas recolham e vendam suas informações pessoais. Se você quiser mesmo entrar em determinada discussão, primeiro verifique a idoneidade da empresa.

631. Assinale novamente a opção para que não lhe mandem informações via e-mail caso haja erro da primeira vez. Se você preencher e submeter seus dados online, mas aparecer uma mensagem de erro mandando-o de volta à mesma página, marque novamente a opção que você assinalou (ou não) antes de enviá-la. Faça isso, preencha a informação necessária e envie-a novamente.

632. Se você precisa ter várias senhas eletrônicas, use um fichário tipo Rolodex® e anote o nome do site e a senha nos cartões. Depois coloque o cartão na letra do nome do site.

633. Se você usa o programa Microsoft Office®, não se esqueça de usar o serviço de assistência do Office. Pare de perder tempo procurando a resposta para sua pergunta ou tentando descobri-la sozinho. Em vez disso, digite sua pergunta no serviço de assistência e obtenha a resposta rapidamente.

634. Aprenda os recursos tecnológicos da sua conta de e-mail. Você ficará surpreso com a quantidade disponível de dicas e truques que o ajudarão a economizar tempo. Se você não os conhece ou não sabe usá-los, não pode aproveitá-los. Cada conta de e-mail apresenta opções diferentes; tire um tempo para aprendê-las, vale a pena.

635. Diga o que você deseja no título da mensagem. Quando for enviar mensagens, seja o mais específico possível ao preencher o título. Por exemplo, em vez de escrever "mudança de local da reunião", escreva "reunião 15h sala conf. A em vez de B". Isso o ajudará a evitar confusão, pois muitas pessoas não lêem a mensagem inteira; além disso, poupará o tempo do destinatário da mensagem e o ensinará a usar o mesmo truque com você.

636. Faça uma assinatura para suas mensagens, isto é, escreva o texto que você deseja enviar no final de cada mensagem. Assim você não precisará escrever o texto todas as vezes que enviar uma mensagem. Por exemplo, você vende produtos de beleza e tem uma pequena empresa em casa, por isso quer escrever no final de cada mensagem seu nome, telefone, link para o site da internet e a frase "Simplesmente linda!". Aviso: você pode ter mais de uma assinatura, só é preciso selecionar qual quer usar – mesmo assim gastará menos tempo do que se tiver de reescrevê-la todas as vezes.

637. Em vez de perder tempo perguntando se os destinatários receberam suas mensagens, peça para ser avisado sempre que chegarem e/ou quando a pessoa ler a mensagem. Você só precisa assinalar a opção "prioridade" na hora de enviá-la. (Não é recomendável que você peça para ser avisa-

do sempre que enviar uma mensagem. Isso vai encher sua caixa de entrada, portanto só use essa opção quando necessário.)

**638.** Use a opção "prioridade" apenas quando for uma mensagem urgente e você quiser que o destinatário abra-a imediatamente. Assim sua mensagem receberá a atenção necessária. (Não use essa opção sempre ou os outros não acreditarão em você.)

**639.** Se você precisa mandar as mesmas informações para mais de uma pessoa, copie a mensagem e envie-a individualmente. Se você usar a opção cópia carbono (Cc:), todos saberão quem mais estará recebendo a mensagem. Você também pode usar a opção cópia carbono oculta (Cco:); se usá-la, ninguém saberá quem mais estará recebendo a mensagem.

**640.** Separe um tempo para adicionar novos e-mails à lista de contatos do seu programa de e-mails. Você gastará tempo agora, mas o poupará no futuro. (Estabeleça um padrão para adicionar o e-mail das pessoas, seja pelo primeiro ou pelo último nome. Não há uma maneira ideal, mas é necessário adotar um padrão para não perder tempo procurando os contatos nas letras erradas.)

**641.** Em vez de perder tempo digitando um novo e-mail quando você quiser responder a uma mensagem, apenas clique na opção "responder". O e-mail da pessoa aparecerá no item "para:" e o título, no item "assunto".

**642.** Usar a opção "encaminhar" é outro meio de economizar tempo quando estiver enviando e-mails. Quando você quiser encaminhar a alguém uma mensagem que já tiver sido escrita, apenas clique na opção "encaminhar" em vez de digitá-la novamente.

643. Você quer responder a todas as pessoas que estão copiadas no e-mail? Apenas clique na opção "responder a todos" e digite uma resposta para o grupo todo. (Cuidado com essa opção; você não vai querer escrever e enviar uma mensagem desagradável para as pessoas erradas quando na verdade quis escrevê-la para apenas uma pessoa!)

## 35. INTERNET

**644.** Muitos de nós já programamos o computador para que ele abra em uma determinada página da internet; assim, sempre que entramos na rede, deparamos com notícias diárias, fofocas de celebridades ou qualquer outra coisa que nos atraia a atenção e nos faça perder tempo. Programe um site que consuma menos tempo e seja mais prático para ser sua página de entrada. Se geralmente você entra na internet apenas para verificar seus e-mails, então programe seu computador para que sua página de entrada seja a página do seu e-mail. Você pode programar sua página de entrada para que ela diariamente exiba uma foto de uma praia ou de um jardim de algum lugar do mundo acessando o site da revista National Geographic [www.nationalgeographic.com.br]. Ou, se você estiver procurando por uma dica rápida sobre como economizar ainda mais tempo, faça do site www.jamienovak.com [em inglês] sua página de entrada, assim você sempre lerá dicas novas. Mudar sua página de entrada é simples e o ajudará a economizar tempo; mesmo que você não seja um especialista em computador, poderá fazer isso. Na maioria dos computadores, é só entrar na internet e ir à barra de menus, clicar em "ferramentas" e escolher "opções". Depois clique na opção "geral". Vá até a primeira das três opções e digite o site que você deseja como sua página principal. Não se esqueça de digitar http://www; isso é importante! Então clique em "aplicar" e em "ok" e pronto.

**645.** Use a opção "páginas visitadas recentemente". Clique na pequena seta localizada à direita da barra que mostra o endereço do site que você está visitando. Quando clicar na seta, aparecerá uma lista de sites que você visitou recentemente, portanto é só clicar no endereço para retornar ao site escolhido. Isso irá ajudá-lo bastante quando você se esquecer de um site interessante e quiser acessá-lo de novo. Você pode escolher quantos dias deseja que os sites que visitou fiquem gravados. Siga as mesmas dicas para escolher sua página de entrada (ver dica anterior), porém na opção "geral", em vez de escrever o nome do site para sua página de entrada, clique na terceira opção e escolha o número de dias que deseja (qualquer número entre 0-99 dias). (Para administrar a lista com seu histórico dos sites que visitou com mais facilidade, 15 dias geralmente é um bom tempo.)

646. Use as mensagens instantâneas com moderação. Às vezes é melhor mandar um e-mail ou até telefonar para a pessoa que deseja contatar. Há certas ocasiões em que as mensagens instantâneas funcionam, mas pense antes de enviá-las.

647. Os jogos de computador podem viciar; você pode se pegar dizendo "Só mais uma vez..." sem perceber quanto tempo já perdeu. Acerte um *timer* para limitar o tempo que gastará jogando. Você pode jogar quando terminar uma tarefa que vem adiando há tempos; assim o jogo funcionará como uma motivação.

648. Bloqueie as propagandas automáticas conhecidas como "pop-ups". A maioria dos computadores oferece a opção de bloquear esses anúncios inconvenientes que invadem sua tela quando você usa a internet. Bloqueie-os imediatamente.

649. Reduza o tempo que gasta realizando pesquisas na internet. Utilize os métodos de busca mais usados. Assim, as ferramentas de busca podem fornecer informações mais precisas. Por exemplo, não use palavras como "e", "onde" e "como". Já as ferramentas as ignoram, não perca tempo digitando-as.

650. Se determinada palavra for importante para a pesquisa, então você deve incluí-la usando o sinal de mais (+) depois do espaço. Por exemplo, se você quiser obter informações sobre um episódio específico de um programa de televisão, digamos o episódio

301 do "Meu programa favorito", digite o nome do programa, deixe um espaço, digite o sinal de mais seguido pelo número do episódio que você está procurando (assim: "Meu programa favorito +301").

**651.** Lembre-se, a maioria das ferramentas de busca não consideram o tamanho diferente das letras. Portanto, se você digitar o meu nome "Jamie Novak" ou "JamIE novaK" obterá os mesmos resultados.

**652.** Quando a palavra tiver mais de um significado, certifique-se de especificar qual termo você está procurando. Faça assim: escreva o termo, deixe um espaço simples e digite o sinal de menos (-) e a palavra que você não quer. Por exemplo, se você quer encontrar mais informações sobre "Meu programa favorito" (uma série de televisão) e não sobre "Meu programa favorito: o filme", então digite "Meu programa favorito - filme" para excluir os sites que mencionem "Meu programa favorito" e "filme". Não é um método perfeito, mas funciona na maior parte das vezes.

**653.** Se você está procurando um termo exato, coloque o termo ou a frase entre aspas.

**654.** Não se esqueça de tentar todos os tipos de variações da palavra ou do termo que estiver procurando. Se você quer uma informação sobre um tipo específico de roupa infantil e não consegue obter a resposta que deseja, tente usar a palavra "traje" ou "peça".

**655.** Use a opção "Meus favoritos". Quando você descobrir um site útil que deseje acessar novamente no futuro, salve-o na seção "Meus favoritos". Quando estiver em um site de que goste (digamos que seja o www.jamienovak.com), quando a página estiver aberta na tela do seu computador, clique na seção "meus favoritos", localizada no alto da tela. Depois clique em "salvar". A página será salva por ordem alfabética na sua lista de favoritos, assim, www.jamienovak.com será salva na letra J. Se você escolher a opção "salvar como", poderá mudar o nome do site, assim, em vez de www.jamienovak.com você pode chamá-la de "Ideias para administrar o tempo". É simples! Você irá economizar o tempo que gasta tentando lembrar os sites de que gosta ou procurando o papel onde anotou sua lista de sites preferidos. (Você pode ir além e organizar uma pasta de favoritos para cada membro da família, mas comece pelo básico.)

656. Aprenda a usar os ícones (os pequenos desenhos) que servem como atalhos. Com apenas um clique no desenho da impressora você pode imprimir a página em que está. E com um simples clique no desenho de um envelope, você pode enviar a página via e-mail. Os ícones são seus aliados; aprenda a usá-los corretamente.

657. Você pode personalizar sua barra de ferramentas com os ícones que usa com mais frequência e remover os que quase não usa. (Você tem dificuldades para enxergar os pequenos desenhos? Programe seu computador para exibir ícones maiores e mais fáceis de ver.)

658. Pense bem antes de imprimir. Você precisa imprimir aquela receita e perder tempo depois achando um lugar para guardá-la ou é melhor apenas salvar a página da internet ou a receita? Muitos sites de culinária oferecem acesso às receitas sem cobrar nenhuma taxa e permitem que você crie uma pasta online para guardar suas receitas favoritas. (Muitas lojas online oferecem o mesmo serviço.) Você pode inclusive enviar por e-mail a página e salvá-la em uma pasta do seu e-mail. Essas opções são bem mais fáceis do que convidar outro papel para fazer parte de sua vida!

## 36. COMPUTADOR/BLACKBERRY/PALM

**659.** Não salve todos os ícones de todos os programas de computador na sua área de trabalho. Faz sentido salvar os ícones dos programas que você usa mais. Mas é mais fácil localizar os que você quase não usa clicando no botão "iniciar", se você estiver usando um PC. Assim você poupa tempo, pois conseguirá identificar e abrir os programas utilizados frequentemente.

**660.** Se seu computador já desligou inesperadamente ao acabar a luz, então você sabe o quanto esta dica pode ajudá-lo a economizar tempo. Programe seu computador para salvar seu trabalho automaticamente a cada alguns minutos. Desse modo você não precisará refazer todo seu trabalho se a luz acabar. Apenas clique em "ferramentas", depois em "opções" e por fim em "salvar" e mude os minutos inseridos em "autorrecuperação" para algo entre cinco a dez minutos.

**661.** Mantenha um arquivo de trajetos para gastar menos tempo procurando o trajeto de lugares que deseja ir. Identifique a página com clareza quando a salvar; assim, mais tarde você saberá a qual trajeto ela se refere. Para economizar ainda mais tempo, anote uma vez o trajeto da sua casa e do seu escritório partindo de várias direções (norte, sul, leste e oeste) e arquive-os no computador. Quando você precisar ensinar o caminho a alguém, é só imprimi-lo e enviar uma cópia ou usar a ferramenta "recortar" e "colar" na mensagem e enviá-la por e-mail. Você pode incluir uma foto da sua casa ou do seu escritório, assim será mais fácil localizá-los. Não se esqueça de incluir seu telefone.

662. Use o original. Em vez de escrever uma nova carta para responder à sua correspondência do dia a dia, escreva a resposta no papel que você recebeu, faça uma cópia e envie o original de volta. Faça o mesmo com perguntas enviadas por e-mail. Em vez de digitar uma mensagem nova, exclua as partes da mensagem que você não precisa e utilize o que foi enviado originalmente a você. Procure nunca apagar a mensagem original; apenas clique em "responder", deixe a mensagem original intacta e escreva sua resposta.

663. Quando salvar um arquivo, não o salve em sua área de trabalho. Isso o fará perder tempo no futuro quando você for tentar encontrá-lo, pois vai ser difícil achá-lo. Separe alguns minutos para organizar suas pastas e depois salve os documentos nas pastas adequadas. Se você acha que não entende nada de computador, não se preocupe; essa dica é fácil de aprender e irá ajudá-lo a economizar muito tempo – especialmente se você costuma perder documentos e tempo refazendo-os. Se você usar o programa Microsoft Word, faça assim: digite o documento e quando for salvá-lo, vá até "arquivo" e selecione o item "salvar como". Uma caixa se abrirá; no alto dessa caixa há uma janela com uma flecha para baixo do lado direito. Lá está a pasta onde você quer salvar seu arquivo. Pense nessa página como se ela fosse a pasta suspensa verde do arquivo de mesa, e o arquivo, a pasta de papel manilha onde você deve guardar seus papéis. Você pode escolher "Meus documentos", por exemplo, como sua pasta; quando clicar nessa pasta, aparecerá "Meus documentos" na janela. Agora você pode salvar todos os seus arquivos nessa pasta, mas você perderá tempo procurando tudo o que precisa. Em vez disso, crie uma nova pasta dentro da pasta "Meus documentos". No alto da caixa "Salvar como" há um desenho de uma pasta amarela com uma estrela amarela brilhando no canto direito; clique nele. Quando você fizer isso, uma

nova pasta abrirá dentro da caixa "salvar como". Digite o nome da pasta no espaço concedido. Escolha um nome significativo; assim, você vai saber exatamente o que há dentro dela. Quando você aprovar o nome, clique em qualquer lugar fora da caixa para salvar o nome da pasta. Então clique na pasta que você acabou de nomear – digamos que ela se chame "Cartas para o seguro" – e esse nome aparecerá na janela no alto da caixa. Por fim, na parte de baixo da janela você pode digitar o nome do arquivo, que é o nome que você quer dar ao arquivo que está salvando. Digamos que seja "carta de reivindicação enchente janeiro 2007". Clique em "salvar" e pronto! Da próxima vez que quiser ler a carta, apenas clique em "abrir" "Meus documentos", depois em "Cartas para o seguro" e por fim em "carta de reivindicação enchente janeiro 2007".

**664.** Também pode ser útil designar uma pasta para cada membro da família, assim cada um terá um lugar para salvar seus arquivos, evitando bagunçar sua área de trabalho ou suas pastas.

**665.** Quando for dar nome aos seus documentos, escolha os que façam sentido para você, assim você vai encontrar os arquivos de novo com facilidade. Lembre-se, você pode passar meses sem abrir esses arquivos, portanto você pode saber hoje do que se trata um arquivo chamado "convite para festa de aniversário", mas em poucos meses pode ser que você não saiba qual convite é esse e tenha de perder tempo abrindo o arquivo apenas para descobrir que não se trata daquilo que está procurando. "Convite para 1ª festa de Sam 2007" pode ser bem mais útil.

**666.** No escritório de casa ou do trabalho, crie pastas com um nome que reflita o conteúdo dos seus arquivos de papel. Esse método torna a vida mais fácil e ajuda a economizar tempo.

**667.** Para não perder tempo revisando seus documentos, use a ferramenta que verifica a ortografia e a gramática do texto. (Quando uma palavra aparecer grifada de vermelho, apenas coloque o cursor em cima dela, clique com o botão direito do mouse e logo aparecerá uma janela com outras opções para correção.)

**668.** Se você já apagou sem querer uma parte de seu documento e depois teve de passar um tempo refazendo, então vai achar a opção "desfazer" um ótimo modo de economizar tempo. Quando você apagar alguma coisa mas quiser recuperá-la, apenas vá até o menu no alto da tela e selecione "editar"; depois clique na primeira opção ("desfazer"). Tudo o que você apagou recentemente irá aparecer na tela. Você pode clicar na opção "desfazer" várias vezes, e a cada vez aparecerá a última versão do documento em que você está trabalhando, desfazendo todas as alterações mais recentes.

**669.** Se você quiser passar um texto para outro documento, em vez de digitá-lo novamente, apenas use o mouse para iluminar o texto e clique no botão direito. Clique em "recortar" e coloque o cursor no local em que você deseja colar o texto. Clique com o botão direito do mouse novamente na opção "colar". O texto será inserido no outro documento automaticamente. (Se você quiser manter o texto original e copiá-lo em outro lugar, em vez de escolher "recortar", que fará com que o texto original desapareça, clique em "copiar" e depois em "colar". Assim você terá dois textos e não apagará o original.)

**670.** Pare de apagar o texto correto quando for corrigir o texto errado. Isso na verdade o faz perder mais tempo, pois você tem de apagar e redigitar o texto que estava certo. Ande com o cursor até a parte errada e corrija-a. Apagar o texto todo é um hábito que você pode abandonar facilmente.

**671.** Você perdeu um documento? Salvou-o, mas não sabe direito onde? Esqueceu-se do nome que deu a ele? Não tem problema, é só usar a função "pesquisar". Clique no botão "iniciar", localizado no canto esquerdo da parte inferior da tela, e escolha "pesquisar". Insira o máximo de informações possíveis sobre o documento. Na maioria das vezes é necessário digitar algumas palavras-chave do documento. Se for um folheto sobre um campeonato de futebol, então digite quaisquer palavras que estejam no folheto, como "campeonato", "futebol" e a data. Clique em "pesquisar". O computador irá procurar em todos os documentos e listar aqueles em que essas palavras aparecem. Depois é só olhar a lista ou abrir todos os documentos encontrados até achar aquele que procura.

**672.** Outro atalho que o ajudará a economizar tempo é a função "localizar e substituir". Ela permite que você escolha uma ou várias palavras e verifique quantas vezes ela aparece. Você também pode substituir qualquer palavra por outra diferente. Digamos que você esteja digitando um documento e digite o nome de sua tia Manoela incorretamente: M-a-n-u-e-l-a em vez de M-a-n-o-e-l-a. Quando você termina de digitar o documento todo, percebe que escreveu o nome errado várias vezes. Em vez de perder tempo corrigindo cada palavra individualmente, escolha a função "localizar" e substitua cada "Manuela" por "Manoela".

**673.** A maioria dos softwares vem pré-programada com um modelo de documento pronto para usar. Digamos que você precise de uma folha de rosto para enviar por fax. Você pode usar um dos modelos e personalizá-lo. Portanto, antes de reinventar, verifique se o que você precisa já existe.

**674.** Não se esqueça de considerar os documentos que você já digitou como modelos também. Se você precisa digitar uma carta, em vez de fazer uma nova, abra uma antiga e modifique-a. (Quando você abrir e modificar um documento antigo poderá salvá-lo de duas maneiras diferentes. Primeiro, pode clicar em "salvar" para manter a nova versão do documento antigo. Também pode escolher "salvar como" para manter o documento original intacto e criar um novo arquivo com um nome diferente para o documento mais novo. Você não sabe qual escolher? Então escolha a opção "salvar como"; essa é a opção mais segura, já que o documento original não será alterado e você criará um novo arquivo para o novo documento.)

**675.** A ferramenta de autocorreção permite que você peça ao computador para digitar uma palavra ou frase específica quando digitar uma versão mais curta da palavra ou da frase. Por exemplo, se você tiver um nome muito comprido como Samantha K. Worthington e não quiser perder tempo digitando-o todas as vezes que quiser escrever o nome completo, programe o computador para que ele substitua automaticamente a sigla "SK" por "Samantha K. Worthington". Para isso, vá até "ferramentas" e selecione "autocorreção". Depois, quando a caixa se abrir, digite a abreviação e a palavra que deseja que a substitua. Nesse exemplo, a abreviação é "SK" e o texto que irá substituí-la é "Samantha K. Worthington". Você pode excluir a abreviação da lista quando quiser. (Ao escolher a abreviação, escolha uma pouco comum. Pedir ao computador para substituir as letras "DA" por "Davi Andrews", por exemplo, não é uma boa ideia, visto que o computador não pode distinguir entre a preposição "da" e sua abreviação. Você pode usar a combinação de letras que quiser para sua abreviação, então use algo como "QW" para "Davi Andrews", assim há menos chance de errar.)

**676.** Se você precisar classificar uma lista usando algum critério, digamos que por ordem alfabética, vá até menu, selecione "tabela" e depois clique no ícone "classificar" (as letras A e Z com uma seta).

**677.** Aqui vão alguns atalhos que vão ajudá-lo a economizar tempo quando você quiser sublinhar uma palavra, escrever um texto em negrito ou em itálico: use os ícones na barra de ferramentas. A letra escura "N" serve para escrever em negrito, o "I" serve para escrever em itálico e o "S" sublinhado, para sublinhar o texto.

**678.** Para mudar o tamanho da fonte (uma palavra sofisticada designando o tipo de letra), vá até o alto da página e clique na janela com o número dentro e uma seta ao lado. Quando você clicar na seta, irá aparecer uma lista com diferentes tamanhos de fontes para escolher. Quanto maior o número, maior o tipo de letra. A fonte 12 tem o tamanho adequado para a maioria dos documentos. Se você quiser ajustar o estilo da letra, clique na janela com o nome do estilo da fonte, que também tem uma seta ao lado. Quando clicar na seta, irá aparecer uma lista com os estilos de fontes para você escolher. Por último, para mudar a cor da fonte, clique no ícone que tem a letra "A" e uma barra colorida embaixo; ele também tem uma seta ao lado. Quando você clicar na seta, irá abrir uma caixa com todas as cores do arco-íris para você escolher. Depois que clicar na cor desejada, a barra embaixo da letra "A" irá mudar para a cor que você selecionou. Para fazer uma alteração em qualquer texto, apenas ilumine e clique no ícone correspondente à ação que você deseja fazer.

**679.** Se você quer numerar ou inserir marcadores em uma lista, apenas ilumine o texto e clique no ícone adequado. O ícone com os números 1, 2 e 3 serve para numerar as listas. O ícone com três bolas seguidas de três linhas serve para adicionar os marcadores.

680. Um jeito rápido de padronizar seu texto – seja alinhado à esquerda, à direita, centralizado ou justificado – é iluminar o texto e clicar nos ícones correspondentes a cada alinhamento. O ícone para alinhar o texto à esquerda mostra várias linhas alinhadas à esquerda com uma margem desigual à direita. O ícone para alinhar o texto à direita mostra exatamente o contrário. Para centralizar o texto, clique no ícone com as linhas centralizadas, com margens desiguais à direita e à esquerda. Por último, o ícone para justificar todo o texto mostra margens alinhadas à esquerda e à direita.

681. Quer aprender um jeito de encontrar os últimos arquivos em que trabalhou? Vá até a barra do menu e clique em "arquivo"; no final da caixa que se abrirá, haverá uma lista dos últimos quatro arquivos que você abriu. É só clicar no nome do arquivo que você quer abrir.

682. Não sabe bem como achar algumas dessas opções? Clique em "ajuda" e digite sua pergunta. Logo aparecerão algumas respostas relacionadas ao tema, é só escolher a resposta que está procurando.

683. Quando você aprender a usar uma ou mais dessas opções, prepare uma "cola" para você consultar quando preciso. Anote todos os passos necessários para acessar as funções e deixe o papel perto do computador, assim você poderá consultá-lo sem precisar olhar as instruções todas as vezes que desejar usar uma função.

684. Você pode adquirir e instalar em seu computador o software orb, que muda as cores com base nos critérios que você escolher. Por exemplo, se programá-lo para usar a cor vermelha quando houver notícias sobre o tráfego em sua região, você se manterá informado sem precisar sequer acessar a internet. Você encontra o orb no site www.ambientdevices.com.

**TENHA MAIS TEMPO DISPONÍVEL HOJE MESMO!**
1. Trate seus e-mails como faz com sua correspondência impressa e apenas verifique sua caixa de entrada uma ou duas vezes ao dia.
2. Aprenda a salvar arquivos no computador, assim você não precisará imprimir muito papel.
3. Crie uma pasta para você e uma para cada membro da família, assim todos poderão arquivar seus documentos.

**TENTE ISTO:**
Não fique sobrecarregado de e-mails; separe um tempo para tratar deles em vez de simplesmente lê-los e deixá-los acumular.

**REPITA COMIGO:**
"Farei o máximo que puder durante o tempo que separei para desempenhar a tarefa. Quando o alarme soar, esteja pronta ou não, mudarei para a próxima tarefa."

**Parte treze**

## Quando desconectar-se não é uma opção

De acordo com a agência de pesquisa Nielsen Media Research, os americanos assistem a mais de quatro horas de tevê por dia (ou 28 horas por semana). Isso significa dois meses seguidos de tevê por ano. Em 65 anos, os americanos terão passado o equivalente a nove anos inteiros grudados na tela! Até hoje, nenhum estudo conclusivo confirmou quantas horas perdem aqueles que não conseguem passar as fotos da câmera digital para o computador!

## 37. TELEFONES

**685.** Não dê o número do seu celular para qualquer um. Você não precisa ser encontrado por qualquer um o tempo todo. O excesso de ligações tira a concentração, obriga-o a fazer várias coisas ao mesmo tempo e lhe tira a oportunidade de ficar inacessível por um tempo. Você pode bloquear seu número, assim as pessoas que receberem sua ligação não poderão identificá-lo; com isso você evita que pessoas indesejáveis descubram seu telefone. Pergunte à sua operadora como obter esse serviço.

**686.** Coloque seu telefone sem fio na base após usá-lo e crie o hábito de recarregar seu celular sempre que chegar em casa. Você não vai mais perder tempo procurando-o, já que saberá onde encontrá-lo; além disso, a bateria do telefone estará sempre carregada quando você precisar dele.

**687.** Salve na agenda do seu celular os números das pessoas a quem você telefona com frequência, assim você vai gastar menos tempo tentando localizar o telefone delas. Especialistas em atendimentos emergenciais recomendam que as pessoas salvem o telefone de alguém – que deve ser avisado em caso de emergência – com o nome "A em emergência" (o "A" serve para o número ser o primeiro a aparecer na lista). Os profissionais vêm sendo treinados para olhar a lista dos telefones celulares. Você pode programar mais de um telefone usando números depois do nome ("A em emergência 1", "A em emergência 2", "A em emergência 3", e assim por diante).

**688.** A maioria dos celulares classifica os telefones por ordem alfabética. Assim, se você costuma ligar com frequência para Maria, tem de percorrer toda a lista até o M. Poupe tempo adicionando "A" ou "1" em frente de Maria; por exemplo, "A Maria". Assim o telefone dela estará entre os primeiros da lista. (Você pode usar o mesmo truque para nomes da mesma categoria. Por exemplo, você quer salvar o telefone de seus restaurantes favoritos. Em vez de salvá-los apenas pelos nomes e ter de procurá-los na lista toda, adicione "R" [seu código para restaurantes] em frente de cada nome: "R Alfredo's", "R Bistro", "R Casa do Marisco" etc.)

689. Se você vive perdendo seu celular no fundo da bolsa, coloque-o em uma capa com uma tira. Prenda a tira na alça da bolsa e coloque o celular dentro – assim ele sempre estará à mão.

690. Aprenda a mexer nos aplicativos do seu celular. Os aparelhos oferecem várias opções que o ajudarão a poupar tempo, mas você só poderá aproveitá-las se souber como funcionam. Tire um tempo para aprender a mexer no seu aparelho. (Sem tempo para ler o manual? Leve-o com você e leia uma página por vez ou ligue gratuitamente para o serviço de atendimento ao consumidor e pergunte quais são as melhores opções. É para isso que o serviço existe e os funcionários conhecem o aparelho melhor do que ninguém.)

691. Personalize os toques do seu celular, assim, quando o aparelho tocar, você verá se quem está ligando é sua irmã ou seu chefe. Desse modo você saberá se precisa parar o que está fazendo para atender ou se pode telefonar de volta mais tarde.

692. Use o alarme do seu aparelho para lembrá-lo de eventos importantes como aniversários ou de obrigações como sair para um compromisso ou fazer uma ligação.

**DEZ TRUQUES PARA SER ATENDIDO MAIS DEPRESSA PELOS SERVIÇOS DE ATENDIMENTO AUTOMATIZADO**

1. As teclas *, # ou 0 geralmente funcionam, embora às vezes elas sirvam apenas para finalizar uma ligação.
2. Fale. Muitos serviços de atendimento usam o serviço de reconhecimento de voz, assim você pode chamar um representante, um atendente ou o serviço de atendimento ao consumidor.
3. Não grite; se gritar, sua voz ficará destorcida e a pessoa do outro lado da linha não conseguirá entendê-lo.
4. Não sussurre. O software que reconhece sua voz não conseguirá entendê-lo e transferirá a ligação a um representante.
5. Aguarde na linha e não aperte nenhum botão; o serviço de telefone irá presumir que você tem dúvidas e o transferirá a um funcionário do serviço de atendimento ao consumidor ou à(ao) telefonista.
6. Caso possível, selecione a opção bilíngue, assim você será atendido mais rapidamente do que se escolher um atendente que fale apenas português.
7. Use o serviço 0800; geralmente o tempo de espera é menor.
8. Escolha a opção errada e peça ao atendente para esperar na linha enquanto ele ou ela transfere sua ligação; você passará na frente na fila.
9. Telefone fora dos horários de pico.
10. Visite o site www.inmetro.gov.br para obter informações sobre os serviços de atendimento ao consumidor de várias empresas.

**693.** Ponha um fim às ligações desagradáveis dos serviços de telemarketing, que sempre surgem em hora errada. Peça para retirarem seu nome da lista de contatos da empresa que ligar para você.

**694.** Poupe o tempo que você gasta subindo e descendo as escadas para atender ao telefone em casa. Tenha pelo menos um telefone em cada piso.

**695.** Coloque uma folha de papel-carbono em um caderno de recados e deixe-o perto dos telefones de casa. Estabeleça uma regra doméstica: todos devem anotar os recados no caderno. Deixe o original em um local onde a pessoa a quem se destina o recado possa vê-lo e mantenha a cópia carbono no caderno. Assim, caso o original desapareça ou você precise consultar a mensagem, ela estará à mão.

**696.** Aproveite o viva-voz e os fones de ouvido do seu telefone, caso essas opções estejam disponíveis. Assim suas mãos estarão livres para fazer outra coisa enquanto você fala ao telefone ou aguarda para ser atendido; você pode abrir as correspondências, guardar as compras ou dobrar a roupa limpa.

**697.** Designe uma hora para ligar e responder aos telefonemas recebidos. Escolha a hora mais conveniente para você; aproveite o tempo para preparar o jantar enquanto fala com o auxílio de um fone de ouvidos ou para levar seu cachorro para passear enquanto conversa ao celular.

**698.** Use a secretária eletrônica para selecionar as ligações. Assim você poderá ligar de volta apenas em um momento mais conveniente para você. Não é porque o telefone toca que você precisa atendê-lo.

**699.** Use a discagem rápida de seus aparelhos de telefone e fax (se você tiver um). Você vai compensar o tempo que gastará para programar os aparelhos quando for fazer uma ligação e não precisar discar todos os números do telefone. (Quando você ler o manual e aprender a salvar os números em seu telefone, anote os passos necessários ou faça uma cópia da página do manual e deixe-a por perto, assim você não precisará reler o manual se quiser alterar algum número no futuro.)

700. Não tenha medo de simplesmente dizer: "Adoraria conversar, mas agora não posso. Posso telefonar mais tarde?". Não é preciso inventar desculpas.

701. Quando telefonar para uma empresa, ao ser atendido por uma pessoa, a primeira coisa que deve perguntar é o nome do(a) funcionário(a) e o número direto para ligar de volta e falar com ele(a) caso a ligação caia por alguma razão.

702. Pare de perder tempo brincando de pega-pega no telefone. Pergunte à pessoa quando é o melhor momento para ligar de volta, assim você terá mais chance de localizá-la.

703. Instale um detector de chamadas para saber quem está ligando; desse modo será muito mais fácil identificar a pessoa e atendê-la apenas se você quiser.

704. Se você estiver muito atrasado para conversar com um(a) amigo(a) mas mesmo assim quiser entrar em contato com ele(a) ou se estiver sem tempo para falar com um amigo tagarela, mande uma mensagem. Assim você entrará em contato, mas não perderá tempo. (Envie mensagens de texto com parcimônia; às vezes é mais demorado trocar mensagens do que dar um telefonema.)

## 38. TELEVISÃO

**705.** Quer ganhar 52 horas por ano? Apenas desligue a televisão por uma hora além do que costuma todas as semanas. Rápido! Você terá 52 horas a mais para gastar!

**706.** Desligue a televisão assim que o programa terminar; não seja pego pelo próximo programa.

**707.** Prefira o rádio à televisão. O rádio você só precisa escutar, enquanto a televisão você precisa escutar e assistir; portanto, você poderá desempenhar outras tarefas quando o rádio estiver ligado.

**708.** Se seus filhos adoram assistir à televisão, tente implementar uma nova regra doméstica: o uso de bilhetes que lhes permitam assistir a tevê. Assim como elas fazem com os bilhetes para um parque de diversões, as crianças podem trocar os bilhetes por algum tempo em frente à tevê. Por exemplo, se você estabelecer como regra que elas só podem assistir a sete horas de televisão por semana, imprima 14 bilhetes que valem meia hora cada e distribua às crianças no início da semana. Elas devem trocar um bilhete por cada meia hora de televisão quando quiserem. Quando os bilhetes acabarem, não será permitido ver mais televisão até a próxima semana. (Essa pode parecer uma atitude radical, mas tente implementá-la por uma semana ou duas; as crianças irão aderir rapidamente à nova regra e descobrir maneiras mais criativas de passar o tempo. As exceções à regra podem ser filmes ou programas assistidos junto com a família.)

709. Grave seus programas favoritos e pule os comerciais quando for assisti-los, assim você economizará bastante tempo.

710. Pare de procurar seus controles-remotos. Escolha um lugar para guardá-los e sempre recoloque-os lá quando acabar de usá-los. Um cesto decorativo, uma mesa de canto ou de centro servem.

## 39. Fotos e câmeras

**711.** Aprenda a usar a câmera. Tanto faz se você prefere ler o manual, pedir ao vendedor que o ensine a mexer na câmera, frequentar um curso ou telefonar para a empresa para pedir auxílio ao serviço de atendimento ao consumidor. O importante é aprender como ela funciona, assim você economizará bastante tempo.

**712.** Antes de guardar cabos e fios, tire um momento para etiquetá-los. Anote o aparelho a que pertencem e a data atual, assim no futuro você poderá consultar a lista para lembrar há quanto tempo comprou a câmera e se ainda a tem. (Enrole uma fita em volta do cabo e use-a como etiqueta; pode ser bastante útil.)

**713.** Etiquete os cabos antes de conectá-los. Na próxima vez que for desconectá-lo, ele estará identificado e você não precisará testar todos os cabos depois para ver qual é o certo.

**714.** Uma sacola grande com fecho hermético é o lugar perfeito para guardar os acessórios e os manuais de instrução das câmeras. Coloque-os na sacola, etiquete-a e guarde-a bem. Você também pode guardar os recibos na sacola. (Uma boa ideia é dobrar a caixa da máquina e guardá-la na mesma sacola, assim se precisar devolver ou trocar a câmera terá tudo de que precisa em um único lugar.)

**715.** Economize tempo quando for preencher o certificado de garantia. Em vez de tentar espremer as letras do seu nome nas pequenas linhas do certificado, cole uma etiqueta com o endereço e mande-o pelo correio.

716. Não perca tempo procurando determinada fotografia nas caixas de fotos; será mais fácil guardar as fotos novas se você organizá-las.

717. Se você quiser fazer um álbum de fotos personalizado (scrapbook), economize tempo: separe todo o material e deixe-o pronto para o uso. Assim, quando você tiver tempo para dedicar à atividade, não vai precisar perdê-lo juntando todos os objetos de que precisa.

718. Não organize suas fotos ou seu álbum personalizado de uma só vez, senão você ficará sobrecarregado. Se pensar "é tudo ou nada", nunca irá começar, pois esta lhe parecerá uma tarefa impossível de realizar.

719. Quando for organizar suas fotos, seja bastante seletivo e fique apenas com as nítidas, que não estejam fora de foco. Não guarde as cópias mal tiradas, assim você terá menos fotos para arrumar. (Quando for tirar fotos, evite tirar cinco iguais, a menos que sejam fotos muito importantes, como as de um casamento.)

720. Escolha um método para arrumar suas fotos e seja fiel a ele, assim você não precisará pensar em como organizar as novas e economizará tempo quando precisar encontrar determinada foto. Organizar cronologicamente é o jeito mais comum de arrumá-las e o ajudará a economizar muito tempo. (Quando selecionar, cole uma etiqueta atrás de cada uma para lembrar o nome das pessoas ou o momento em que a foto foi tirada. Anotar as informações quando você se lembrar delas fará com que você não precise se esforçar para relembrá-las depois.)

**ISTO FUNCIONOU PARA ELA:**
"Eu uso um programa para selecionar e organizar as fotos digitais semelhante a uma caixa de verdade. O programa oferece várias opções e benefícios."

*Sandra Donofrio, Nova Jérsei*

**721.** Identifique cada caixa e envelope de fotos, assim você as encontrará com mais facilidade. Além disso, se você decidir organizá-las em um álbum personalizado, encontrará as fotos de que precisa.

**722.** Quando usar a câmera digital, crie o hábito de passar as fotos para o computador assim que chegar em casa. Se você as imprimir em casa, também faça isso imediatamente. Se adiar a tarefa, vai transformar um trabalho relativamente simples em algo complicado de realizar. (Quando tirar fotos digitais, apague as que não saírem boas logo que repassá-las. Não faz sentido guardá-las se não gostou delas.)

**723.** Use o serviço online de revelação de fotos. Você pode utilizar o serviço enviando as fotos digitais por email ou descarregando as fotos no próprio FTP do site; eles revelarão e as enviarão pelo correio para sua casa.

**724.** Poupe tempo e leve etiquetas com seu endereço para colar no envelope das fotos, assim você não precisará preenchê-los à mão. Além disso, se você costuma revelar os filmes no mesmo local, leve alguns envelopes com você e deixe-os preenchidos, assim da próxima vez que você for revelar um filme é só colocá-lo no envelope.

**725.** Escolha um lugar para deixar os filmes que você precisa levar para revelar. Em vez de jogá-los em uma gaveta e deixá-los acumular, mantenha suas fotos em dia, é só guardar os filmes e levá-los com você quando for sair para realizar tarefas na rua.

726. Se organizar as fotos for prioridade agora, anote no calendário o horário que irá separar para fazer essa tarefa em cada mês. Se você não fizer isso, arrumar as fotos será mais uma tarefa que deixará para fazer mais tarde; e mais tarde não chega nunca. Se esta não for uma prioridade, livre-se da culpa que sente por não organizar as fotos. Não há nenhum problema em ocupar-se vivendo e criando novas memórias em vez de gastar tempo guardando as antigas.

727. Quando você descarregar suas fotos digitais, dê-lhes nomes que reconheça facilmente. O computador geralmente as nomeia com números e/ou letras, mas eles não significam nada para você. Portanto, para que você não precise procurar uma foto entre centenas de outras, use termos familiares para nomeá-las. Troque o nome "XYZ123" por "Luís e Ana empinando pipa julho 2006", que é específico o bastante para ajudá-lo a identificar a foto que você está procurando. (Use um programa para organizar as fotos digitais em pastas por data ou categorias.)

728. Mantenha uma caixa com fotos que seus filhos possam usar em trabalhos escolares. Quando eles precisarem de fotos para um trabalho autobiográfico, você não precisará perder tempo procurando ou fazendo cópias das fotos.

729. Carregue uma bolsa com um álbum de fotografia e um envelope de fotos com você. Sempre que tiver um tempo livre (enquanto espera o começo de uma reunião, para ser atendido no consultório médico ou para pegar seus filhos na aula de ginástica) você pode colocar algumas fotos no álbum.

730. Economize tempo ao desempenhar a difícil tarefa de proteger e preservar suas fotos mais estimadas de intempéries, mudanças climáticas e panes no computador. Armazene essas fotos em caixas vedadas à luz solar e coloque-as em álbuns que não contenham ácidos. Nunca use álbuns "magnéticos"; você vai perder muito tempo descolando as fotos e terá de usar uma solução especial para dissolver a cola adesiva.

**TENHA MAIS TEMPO DISPONÍVEL HOJE MESMO!**
1. Procure selecionar suas ligações.
2. Desligue a televisão assim que terminar de assistir ao programa, assim você não será atraído pela próxima atração.
3. Aprenda a usar sua câmera fotográfica.

**TENTE ISTO:**
Estabeleça um método para organizar as fotos novas e seja fiel a ele. Depois, aos poucos, coloque todas as fotos em ordem.

**REPITA COMIGO:**
"Sinto mais prazer em viver e criar novas memórias do que em ficar preocupado em organizar as velhas lembranças."

**Parte catorze**

## Você está deixando de ganhar um aumento salarial e uma promoção?

Não importa se você trabalha em um escritório e quando volta para casa ainda tem de agir como o "diretor-geral da sua casa" ou se você trabalha o dia todo em casa como diretor-geral independentemente de ter ou não outra empresa sediada em casa, você sabe que tempo é dinheiro. Um bom exemplo para ilustrar essa ideia é descobrir o quanto vale seu tempo; uma vez que você saiba a resposta, terá menos chances de perder outro minuto. Veja esta conta simples: pegue seu salário anual e divida-o pela média do número de horas que você trabalha (ou deseja trabalhar) por ano; se você trabalha 40 horas por semana, então trabalha cerca de 1.920 horas, contando os feriados e duas semanas de férias. Para calcular o valor de cada minuto, pegue o quanto você ganha por hora e divida por 60. Por exemplo, se seu objetivo é ganhar R$ 80.000 por ano e trabalhar 25 horas por semana (durante 52 semanas), divida R$ 80.000 por 1.300, o que significa uma média de R$ 61,50 por hora e R$ 1,02 por minuto. Portanto, quando você perder alguns minutos lendo e-mails sem importância ou conversando no telefone com um vendedor de telemarketing, estará perdendo mais de dois reais. Isso poderá ajudá-lo a administrar seu tempo com mais inteligência.

## 40. O CHÃO NÃO É O MELHOR LUGAR

731. Sempre que alguém lhe der um cartão, anote atrás a data em que você o recebeu, assim mais tarde você saberá se as informações são atuais ou não. Arquive os cartões em um fichário tipo Rolodex® e classifique-os por categoria, já que você pode não se lembrar do nome da pessoa ou da empresa. Economize tempo e insira o cartão na folha de plástico do fichário ou grampeie-o na ficha do Rolodex® em vez de copiar toda a informação.

732. Guarde as recordações pessoais como porta-retratos em outro lugar que não sua escrivaninha. É sempre mais difícil encontrar um objeto quando há muita coisa em volta, portanto deixe apenas os objetos essenciais à mão.

733. Pendure um varal decorativo perto da sua escrivaninha, assim você poderá deixar os objetos à vista e manter sua mesa livre. Pendure anotações, fotografias pessoais, informações que você consulte com frequência e outros itens que você queira manter à mão, mas que somem quando enfiados em uma pilha em cima da sua mesa.

734. Anote em vermelho na etiqueta do arquivo a data após a qual você poderá jogar o arquivo fora. Essa data valerá como a data de validade do arquivo, assim não precisará perder tempo verificando todo o arquivo para saber se precisa mantê-lo ou não.

735. Guarde pouca coisa nas gavetas da sua escrivaninha. Coloque todo o material excedente em ou-

tro lugar e vá repondo o conteúdo da sua gaveta aos poucos. Quando você lota sua gaveta de coisas perde tempo para encontrar o que precisa.

**736.** Deixe bilhetes para você mesmo com o intuito de lembrá-lo de como e onde encomendar o material de reposição do escritório. Digamos que você encomende os cartuchos para fax modelo 123 da empresa XYZ. Como você não os encomenda com frequência, provavelmente precisará procurar as informações na próxima vez que for repô-los. Em vez disso, deixe um bilhete no último cartucho, assim, quando abrir a caixa, terá à mão as informações necessárias para fazer o pedido.

**737.** Faça uma "cola" de como realizar as tarefas. Por exemplo, se você não tem o hábito de enviar faxes, talvez não se lembre de como posicionar o papel quando for mandar um, portanto perderá tempo tentando encontrar o manual ou arriscando. Em vez disso, deixe uma folha com as instruções na máquina de fax ou tire uma fotocópia de página do manual de instruções e mantenha-a por perto.

## 41. Reuniões

**738.** Sempre que der, mande uma pessoa para representá-lo nas reuniões e peça que ela lhe prepare um relatório depois. Se isso não for possível, pergunte se alguém pode gravar a reunião para você ouvi-la enquanto trabalha ou a caminho do escritório.

**739.** Sempre que possível, prefira as teleconferências aos encontros pessoais. Com toda a nova tecnologia disponível, incluindo a internet e os equipamentos de videoconferência, você não precisa estar na mesma sala para encontrar um grupo de pessoas.

**740.** Procure marcar a reunião para uma das horas mais produtivas do dia; a reunião será mais curta e todos assimilarão melhor as informações. Marcá-las para logo cedo é melhor do que em um horário como as três da tarde, quando a atenção das pessoas diminui. (Procure se levantar e alongar-se a cada 30 minutos; as pessoas geralmente só conseguem manter a atenção durante esse tempo.)

**741.** Se a reunião não for demorar muito, conduza-a de pé, assim ela será menos formal e mais rápida. Para economizar ainda mais tempo, chame apenas as pessoas necessárias; quanto menos pessoas, mais rápida a reunião.

**742.** Antes da reunião, distribua a pauta do dia e anote o tempo destinado à discussão de cada tópico. Escreva o horário inicial e final na pauta. Anote em negrito se alguém for responsável por trazer algo à reunião. (Designe alguém para controlar o tempo; essa pessoa também será responsável por manter a reunião no horário. Em cada reunião, escolha uma pessoa diferente para a tarefa.)

**743.** Designe uma pessoa para fazer as anotações na reunião e distribuí-las em 48 horas. Certifique-se de que as ações decorrentes foram anotadas em negrito.

**744.** No começo da reunião, peça a todos que desliguem o celular e os programem para vibrar. Quanto menos interrupções, mais rápida a reunião será.

**745.** Deixe um tempo no final da reunião para o debate, assim todos esperarão o momento de falar. Provavelmente as dúvidas serão esclarecidas em algum momento durante a reunião, antes de começar a sessão de perguntas.

**746.** Se alguém tiver uma pergunta muito específica, peça para conversar a sós depois da reunião. Assim a reunião não ultrapassará o horário e as pessoas não ficarão presas a um assunto que não lhes interessa.

**747.** No final da reunião, retome rapidamente o que foi discutido e as responsabilidades de cada um. Aproveite que todos estão na mesma sala e esclareça o que não ficou claro, verifique se alguém ficou sobrecarregado ou entendeu o cronograma incorretamente e economize horas depois.

## 42. Processo automatizado

**748.** Utilize bem sua secretária eletrônica e grave uma mensagem que seja útil para quem lhe telefona. Por exemplo, grave na mensagem o horário que você costuma voltar para casa, assim as pessoas saberão quando lhe telefonar. Peça para as pessoas deixarem um recado dizendo qual a melhor hora para você ligar de volta e pare de brincar de pega-pega pelo telefone. Avise a quem a pessoa deve procurar para obter ajuda e para quem ela deve ligar para resolver outros assuntos; por exemplo, se as pessoas sempre telefonam para você quando na verdade deveriam ligar para seu colega, deixe gravado na mensagem os contatos dele. Por último, inclua as informações que geralmente lhe pedem, como o número do seu fax ou seu site na internet.

**749.** Se você precisar parar de trabalhar por um instante, coloque um post-it no arquivo ou nos papéis, assim você saberá exatamente onde parou quando voltar a trabalhar e não precisará perder tempo até descobrir o que deve fazer.

**750.** Quando passar um projeto a um colega ou a um assistente, cole um post-it explicando o que a pessoa deve fazer; isso evitará erros de comunicação e diminuirá o tempo que ele(a) gastará para descobrir qual o próximo passo.

**751.** Faça listas de conferência das tarefas que você costuma cumprir. Guarde essas listas em um fichário e use-as como seu guia pessoal de consultas. Sempre que precisar refrescar a memória sobre como realizar determinada tarefa, você terá suas próprias diretrizes anotadas. (Reúna as listas e crie seu manual; elas também servirão para descrever o trabalho – deixando-as à mão elas poderão economizar seu tempo ao mostrar como administrar todas as suas obrigações.)

752. Guarde todas as listas com telefones, horários e outros papéis com informações que você consulta com frequência em um fichário perto de sua mesa. Poupe ainda mais tempo ao colocar as folhas em protetores plásticos em vez de furá-las individualmente.

753. Se você perde tempo confirmando o recebimento de e-mails, programe seu e-mail para enviar uma resposta automática ao remetente. Você pode personalizar essa resposta e escrever algo como: "Recebi seu e-mail e enviarei a resposta amanhã, a menos que você tenha me pedido para responder-lhe antes disso. Obrigado".

754. Em vez de perder tempo digitando seu nome completo e outros dados no final de cada e-mail, programe uma assinatura automática, assim cada mensagem que você mandar incluirá sua assinatura. Adicione à sua assinatura as respostas às perguntas feitas com mais frequência e economize tempo, já que as pessoas não precisarão procurá-lo diretamente para lhe fazer as perguntas. (Você pode ter mais de uma assinatura e selecionar a que quer usar em cada e-mail; ainda assim economizará mais tempo do que se tiver de digitar todas as informações.)

755. Aprenda a usar sua impressora. Por exemplo, em vez de perder tempo imprimindo etiquetas para depois ter de colá-las nos envelopes, aprenda a colocar os envelopes na impressora para imprimir o endereço. Se sua empresa tem um departamento de informática, peça ajuda.

**756.** Para garantir que você não sairá tarde do trabalho, peça a um colega que costume ir embora em um horário que você considera razoável avisá-lo antes de sair, assim os dois poderão ir embora juntos.

### TENHA MAIS TEMPO DISPONÍVEL HOJE MESMO!
1. Tire as cadeiras da frente da sua mesa, assim você não as usará para empilhar objetos e ninguém irá parar para conversar com você.
2. Fique em pé quando tiver reuniões rápidas – como ficar sentado é mais confortável, as pessoas tendem a demorar mais quando se sentam. Procure andar e conversar com alguém enquanto busca uma xícara de café.
3. Deixe as instruções dos aparelhos por perto, assim você não terá de reler o manual todas as vezes que for usá-los.

### TENTE ISTO:
Aproveite produtivamente o tempo que gasta para ir ao trabalho, não importa quão longo ele seja. Há várias coisas que podem ser consideradas produtivas além do trabalho. Você pode ouvir uma música relaxante, um audiolivro ou mesmo ficar quieto por um tempo; apenas desligue o rádio e não pense em nada.

### REPITA COMIGO:
"Estarei pronto 15 minutos antes de sair para o trabalho, assim sairei na hora."

**Parte quinze**

## EU DISSE ISSO UM MINUTO ATRÁS

A maioria das pessoas gasta 90 minutos por dia procurando objetos perdidos ou guardados no lugar errado! Isso é um desperdício de tempo absurdo! E se você pudesse recuperar pelo menos alguns desses minutos perdidos?

## 43. Passo um para controlar a bagunça: Cada qual com seu igual

**757.** Quando for arrumar um lugar, trabalhe em períodos de 18 minutos. Em vez de esperar até ter muito tempo disponível, o que raramente acontece, concentre-se em uma tarefa por pouco tempo. Acerte um *timer* e mãos à obra. Quando o alarme soar você pode acertá-lo para tocar após 18 minutos novamente ou parar, sabendo que você avançou e que pretende terminar o trabalho depois.

**758.** Uma maneira de tornar as coisas piores é tirar tudo do lugar sem dispor de tempo o suficiente para guardar de volta depois. Em vez disso, arrume um espaço pequeno por vez e tire poucas coisas do lugar; se você tirar tudo do lugar não terá tempo para guardá-las de volta e o lugar ficará pior do que antes de você começar a arrumação. A regra só não vale para o caso de você estar trabalhando em um projeto grande, como limpar a garagem, e ter bastante tempo e ajuda disponível. Esse é um trabalho para o dia inteiro e você não conseguirá tirar e arrumar tudo no lugar de uma só vez.

**759.** Se você dispuser de mais tempo, como algumas horas, então trabalhe durante esse tempo. O objetivo é trabalhar em períodos de tempo menores e constantes; mas, se você tiver mais tempo para dedicar ao projeto, vá em frente. Apenas certifique-se de que, não importa de quanto tempo você disponha, sobrará tempo para deixar tudo arrumado; você não quer deixar os objetos espalhados pelos cantos, o que significa mais bagunça e mais tempo gasto limpando ou arrumando as coisas.

**760.** Deixe o material à mão antes de começar, assim você não precisará deixar o lugar para buscar alguma coisa; se você sair pode se distrair e não conseguir voltar ao trabalho. Mantenha por perto coisas como sacos de lixo, papel e caneta, um *timer*, água, telefone (se você não resistir e quiser saber quem está ligando) e caixas vazias ou cestos de roupa para separar os objetos.

**761.** O que você deve fazer durante os 18 minutos? Agrupar os objetos da mesma categoria. Nesse momento você deve descobrir exatamente o que tem, não é hora de decidir o que deve guardar e o que deve jogar fora – você fará isso depois. Quero que trabalhe em fases; como começar em geral é o mais difícil, comece pela tarefa mais fácil, que é reunir os objetos. Se você tiver dificuldade para decidir o que deve ser agrupado com o que, pense em uma loja e no que pertence a cada corredor. Em uma loja de calçados, todos os sapatos chiques ficam em um corredor e os esportivos, em outro, portanto faça duas pilhas – uma para cada tipo de sapato. Não tem erro, portanto comece e tente.

**762.** Quando estiver arrumando um lugar, certamente irá se deparar com um ou dois objetos que não conseguirá classificar; você simplesmente não terá ideia do que é ou mesmo a quem pertence. Em vez de tentar descobrir as respostas, faça uma pilha para os "objetos que não sei o que são". Isso vai ajudá-lo a se manter no horário e a cumprir a tarefa.

**763.** Você também vai encontrar objetos que pegou emprestado ou que alguém deixou em sua casa. Faça uma pilha para "objetos que precisam ser devolvidos aos donos". Depois, é só separar cada objeto e entregá-los aos donos.

764. Durante esse trabalho, algumas pessoas contam que encontram itens que precisam ser devolvidos, como um livro que deveria ter sido devolvido à biblioteca há tempos, uma blusa que não serve e assim por diante. Adivinhe – faça outra pilha para "objetos que precisam ser devolvidos".

765. Faça outra pilha para as "coisas a fazer" e coloque nela os objetos de que você precisa cuidar depois. Essa pilha costuma ser maior quando arrumamos papéis, já que sempre encontramos projetos não finalizados na pilha de papéis.

766. Sempre que você encontrar um objeto que precise de conserto, coloque-o na pilha "conserte-me". Nessa pilha irão os objetos que precisam de reparo, como um vestido rasgado, um livro cuja capa esteja rasgada, um jogo sem bateria, entre outros.

767. Por último, faça outra pilha para os objetos que devem ser guardados em outro cômodo. Lembre-se, sugeri que você não saia do cômodo que estiver arrumando. Faça uma pilha enquanto organiza o local e distribua os objetos nos outros cômodos depois, quando acabar o tempo de 18 minutos.

768. Você deve estar pensando em por que sugeri que fizesse todas essas pilhas pequenas. Bom, porque isso faz parte do tema "cada qual com seu igual". Todas essas pequenas pilhas têm algo em comum. Se você agrupar todos esses objetos, só terá de separá-los de novo mais tarde.

769. Esse não é o momento de decidir o que deve ou não permanecer com você. Trata-se de um desafio muito grande para esse momento, já que você ainda não sabe

tudo o que tem. Em vez disso, descubra primeiro o que você tem enquanto arruma as coisas; depois descobrirá o que manter e o que doar.

**770.** Você irá encontrar itens que certamente precisam ser descartados; deixe um saco de lixo à mão e jogue-o fora depois. Procure não acumular muitos sacos de lixo no cômodo, eles só servirão para guardar mais bagunça e você se sentirá tentado a vasculhá-los depois. Além disso, se você acumular muitos sacos, jogá-los no lixo lhe parecerá uma tarefa difícil de cumprir.

**771.** Talvez você encontre objetos em bom estado que podem ser doados. Separe-os em uma sacola e etiquete-a; assim, se você tiver duas sacolas, uma com lixo e outra com objetos para doação, não irá confundi-las.

**772.** Quando você tiver organizado as pilhas verá quanta coisa tem e perceberá que muitos objetos são repetidos; portanto, fique com o que estiver em melhor estado e se livre do restante.

**773.** Quando os 18 minutos ou mais tiverem passado, arrume tudo e deixe os objetos pelo menos no estado em que os encontrou.

**774.** Tirar fotos do lugar antes, durante e depois de arrumá-lo pode ser bastante útil. Elas o motivarão a manter tudo organizado, e quando o trabalho ficar pesado você poderá olhar as fotos e ver a diferença que seu trabalho está fazendo.

**775.** Quando precisar interromper uma tarefa, pare antes de terminar de fazer a última obrigação, assim, quando voltar, saberá onde parou. Por exemplo, se você estiver tirando as caixas de uma prateleira, pare antes de tirar a última caixa. Quando você voltar, saberá exatamente por onde recomeçar e se sentirá mais motivado a retomar o trabalho. Se for interromper a tarefa por muito tempo, então deixe um bilhete para você se lembrar de onde parou.

776. Etiquete as sacolas enquanto faz a arrumação; isso é muito importante. Como os objetos empilhados são parecidos, você pode confundir o saco de doações com o saco de lixo e precisará vasculhá-los para descobrir qual é qual, o que o fará perder tempo.

## 44. Passo dois para controlar a bagunça: Guarde apenas o que você usa e gosta

**777.** Guarde o que tiver de melhor e livre-se do resto. Você precisará guardar apenas o que costuma usar e gostar. Precisará ser bastante honesto com você mesmo ao verificar o que de fato usa. Conforme organiza suas coisas, pergunte-se: "Quando foi a última vez que usei isto?" "Já tenho algo parecido?" "Isto realmente faz meu estilo?" "Alguém poderia aproveitá-lo melhor ou usá-lo mais do que eu?" "Isto ainda me serve?" "Está em bom estado, falta algum detalhe, sei como usá-lo?"

**778.** Descubra o que você já tem, assim não perderá mais tempo e dinheiro comprando itens repetidos. Designe um lugar para cada objeto e devolva-o quando terminar de usá-lo, assim irá encontrá-lo da próxima vez.

**779.** Acabe com a bagunça ao guardar os itens nos respectivos lugares. Você já reparou que quando deixa um objeto fora do lugar aparecem em volta outras coisas quase imediatamente, aumentando a quantidade de bagunça para guardar depois? Geralmente deixamos algo fora do lugar com a intenção de guardá-lo depois, mas nunca fazemos isso. Ao designar um lugar onde as coisas possam ser guardadas facilmente você não precisará fazer isso depois, já que será mais conveniente guardá-las logo depois de usá-las. Por exemplo, após pendurar um quadro na parede, guarde a chave de fenda em uma caixa de ferramentas e deixe-a convenientemente na cozinha em vez de jogá-la em um canto enquanto espera por uma hora adequada para levá-la à garagem.

780. Evite ter de telefonar várias vezes para as instituições de caridade para que busquem as doações e marque uma hora para eles fazerem isso. Se você souber exatamente quando eles irão buscar as doações, arrumará as coisas a tempo e tudo estará pronto na hora marcada.

781. Guarde os objetos onde você os utiliza e acabe com as idas desnecessárias a outros cômodos para procurar o que você precisa. Por exemplo, se você escova os dentes antes de sair, deixe uma escova e uma pasta de dentes extras no banheiro do andar de baixo, assim você não precisará subir para escovar os dentes. Desse jeito não gastará mais tempo procurando o que precisa nem vai correr o risco de esquecer o que foi fazer no outro cômodo, o que pode fazer a tarefa demorar duas vezes mais para ser cumprida.

782. Etiquete tudo: latas, cestos, prateleiras, gavetas e recipientes, assim você irá poupar tempo de duas maneiras. Primeiro, vai encontrar o que precisa rapidamente; segundo, se sentirá menos tentado a guardar um objeto em um lugar errado, já que, acredite ou não, temos tendência a guardar as coisas no lugar certo. A etiqueta ajudará a evitar que outros lugares se transformem em depósitos de bagunça.

783. Decore isto: "cada qual com seu igual". Sempre agrupe os itens similares. Aqui vão alguns exemplos: guarde as contas sempre no mesmo lugar, longe das outras correspondências; mantenha todos os jeans na mesma parte do armário, assim você os encontrará com facilidade; use uma prateleira para os livros da biblioteca e mantenha-os separados dos seus livros.

784. Meça as caixas e os materiais usados para organização antes de comprá-los. Você corre o risco de perder

muito tempo se comprar caixas e produtos que não servem para o que planejou. Depois você perderá mais tempo para devolvê-los ou o dinheiro investido.

**785.** Determine a quantidade de cada item que você quer ter em casa e por quanto tempo quer mantê-los. Quando estabelecer as diretrizes para sua casa, só precisa aplicá-las, assim evitará os longos debates sobre o que guardar e o que descartar. Por exemplo, se você decidir assinar apenas três revistas mensais por vez não vai precisar perder tempo decidindo se deve ou não assinar uma quarta revista. Ou, se você sabe que só tem espaço para armazenar 12 rolos de papel toalha, mesmo que haja uma superliquidação no supermercado você não irá comprar mais do que pode guardar.

**786.** Organize um baú para você. Pode ser uma caixa ou um recipiente onde você possa guardar todas suas memórias que acumulou durante os anos; as lembranças de viagens, as camisetas puídas preferidas, os cartazes. Se você tiver um lugar para guardar as lembranças que lhe são caras não precisará perder longos períodos decidindo se deve ou não manter um objeto por razões sentimentais. (Dê a cada pessoa da casa seu próprio baú para que ela possa guardar suas memórias.)

**787.** Se você perde tempo pensando se deve ou não ficar com objetos que talvez use um dia, organize uma "caixa do quem sabe". Guarde nela os objetos que tem quase certeza de que quer manter, mas que não está muito certa se serão úteis um dia. Mantenha a caixa fechada com fita adesiva; escreva no lado de fora tudo o que guardou dentro dela e crie um prazo de validade dos objetos (cerca de seis ou doze meses). Guarde a caixa. Se precisar dos objetos, você os terá guardados, se não mexer neles até a data de validade, dê a caixa toda sem olhar o que tem dentro.

788. Deixe os telefones e o horário de coleta das instituições de caridade perto do telefone. Você pode inclusive deixar anotado o tipo de objeto que elas aceitam ou não. Assim, quando tiver uma sacola de objetos que deseja dar a quem os aproveite e goste mais deles, não terá de perder tempo procurando essas informações.

789. Se você prefere vender um objeto, talvez seja melhor pensar em uma opção que consuma menos tempo que um bazar. Embora os bazares sejam divertidos, dê uma olhada nos sites de venda pela internet. Se você não está familiarizado com todos os trâmites necessários para efetuar uma venda online, deixe o objeto em uma loja que possa vendê-lo; você só terá de pagar uma comissão para a loja.

790. Trocar roupas com os amigos é um jeito maravilhoso de se socializar enquanto você se livra de uma roupa que não usa ou gosta muito, e você ainda pode pegar algo que use e goste. Faça uma lista com o nome de amigos e familiares e mande um convite eletrônico para cada um, assim você não terá de escrever os convites. Peça que eles tragam um número específico de itens e, quando chegarem, exponha os objetos na "loja", que você pode organizar destinando um espaço diferente para cada área da loja. Depois dos aperitivos, todos podem escolher os itens e encher as sacolas que trouxeram. No final da noite, pegue os itens que ninguém quis e doe-os a instituições de caridade.

## 45. Passo três para controlar a bagunça: Mantenha o novo método

**791.** Depois de fazer esforço para arrumar um lugar, você quer que ele continue organizado, certo? Como não vai querer perder tempo ao ter de fazer mais esforço para arrumá-lo novamente, esforce-se para mantê-lo assim.

**792.** A regra dos dois minutos é um ótimo jeito de manter as coisas sob controle. Essa regra diz que se você pode realizar uma tarefa em dois minutos ou menos deve terminá-la imediatamente. Imagine quantas coisas você pode realizar usando essa regra durante o dia, assim terá menos coisas esperando por você. Poderá confirmar sua presença em um evento, pendurar o casaco logo que chegar, colocar o copo na lava-louças em vez de deixá-lo em cima da pia, selecionar a correspondência e descartar o que não lhe interessa, destruir papéis que contenham informações importantes e muito mais.

**793.** Deixe espaço livre para guardar as coisas novas, assim você economizará tempo. Quando adquirir mais objetos, o que acontece com frequência, você terá lugar para guardá-los sem precisar reorganizar todas suas coisas. Digamos que você organizou sua prateleira de livros: doou alguns e colocou em ordem todos os outros. Se o último livro mal coube na prateleira, quando você tiver mais um livro não terá onde colocá-lo, o que gerará mais bagunça, ou terá de gastar tempo para reorganizar a prateleira.

**794.** Estabeleça novas regras domésticas com as quais todos concordem; algo simples como "se derramar alguma coisa, limpe" pode ajudá-los a economizar muito tempo.

795. Apesar de todo o seu esforço, você deixará de lado alguns objetos. Se você organizar uma pequena quantidade desses objetos diariamente, não vai precisar passar dias inteiros arrumando as pilhas depois. Escolha uma hora por dia para organizar a casa; faça disso parte da sua rotina diária.

796. Lembre-se: quanto menos coisas você comprar, menos coisas terá para cuidar, guardar e limpar.

797. Organizar é diferente de limpar. Geralmente separamos tempo para limpar a casa com regularidade, mas dificilmente fazemos da organização parte da nossa rotina. Não espere até o lugar ser oficialmente declarado zona de calamidade, organize-o antes disso. Inclua em seu calendário mensal um tempo para organizar a bagunça.

798. Ajuste seu método uma vez ao ano. Você muda, a vida muda, a maneira como você usa seu tempo ou a quantidade de tempo que você precisa para realizar diferentes tarefas também mudam; portanto, verifique suas necessidades anualmente e faça os ajustes necessários. O método que você organiza para dar conta de suas necessidades hoje pode precisar de ajustes de tempos em tempos.

799. Não leve para casa objetos gratuitos! Você os desejaria tanto assim se tivesse de pagar por eles? Provavelmente não.

**Parte dezesseis**

## Mantenha tudo arrumado

Quando há bagunça, tudo leva mais tempo. Você leva mais tempo para encontrar as coisas, limpar em volta, guardar os objetos, preocupar-se com eles e assim por diante. Não importa se você tem uma pequena pilha de papel na bancada da cozinha ou se tem um monte de coisa empilhada em todo canto, a bagunça distrai e nos faz sentir sobrecarregados. Contudo, há algo a fazer para evitar essa situação! Aqui vão algumas técnicas para arrumar a bagunça que o ajudarão a encontrar o que precisa quando precisar!

## 46. Soluções para a organização diária

**800.** Pare de levar as coisas do cômodo onde elas foram deixadas para o cômodo a que elas pertencem. Em vez disso, designe um cesto para servir de carrinho. Quando for de um cômodo a outro, leve o cesto com você; guarde os itens do cesto que pertencem ao cômodo em que você está e coloque os itens pertencentes a outro cômodo no cesto para guardá-los quando você for para o cômodo apropriado.

**801.** Deixe um cesto no andar de cima e no de baixo da casa, perto da escada. Coloque neles os itens que precisam ser levados para cima ou para baixo e leve o cesto com você quando for descer ou subir em vez de fazer uma viagem apenas para levar os itens para o andar a que pertencem. (O único jeito de esta dica dar certo é você torná-la uma regra e levar o cesto para cima e para baixo com você. Não use os cestos para guardar as coisas até ter tempo de arrumá-las. Lembre-se de que "Mais tarde" nunca chega.)

**802.** As pessoas que não dispõem de um hall de entrada em casa podem considerá-lo sortudo por ter uma. Contudo, muitas pessoas reclamam que esse é o lugar mais difícil de manter limpo. Como as pessoas passam pela entrada o tempo todo, a sujeira fica toda acumulada. A melhor forma de manter limpo o hall de entrada de sua casa é organizá-lo com se fosse uma classe do jardim de infância. Coloque prateleiras com cubos e ganchos para pendurar as jaquetas e guardar os sapatos e bolsas, assim tudo terá um lugar.

**803.** Se você reside em um sítio ou em casa com área verde, poupe o tempo que gasta limpando o chão por causa da sujeira e da lama deixadas pelos sapatos. Reserve um lugar perto da porta para deixar os sapatos quando chegar em casa. Você pode criar um espaço para eles; há várias possibilidades: uma tábua larga, prateleiras ou um capacho lateral.

**804.** Entre sapatos, mochilas, casacos, guarda-chuvas e correspondência, a entrada da sua casa pode se transformar em um quarto da bagunça. Se isso acontece na sua casa, provavelmente você não designou um lugar para cada coisa. Quando os familiares não sabem onde guardar um objeto, eles o deixam em um canto qualquer. (É verdade, isso também pode acontecer quando eles sabem onde guardar as coisas, mas com um método, pelo menos você tem a chance de evitar que isso aconteça.) Experimente instalar uma estante comprida, que vá do teto ao chão, e designe uma prateleira para cada membro da família. Os sapatos cabem nas prateleiras, e você pode instalar ganchos em um ou nos dois lados da estante para pendurar objetos como guarda-chuvas e mochilas. Como a entrada é o primeiro lugar que você vê quando chega em casa, uma entrada bem organizada incentiva as pessoas a manterem a organização por dentro.

**805.** Os sapatos são como os casacos: podemos acumular muitos deles na entrada de casa. Quantos sapatos você deixa na entrada de casa ou enfia no fundo do armário da entrada? Sem olhar antes, você sabe quais são esses sapatos? Se você não consegue identificá-los, pergunte-se se realmente precisa deles. Talvez seja melhor doar os sapatos que estejam bem conservados para alguém que não tenha tantos pares. Olhe sua pilha de sapatos, há uma camada de poeira sobre eles? Eles ainda estão na moda? Ainda servem? Tente diminuir sua coleção em pelo menos 50%.

806. Quantos casacos você tem pendurados no armário da entrada? Se você mantém muitos casacos guardados em um pequeno espaço, será impossível guardar o que estiver usando. Como é difícil tirar e guardar o casaco, você vai acabar usando sempre o mesmo ou não vai conseguir guardá-lo nunca. Veja quantos casacos você tem pendurados; verifique se todos são adequados à estação, se estão na moda e se servem no dono. Você tem dois casacos do mesmo tipo (por exemplo, capas de chuva)? Ao responder a essas perguntas você pode reduzir sua coleção e tirar alguns casacos do armário, seja permanentemente ou até a estação seguinte.

807. As mochilas escolares e de acampamento precisam de um lugar específico. Mandar as crianças guardá-las no quarto não adianta muito e o faz perder tempo, já que de manhã você precisa esperar que elas busquem a mochila no quarto. Se você não tem espaço suficiente para guardar as mochilas, guarde-as embaixo de um sofá ou dentro de um assento que tenha uma tampa. O chão da despensa pode funcionar, assim como pendurar um gancho na porta de dentro do armário da entrada.

808. Reciclar é bom para o meio ambiente, mas em alguns dias pode ser difícil encaixar essa tarefa no seu calendário já ocupado. Torne a reciclagem mais simples ao anotar no calendário o dia certo em que virão recolher o material. Estabeleça um plano em que fique bem claro qual membro da família é responsável por determinada tarefa relacionada à reciclagem. Deixe todo o material necessário (como tesoura e barbante para os jornais) à mão. E procure manter as latas para separar o lixo para reciclagem perto da porta, assim você pode juntá-lo na cozinha e jogá-lo na lata de lixo correta, sem ter de descer até a garagem ou ir a calçada. Se você é responsável por

levar o material reciclável para a coleta, tente conciliar a viagem a um hábito já existente, assim você não vai se esquecer ou adiar a tarefa. Se o local de coleta fica no centro, perto da biblioteca aonde você vai toda semana, então deixe o material para reciclagem no caminho e deixe a ida à biblioteca como recompensa por ter realizado uma tarefa não tão divertida.

**809.** Você pode perder um tempo valioso procurando um alimento na geladeira ou, pior, saindo para comprar algo que já tenha em casa. Portanto, tire um tempo para organizar o interior da sua geladeira e jogue fora todos os ASEs (Alimentos Suspeitos de Estrago).

**810.** Você também pode perder muito tempo procurando alimentos congelados. E algumas pessoas têm um congelador para o dia a dia e um freezer para estocar alimentos. Antes de guardar os alimentos que você empacotou, etiquete-os. Para tornar isso mais fácil, deixe um rolo de fita-crepe e uma caneta por perto.

**811.** Se você já abriu a porta do armário da cozinha e viu saltar potes de plástico ou se você já perdeu tempo procurando a tampa certa de determinada vasilha, sabe como pode ser desafiador guardar esses recipientes. Primeiro, reduza sua coleção e jogue fora os recipientes que não fecham direito ou que estão sem tampa. Depois, arrume os que sobraram e guarde as tampas em um porta-tampas, dentro do armário da cozinha. Se você tiver muitos desses recipientes, tente guardar alguns na despensa ou na área de serviço; quando precisar usá-los, por exemplo quando um amigo for levar o que sobrou de um jantar, ponha nos potes guardados.

**812.** Etiquete as prateleiras da despensa e escreva o que pertence a qual prateleira. Assim será mais fácil guardar os itens e você economizará tempo quando for organizar sua lista de compras.

**813.** No começo de cada mês, verifique o calendário e anote quais cartões você precisa enviar e para quem. Sente-se e escreva todos os cartões de uma vez e, no lugar onde você irá colocar os selos nos envelopes, anote a data em que precisa enviar o cartão. Para tornar essa tarefa mais fácil, mantenha alguns cartões variados à mão.

## 47. Soluções para a organização da casa

**814.** Guarde todos os alimentos refrigerados necessários para fazer um sanduíche em um recipiente plástico, assim você pode retirá-los de uma só vez e ter tudo o que precisa para fazer um sanduíche à mão. Desse modo você não vai precisar procurar os alimentos nas prateleiras e ter de tirá-los um por um.

**815.** Para não precisar perder tempo limpando pingos de molho, coloque os recipientes com molhos apoiados em formas de papel pequenas. Assim, se o molho respingar, você terá apenas de jogar a forma fora e não precisará limpar as prateleiras da geladeira.

**816.** Use um recipiente para guardar os temperos. Separe um de plástico pequeno e coloque todos os temperos que precisam ir à geladeira; assim, sempre que precisar de um tempero, retire-o e pegue o que precisa.

**817.** Crie um porta-baterias para guardar todas as baterias da casa e deixá-las visíveis. O porta-baterias pode ser instalado na parede ou do lado de dentro da porta do armário. Ele mantém as baterias de diferentes tamanhos visíveis, assim você saberá onde estão quando precisar usá-las.

**818.** Economize tempo ao organizar sua gaveta de apetrechos. Quando você precisar de uma caixa de fósforos, de uma tira de borracha ou de um marcador de textos, será mais fácil encontrá-los se você puder abrir a gaveta e localizar os objetos imediatamente em vez de precisar procurar no meio da bagunça. Use tampas de caixas ou caixas de ovos como divisórias e designe um espaço para elas na gaveta; quando acabar de usá-las, coloque-as no lugar certo em vez de deixá-las em qualquer canto.

819. Se você costuma guardar as sacolas plásticas de lojas e supermercados, guarde-as em um puxa-sacos. Você pode comprar um de plástico ou pegar uma bolsa grande e fazer um furo embaixo, assim você colocará as sacolas em cima e as puxará por baixo.

820. Organize os objetos de cristal em seu armário. Geralmente ocupamos um espaço valioso no armário com artigos de cristal que são usados apenas em ocasiões especiais. Recupere o espaço e guarde esses artigos em prateleiras mais altas, difíceis de alcançar, ou em uma caixa (escreva "artigos para festa" e guarde-a). Utilize o espaço adicional do armário para guardar os itens que você usa com mais frequência.

821. Da próxima vez que estiver ao telefone, aproveite o tempo para verificar todas as suas canetas e marca-textos que estão guardados no porta-canetas ou na gaveta de material de trabalho. Pegar uma caneta que não escreve quando você precisa de uma é puro desperdício de tempo.

822. Deixe algumas canetas e papéis de rascunho em um cesto decorativo ou em uma gaveta que esteja à mão, assim você não vai precisar pegar uma caneta de outro lugar quando precisar escrever um bilhete.

ISTO FUNCIONOU PARA ELA:
"Quando estou preparando uma receita e quero saber quando foi a última vez que servi o prato, anoto a lápis atrás da receita a data da última vez em que a preparei. Por exemplo, servi uma

salada sexta-feira e na receita estava escrito que a preparei pela última vez em junho."

*Rebecca Murphy, Kentucky*

**823.** Designe um lugar para deixar todos os itens necessários para preparar sua bebida favorita. Se você adora café ou chá, deixe à mão uma ou duas xícaras, açúcar, saquinhos de chá, filtros de café e assim por diante. Se você prefere bebidas feitas no liquidificador, como vitaminas, então separe o liquidificador e um copo com canudos. Ao ter tudo o que precisa à mão, será mais fácil preparar sua bebida sem precisar abrir e fechar armários.

**824.** Se você perde muito tempo procurando as tampas dos copos das crianças e dos recipientes plásticos, você não está sozinho. Em vez de comprar um porta-potes que limita o número deles, opte por um porta-tampas e pendure-o no lado de dentro da porta do armário. Meça a distancia entre a porta e as prateleiras antes de comprar o porta-tampas para ver se ele cabe no armário. Uma opção mais barata é pendurar uma pequena sacola e colocar as tampas dentro.

**825.** Instale um porta-rolos embaixo do armário da cozinha e você não precisará tirar as folhas do papel-toalha, papel de alumínio e PVC da embalagem, além de ter a vantagem de pegar uma folha exatamente do tamanho que precisa.

**826.** É preciso abrir e fechar a tampa dos pimenteiros mais comuns para temperar um prato, por isso, em vez de fazer isso todas as vezes que precisar das pimentas que você usa com mais frequência, coloque-as em um pimenteiro que despeje a quantidade certa de pimenta sem que seja preciso abrir a tampa. Você encontra esses pimenteiros em lojas de utensílios domésticos.

827. Não há como evitar, você vai precisar de um lugar para deixar a bagunça na cozinha, então crie um! Experimente algo que não seja muito grande, como uma gaveta ou um cesto decorativo. Depois é só arrumá-lo todas as semanas para que não acumule muita bagunça.

**ISTO FUNCIONOU PARA ELA:**
"Embora adore livros de receita e devore-os como se fossem romances, não gosto de acumulá-los, pois ocupam muito espaço e é preciso muito tempo para procurar a receita que quero em um livro. Então, sempre que recorto uma receita, recebo-a de uma amiga ou copio-a de um livro emprestado, guardo-a em um fichário sanfonado – aquele que tem pastas organizadas por ordem alfabética. Coloco as entradas na letra "E", as receitas de carne na "C", os frangos na "F", as sobremesas na "S", e assim por diante. Uso as pastas sobressalentes para as receitas de dietas especiais, como a dos Vigilantes do Peso etc."

*LuAnn Schafer Bridgewater, Nova Jérsei*

828. Coloque os objetos que você usa diariamente, como o celular, a bolsa, a carteira e as chaves, em um lugar acessível e recoloque-os lá assim que acabar de usá-los, assim você saberá onde estão da próxima vez.

829. Designe um lugar para cada brinquedo e ensine a todos da família a guardá-los quando acabarem de brincar.

830. Etiquete cada recipiente, cada gaveta e prateleira e você gastará menos tempo para guardar e localizar os objetos quando precisar deles. Se seu filho for muito pequeno e não souber ler, você pode usar figuras em vez de palavras.

831. Quando for guardar os brinquedos no quarto, não tampe as caixas. É mais fácil jogar brinquedos como bichos de pelúcia e bonecas em uma caixa se não for preciso tirar a tampa antes.

832. Para não gastar muito tempo durantes os finais de semana limpando o quarto de brinquedos, estabeleça regras que todos concordem. Uma boa regra é deixar cada criança tirar da caixa um ou dois brinquedos por vez na hora de brincar.

833. Gaste dez minutos para pedir às crianças que arrumem as coisas e diga-lhes quando fazer isso e tudo estará guardado antes de você precisar sair.

834. Se seu filho está naquela idade em que tudo representa perigo, utilize sacos com fecho hermético e economize tempo. Guarde as peças pequenas de brinquedos e mantenha-as em ordem. Você encontrará com mais facilidade peças de jogos, de quebra-cabeças, acessórios de bonecas e muitos outros itens se os guardar em um saco transparente.

835. Pare de correr atrás de pecinhas de brinquedos e materiais de arte que só devem ser usados sob a supervisão de um adulto e guarde-os em um local alto, onde os dedinhos das crianças não alcançam. Assim você não correrá o risco de encontrar centenas de contas, peças diversas ou outros itens que bagunçam a casa e consomem muito tempo na hora de pegá-los e separá-los.

836. Economize tempo ao usar um porta-cabides para guardar os cabides adicionais – especialmente os cabides de arame que vêm da lavanderia. Não perca nenhum minuto a mais desemaranhando os cabides de arame.

## 48. Soluções para a organização de armários e afins

**837.** Guarde as roupas de outras estações em um lugar que não seja seu armário de roupas. Para armazenar as roupas semelhantes juntas, prefira uma pequena caixa em vez de um baú grande. Assim você guardará apenas as roupas das outras estações em vez de manter um baú enorme por vários meses. (Aviso: Muitas das bolsas plásticas usadas para guardar objetos costumam deixar um cheiro desagradável nas roupas, portanto cheque-as antes de usá-las.)

**838.** Se você guarda as roupas de seu filho para os irmãos menores, guarde-as em caixas e etiquete-as com o tamanho das roupas; coloque as peças do mesmo tamanho juntas. Não guarde nada que precise de conserto ou manchado; conserte antes de guardar.

**839.** Para aumentar o espaço disponível na sua garagem, há prateleiras que podem ser penduradas no teto e são usadas para armazenar itens. Aviso: Meça o espaço antes para ter certeza de que seu carro caberá embaixo da prateleira.

**840.** Quando você for colocar mais prateleiras na sua garagem, meça antes o espaço ocupado pelo seu carro (estacione-o e deixe as portas abertas). Marque o local onde as portas abertas batem; assim você não corre o risco de instalar a prateleira muito rente ao carro, impedindo a entrada e a saída das pessoas, e de não conseguir abrir e fechar a porta do armário.

**841.** Quando for organizar o local onde guarda as ferramentas, coloque uma caixa pequena com os itens de que precisa mais, como trena, chave de fenda, lanterna, nível e assim por diante. Assim, quando precisar desse material para realizar um pequeno trabalho, como pendurar um quadro, você não vai precisar procurá-lo no meio de todas as ferramentas.

842. Quando for guardar objetos em lugares como sótão, garagem ou porão coloque-os em outro lugar que não seja o chão e perto de objetos similares (cada qual com seu igual!) para encontrá-los facilmente. Guardar os objetos longe do chão é importante por vários fatores, incluindo evitar que se molhem ou que sejam alvo de pequenos animais. (Você pode instalar uma prateleira de cubos e colocar uma caixa em cada um, assim não haverá bagunça e será mais fácil puxar uma caixa quando precisar de um objeto em vez de ter de tirar todas do lugar.)

843. Verifique o nível de umidade e aridez nas áreas em que for guardar objetos. Por exemplo, você não vai querer guardar as fotografias importantes em um local que possa deixá-las úmidas ou rachadas. Um desumidificador pode evitar que seus objetos mais queridos sejam destruídos e fazê-los durar a vida toda.

844. Quando você estiver decidindo como arrumar o armário, principalmente o de roupas, tente separar as peças por categoria. Se você pendurar os vestidos de festa juntos, vai ser mais fácil escolher um quando precisar. Faça a mesma coisa com suas outras peças, como as calças jeans.

845. Guarde as peças que não lhe servirem no momento em outro lugar, se você quiser mantê-las. Primeiro, você não precisa se lembrar a toda hora de que as roupas não servem mais em você. Segundo, elas ocupam um lugar valioso que poderia ser ocupado pelas peças que você usa e gosta.

**846.** Não se limite à cômoda e ao cabideiro. Se suas roupas ficam mais bonitas dobradas que penduradas ou se você não gosta muito de pendurá-las, coloque cubos em vez de barras para pendurar cabides no armário. As prateleiras nem sempre são a melhor escolha, visto que é difícil localizar as roupas e mantê-las dobradas por muito tempo. Se você gosta de pendurar as peças, então instale a barra para cabides mais para cima e adicione uma segunda barra para obter o dobro de espaço para pendurar suas roupas.

---

**TENHA MAIS TEMPO DISPONÍVEL HOJE MESMO!**
1. Pense em algo que você não consegue encontrar quase todo dia e estabeleça um novo lugar para guardá-lo, assim você vai encontrá-lo quando precisar.
2. Faça com que todos da família participem e estabeleça uma nova regra familiar que ajude a manter as áreas comuns da casa arrumadas.
3. Arrume os lugares em que costuma guardar os objetos (como o armário ou a garagem) aos poucos, até que eles fiquem do jeito que quer.

**TENTE ISTO:**
Faça com que todos da família arrumem a casa por cinco minutos no final da noite; você pode tornar essa tarefa mais divertida se ouvir uma música ou organizar uma competição com a ajuda de um *timer*.

**REPITA COMIGO:**
"Ame-o ou deixe-o."

**Parte dezessete**

## MOMENTOS ESPECIAIS E MOMENTOS ESTRESSANTES

Há momentos em que você precisa acrescentar tarefas em sua já cheia lista de afazeres diária, seja para planejar uma festa ou para redecorar um quarto. Entretanto, os momentos especiais não precisam ser estressantes. Veja como equilibrar esses momentos sem ficar para trás.

## 49. Festas de final de ano e de aniversário

**847.** Determinar o tipo de presente que você quer dar torna a escolha mais simples. Uma vez escolhido, você restringe a procura pelo presente perfeito. Um ano você pode dar a todos um presente artesanal e nos anos seguintes, livros ou jogos. Assim, em cada festa de aniversário e de final de ano você pode comprar os presentes em um só lugar.

**848.** Comprar com antecedência fica muito mais fácil quando você escolhe o tipo de presente que quer dar no ano, já que você poderá comprar vários presentes depois das festas de fim de ano para aproveitar as liquidações e manter seu estoque de presentes à mão para usá-lo nas ocasiões certas.

**849.** Se você não vai se encontrar com o aniversariante mas pretende mandar-lhe um presente, experimente fazer a compra pela internet ou em uma loja que entregue o presente diretamente à pessoa. Assim você economizará tempo, já que não precisará empacotar o presente e enviá-lo pelo correio.

**850.** Lembre-se de tornar as coisas simples. O importante é o tempo que você passará comemorando, e não se sua festa está à altura daquela que você ou seu filho foram na semana passada. Se você não quer fogos de artifício nem uma piscina de bolinhas, então não tenha nada disso. As pessoas só querem se divertir, portanto não gaste tempo fazendo coisas excessivas.

**851.** Poupe tempo ao mandar convites por e-mail em vez de enviar os de papel. Há vários sites que oferecem uma ampla gama de convites sem custo nenhum. Escolha um tema e personalize seu convite.

**852.** Você vai dar uma festa infantil? Um dia antes coloque bolas de sorvete em formas forradas com papel-alumínio e cubra-as com um filme de PVC. Mantenha-as no freezer até a hora de servir. Cada criança terá sua porção de sorvete e você não precisará lutar com a colher ou o sorvete derretido no grande dia.

**DEZ PASSOS PARA ORGANIZAR UMA FESTA**
1. Escolha um tema.
2. Faça um orçamento.
3. Faça a lista de convidados.
4. Escolha o local.
5. Envie os convites.
6. Compre a decoração.
7. Escolha o tipo de entretenimento.
8. Peça ajuda aos familiares/amigos.
9. Escolha a comida e o bolo.
10. Envie cartões de agradecimento.

**ISTO SERVIU PARA ELA:**
"Preste atenção ao que dizem os amigos e familiares a quem você presenteará (em aniversários, datas especiais etc.). Quando eles mencionarem alguma coisa, anote em uma lista de compras para os "outros". Assim, quando você precisar comprar algum presente para eles, é só olhar a lista e ver o que desejam ganhar. Acho o programa Excel muito bom para fazer essas listas. Você pode organizar as coisas por categorias, selecionar itens quando do quiser etc. Além disso, quando inserir um site na lista, é só clicar no link e entrar diretamente nele (o que economiza tempo!). Você também pode imprimir as listas e colocá-las em uma

pasta. Quando for fazer compras e precisar de um presente para alguém é só consultar a lista. Ou, se você vir algo que consta da sua lista, pode comparar os preços para ver se o lugar que você foi oferece preços melhores que a loja."

*Amy Stanley Greensburg, Pensilvânia*

853. Faça do momento de tirar e guardar a decoração da festa uma diversão, assim você demorará menos tempo e será mais agradável. Isso pode se tornar uma tradição na família. Não se esqueça de empacotar com cuidado os objetos e etiquetar as caixas, assim você economizará tempo no próximo ano, quando for reaproveitar a decoração.

854. Se as poucas semanas de férias no final do ano passam depressa e você precisa de mais tempo para comemorar e ver todo mundo, prolongue as férias até janeiro, assim você não precisará correr. Organizar reuniões com a família ou com os amigos mais íntimos logo depois do Ano-Novo é uma boa maneira de passar o tempo com as pessoas que ama quando você dispõe de mais tempo.

855. Organize uma reunião em casa, assim você verá os amigos e familiares e não precisará encontrar tempo para visitá-los separadamente.

856. Organize um lugar para embrulhar os presentes e guarde os papéis de presente, sacolas e caixas. Ao guardar todo o material necessário para os embrulhos em um único lugar, tornará o trabalho mais simples.

857. Arrume uma caixa com embrulhos de presente. Escolha uma caixa organizadora, um cesto ou uma caixa comum e coloque todo o material necessário como te-

soura e fita adesiva; assim você terá todo o material à mão quando precisar e ainda poderá levá-lo com você se quiser fazer o embrulho em outro lugar.

858. Guarde laços, etiquetas e enfeites em um mesmo lugar. Para evitar que a fita fique emaranhada, pendure uma sapateira transparente de plástico no lugar que designou para fazer os embrulhos. Coloque um tipo de fita diferente em cada abertura, faça um pequeno furo e passe a fita através dele.

859. Faça uma "festa do embrulho" e convide os amigos para se divertir e dividir ideias de embrulhos diferentes enquanto você trabalha; assim você afasta os olhares curiosos da família enquanto tenta fazer o embrulho dos presentes.

860. Evite adiar o preparo dos cartões dividindo a tarefa em pequenas partes. Divida o número de cartões que você tem de enviar pelos dias que faltam para enviá-los. Assim saberá quantos cartões deve escrever por dia e evitará escrevê-los todos de uma vez. (Não se esqueça de que pode preencher os cartões em outro lugar. Coloque alguns em sua bolsa e leve-os com você quando sair. Sempre que encontrar uma superfície plana, poderá escrever alguns: enquanto espera seu filho na saída da escola, antes do início de uma reunião ou antes de ser atendido pelo seu médico.)

861. Digite a lista de pessoas a quem você quer enviar um cartão em uma planilha e imprima o endereço nos envelopes para economizar tempo. Você pode escolher cores alegres para a impressão ou adicionar um logo temático.

862. Evite o estresse de tentar reunir todo mundo para tirar um retrato de família. Em vez disso, faça um

único e inesquecível cartão de final de ano pegando várias fotografias do ano passado e, juntamente com trabalhos das crianças e outras coisas valiosas, reúna tudo em um papel e faça cópias coloridas para enviar como um cartão.

**863.** Se você prefere tirar um retrato de final de ano com toda a família, então faca-o. Lembre-se, você não precisa mandar uma foto de fim de ano clássica – você pode enviar uma foto despretensiosa, tirada durante as férias da família ou alguma outra coisa divertida.

**864.** Incentive a família toda a participar da feitura dos cartões e organize uma linha de montagem. As crianças podem dar um toque criativo ao envelope, enquanto outra pessoa cola os selos.

**865.** Em vez de comprar presentes para toda a família, você pode instituir uma nova tradição: organize um amigo-secreto. Se apenas um presente for pouco, cada pessoa pode tirar o nome de duas pessoas para presenteá-las.

**866.** Em vez de tentar fazer 12 tipos diferentes de sobremesas, convide familiares e amigos para fazer uma troca de doces. Cada um deve fazer um doce diferente e trocá-los com outras pessoas.

**867.** Organize um fichário para as festas. Escolha um fichário com três aros e coloque folhas plásticas protetoras furadas, papel e um estojo que possa ser guardado no fichário. Use-o para escrever ideias de cardápios, a lista de convidados, a lista de compras, ideias para presentes e muito mais. Coloque recortes de catálogos, recibos, receitas, ideias de decorações para festas e outras coisas nas folhas de plástico.

Guarde canetas no estojo e o fichário para usá-lo novamente várias vezes no próximo ano.

**868.** Contrate uma babá com antecedência para as festas de adultos e para a hora das compras. O final do ano é sempre muito concorrido, portanto é importante contratá-la com antecedência.

**869.** Antes que seu calendário fique lotado por causa das obrigações e outros compromissos, reserve um tempo para fazer as coisas divertidas, inclusive para não fazer nada. Isso é essencial para aproveitar a época das festas.

**870.** Esqueça a palavra "perfeito". Se você deixar de lado seus próprios padrões de perfeição, irá aproveitar muito mais as festas. Em vez de perder tempo procurando o presente perfeito, fazendo o laço perfeito e decorando o doce perfeito, contente-se com o "bom" e ignore as imperfeições.

**871.** Decida com antecedência a quantos eventos você e sua família irão comparecer, assim vocês economizarão tempo e evitarão o estresse. Uma vez estabelecido o número de convites que aceitarão, vocês poderão escolher os eventos em vez de discutir se aceitarão ou não cada novo convite que chegar ou de ficar sem tempo ao aceitar todos eles.

**872.** Reserve algum tempo para descansar após as festas de final de ano, quando a correria acalmar. Separe esse tempo com antecedência para não correr o risco de lotar sua agenda com outras atividades.

**873.** Compre todos os presentes e depois os separe e os coloque em cestos, assim você comprará os presentes que deseja dar à família e aos amigos sem precisar sair muitas vezes para fazer compras.

874. Quando você decorar sua casa do jeito que gosta, tire uma foto da decoração, assim no próximo ano você se lembrará de como organizou tudo. Também é bastante útil marcar objetos como guirlandas usando um laço torcido no local por onde você as pendurou, assim você poderá pendurá-las do mesmo jeito no próximo ano.

875. Etiquete as caixas com os objetos de decoração, assim você economizará tempo quando for procurar os itens no próximo ano. Guarde os enfeites do mesmo tipo juntos e marque quais caixas precisam ser retiradas primeiro.

876. Guarde os papéis de embrulho, os enfeites e outros itens sazonais que não precisam ficar à mão durante o ano.

877. Sempre que possível, não faça tudo em casa: compre comida, embrulhos e objetos de decoração semiprontos. Em vez de fazer uma guirlanda iluminada, compre as luzinhas e a guirlanda e enrole as luzes nela; ou, em vez de fazer uma torta, compre uma e enfeite-a em casa.

---

**SETE DICAS PARA ARRUMAR A CASA PARA OS CONVIDADOS EM 20 MINUTOS**

878. Junte o material de limpeza e coloque-o em um balde ou em um cesto para que possa levá-lo com você. Aqui estão alguns itens que você pode colocar em seu kit de limpeza:

- Espanadores
- Lenços umedecidos com produtos de limpeza
- Uma extensão para o aspirador
- Sacos de lixo
- Um rolo de tecido

**879.** Bata os capachos do lado de fora da porta e varra a entrada depois.

**880.** Limpe os vitrais da porta da frente, as janelas mais baixas e os porta-retratos que os convidados possam pegar para ver.

**881.** Limpe o pegador da geladeira e dos armários da cozinha.

**882.** Limpe as superfícies do banheiro com os lenços umedecidos, dê a descarga no vaso sanitário e reponha o papel higiênico e toalha.

**883.** Passe um pano no chão e o aspirador nas áreas de passagem.

**884.** Passe o rolo de tecido nos sofás e cadeiras em que seu animal de estimação costuma ficar.

## 50. Mudança, viagem e férias

**885.** Pergunte ao seu corretor de imóveis se ele pode cuidar da transferência dos serviços como água, luz, gás e de outros detalhes. Se você puder delegar essa função, economizará bastante tempo; se não puder, tente transferir os serviços pela internet. A maioria das empresas que presta esses serviços oferece essa opção; visite os sites e descubra.

**886.** Procure alterar seu endereço para correspondência pela internet, assim você não precisará fazer isso pessoalmente.

**887.** Mantenha a mudança sob controle e organize um fichário de três aros. Coloque no fichário alguns plásticos protetores, etiquetas para marcar o índice, pastas e papel para anotações e leve-o com você sempre. Você poderá guardar sua lista de afazeres, cartões, números importantes e muito mais. Acabe com a caça aos papéis!

**888.** Aproveite essa oportunidade para separar o que você usa e gosta. Talvez você pense que irá se livrar do excesso de coisas depois da mudança, mas isso raramente acontece. Geralmente a caixa de "bagunça" continua na garagem ou no porão por anos. Não perca tempo nem dinheiro empacotando e transportando objetos que não irá usar. Por exemplo, você precisa de três separadores de ovos ou você pode se desfazer de dois deles? Procure uma instituição de caridade para doar os itens que não usará mais.

**889.** Escolha uma instituição de caridade que possa buscar as doações e anote o telefone em seu fichário. Telefone com frequência, não espere juntar tudo para fazer a doação de uma vez. Em vez disso peça para que busquem os objetos que ainda estão em bom estado mas que você não quer mais. Doar as coisas é melhor do que organizar um bazar; de todo jeito, você sempre terá itens para doar, e o bazar irá ocupar o tempo que você poderia dedicar à mudança.

**890.** Faça uma festa de despedida. Convide amigos e familiares e peça que eles tragam caixas. Compre umas pizzas, coloque uma música e passe a noite empacotando as coisas. Assim você usará bem seu tempo, já que encontrará as pessoas e viverá bons momentos antes de sair.

**891.** Empacote os itens semelhantes juntos. Cuidado para que as caixas não fiquem muito grandes e pesadas; os papéis pesam mais do que você pensa! Uma caixa muito pesada é mais difícil de carregar do que duas menores, e as caixas menores são mais seguras (você pode se machucar carregando uma caixa muito pesada).

**892.** Etiquete tudo e poupe tempo na hora de empacotar e desempacotar a mudança. Etiquete as caixas também, incluindo as tampas. Você pode inclusive usar canetas coloridas para criar um código de identificação. Para a maioria de nós, é mais fácil identificar cores e formas que palavras, portanto marque cada caixa com utensílios de cozinha com um círculo vermelho e as caixas com objetos da sala com um triângulo azul e assim por diante, assim você irá descarregar a mudança com mais rapidez. Coloque o sinal que corresponda ao das caixas na porta de cada cômodo. Isso será muito útil, pois quando os cômodos estão vazios, pode ser difícil identificá-los. Você não vai precisar perder tempo tentando adivinhar qual caixa pertence a que cômodo.

893. Não perca tempo indo à loja apenas para comprar artigos de primeira necessidade ou procurando alguma coisa nas caixas no dia da mudança. Faça um pacote com os itens de primeira necessidade, assim quando você chegar à casa nova, não precisará abrir as caixas para encontrar o papel higiênico ou uma xícara. Coloque no pacote toalhas, papel higiênico e lenços, óculos, lençóis, remédios e vitaminas.

894. Empacotar é muito cansativo; não perca tempo se pressionando para decidir se deve ou não ficar com um objeto que não sabe se quer ou se ficará bem na casa nova. Se você sabe que não quer o objeto, dê ou jogue-o fora logo. Se não tem certeza se o quer, organize uma caixa para colocar esses itens. Empacote-os e leve-os com você para a casa nova e, quando você se mudar, se você não mexer na caixa em seis meses, dê-a de presente. (Aviso: Não abra a caixa! Se você a abrir, se lembrará de todos os motivos que o levaram a não se desfazer dos objetos e você ficará com eles por mais tempo.)

895. Se você for viajar de avião, certifique-se de que não empacotou nenhum item proibido, assim você não perderá tempo na hora do embarque. Consulte a lista de objetos proibidos no site da Infraero (www.infraero.gov.br).

896. Quando for viajar de avião, leve os presentes desembrulhados para que passem pela inspeção. De outro modo eles poderão ser desembrulhados pelos oficiais de segurança e você terá de gastar tempo embrulhando-os novamente. (Experimente enviar os presentes para o lugar para onde vai viajar antes de partir.)

897. Se você guardar os sapatos em sacos antes de empacotá-los, não precisará perder tempo limpando-os depois.

898. Se você precisar passar pelo detector de metais antes de entrar em um avião, trem ou ônibus, evite usar roupas, joias e acessórios que contenham metal. Os itens com metal podem fazer o alarme do detector soar, atrasando sua viagem. Guarde os itens de metal dentro da sua mala de mão. Isso inclui joias, moedas, telefones celulares e blackberries.

**ISTO FUNCIONOU PARA ELA:**
"Sempre que viajo, quando vou dobrar as roupas, coloco uma folha de papel no meio da roupa que pode amassar. Quando desfaço as malas, as roupas estão passadas, e nem precisei usar o ferro! Economizo bastante tempo ao fazer isso. E em vez de comprar folhas de papel, guardo as que vêm com os presentes que ganho."

*Lee C. Edison, Nova Jérsei*

899. Como sua mala será rastreada, não coloque dentro dela filmes usados e máquinas fotográficas com filmes. O equipamento para rastrear as malas pode danificar os filmes que ainda não foram revelados e apagar suas fotografias. Isso também pode acontecer com CDs de computador e outros matérias usados para gravação.

900. Verifique se você compreendeu bem as políticas do meio de transporte que escolheu para viajar. Por exemplo, se for viajar de avião, é permitido embarcar com apenas uma mala de mão e um item pessoal. Os itens pessoais incluem laptops, computadores, sacola de fraldas ou estojos de câmeras – sem exceções. Leve apenas o que é permitido, assim você não precisará discutir nem empacotar suas coisas novamente.

901. Anote as instruções para chegar ao seu destino juntamente com o endereço e um telefone de alguém que

possa ajudá-lo na hora em que for viajar. Não faz sentido anotar o telefone comercial de alguém se o escritório não estiver aberto no dia da viagem; em vez disso, anote um telefone de emergência.

**902.** Coloque uma etiqueta de identificação do lado de fora e de dentro da bagagem. Outra dica para economizar tempo é tirar uma foto da sua mala; assim, se você perder a mala, ela poderá ser identificada com mais facilidade.

**903.** Poupe tempo quando for pegar a mala na esteira da bagagem, pois hoje em dia as malas são muito parecidas. Amarre uma fita colorida ou um pedaço de tecido na alça da mala, assim você conseguirá identificá-la com facilidade.

**904.** Evite levar alimentos e bebidas para a área de segurança dos aeroportos; isso só atrasará o processo de checagem. Além disso, provavelmente pedirão para que você jogue fora ou consuma esses itens antes de passar pela área de segurança.

**905.** Atualize seu endereço para correspondência. Você pode atualizar o endereço para a entrega do jornal pelo site; e se você perceber que não terá tempo para ler as revistas que assina, suspenda a assinatura até colocar tudo em ordem.

**906.** Adie um pouco as férias agora que você chegou em casa e coloque a roupa suja em dia. Você pode lavar toda a roupa de uma só vez ou usar parte do dinheiro separado para as férias para ir a uma lavanderia, assim só precisará buscar as roupas já lavadas, passadas e dobradas.

## 51. Reformas, reconstrução e "faça você mesmo"

**907.** Conserte as coisas quebradas na sua casa antes que o problema se torne ainda maior. Esperar mais só fará o conserto consumir mais tempo e dinheiro.

**908.** Faz sentido fazer o reparo você mesmo? Às vezes sai mais caro fazer você mesmo do que contratar um serviço profissional. Considerando as ferramentas que você precisará comprar ou alugar, a compra do material e o tempo que você vai gastar para aprender a realizar o conserto, talvez seja melhor deixar o trabalho nas mãos de um profissional.

**909.** Para saber se determinado trabalho vai valer seu tempo e esforço, siga esta conta: se você ganha R$45.000 por ano, contando os benefícios sua hora de trabalho vale R$30,00. Os profissionais podem realizar a maioria dos serviços que você pode querer fazer por conta própria por um valor inferior à sua hora de trabalho se você considerar quantas horas vai precisar para aprender a fazer o serviço e depois para realizá-lo (espera-se) sem erros. Isso significa que você pode ganhar em apenas algumas horas ou menos o que irá gastar para contratar alguém que limpe a casa ou cuide do jardim. Os profissionais levam o material necessário e sabem realizar o trabalho do jeito mais adequado. Além disso, como eles vivem disso, provavelmente gostam mais do trabalho que você. Muitas vezes eles têm seguro, caso algo saia errado, e se você fizer o conserto, provavelmente irá perder o direito à garantia.

**910.** Os erros custarão a você tempo e dinheiro. Quanto maior o erro, mais tempo e dinheiro você irá gastar para consertá-lo. Além disso, se você não conseguir terminar o trabalho e precisar chamar um profissional, talvez precise pagar de 10 a 30% a mais para refazerem o trabalho para você.

911. Se você não gosta da ideia de ter de fazer o trabalho, irá adiá-lo. Geralmente postergamos aquilo de que não gostamos de fazer. O tempo que você gastará pensando e preparando a tarefa, mas sem realizá-la, poderá ser gasto de outra forma.

912. Peça para entregarem as compras quando você fizer uma compra grande. Você pode achar a taxa de entrega cara, mas considere estas questões: Seu carro é grande o bastante para transportar as compras? e não for, quanto você irá gastar para pagar uma transportadora? Você perderá as garantias se transportar o item pessoalmente (se ele se quebrar, o responsável pode ser você)? Você mediu sua casa para saber se ele passará pela porta? Se a loja fizer a entrega, eles podem remover a embalagem, poupando-o do trabalho de jogá-la fora. (Às vezes é possível negociar a taxa de entrega; perguntar não dói.)

913. Se a loja se oferecer para montar o item para você, aproveite a oportunidade. Eles sabem fazer isso e, se cometerem algum erro, irão se responsabilizar por ele. Se você cometer um erro, pode ter de comprar outro item.

914. Quando estiver pensando na possibilidade de realizar um trabalho, não superestime suas habilidades. Você é capaz de fazer várias coisas, mas esta é uma delas? Você sabe fazê-la, tem energia e vontade para isso?

915. Você possui todas as ferramentas adequadas para o trabalho? Se não tiver, pode alugá-las a um preço razoável? Se você precisar alugá-las, telefone antes e reserve-as.

**916.** Pense no prazo. Se você precisa terminar o trabalho em um prazo determinado, você conseguirá fazer isso? Lembre-se de acrescentar 30% a mais de tempo ao estimado para realizar um trabalho.

**917.** Veja se você pode jogar o material no lixo com segurança. Tintas à base de chumbo, pneus e motores a óleo são perigosos e você pode gastar muito tempo para se livrar desses materiais; quando um profissional realiza o trabalho, ele geralmente leva o lixo, o que está incluído no preço.

**918.** Verifique se você pode realizar o trabalho com segurança. Por exemplo, você precisa de ajuda para trocar um objeto grande ou pesado de lugar ou para usar uma escada? Se você precisar de ajuda, tem alguém para fazer isso? Se você tiver de fazer muita coisa, demorará para acabar o trabalho. Além disso, correrá o risco de se machucar, o que o fará perder ainda mais tempo.

**919.** Você precisa de permissão para realizar o trabalho? Você tem como consegui-la? Quanto tempo e dinheiro você gastará para obtê-la? Geralmente um profissional tem permissão para realizar o trabalho e inclui os gastos no preço.

**920.** O pior erro que você pode cometer é pensar que é capaz de realizar o trabalho melhor. Às vezes você até é, mas com frequência outra pessoa pode realizá-lo como ou melhor que você. Não deixe seu ego comandar.

**921.** Às vezes, embora seja melhor contratar alguém, você simplesmente não tem dinheiro para isso. Se esse for o caso, tente negociar os honorários do profissional ou rever seu orçamento para verificar se é possível diminuir os gastos durante um ou dois meses para conseguir dinheiro. Talvez valha a pena contratar um profissional e economizar o tempo que gastaria realizando o trabalho.

**922.** Nem sempre você precisa gastar dinheiro para contratar alguém adequado para o trabalho. Talvez você tenha um amigo ou um vizinho que saiba realizar o trabalho e possa ajudá-lo. Você também pode fazer um trabalho para alguém em troca de ajuda. Por fim, você pode contratar um estudante para ajudá-lo.

### TENHA MAIS TEMPO DISPONÍVEL HOJE MESMO!
1. Escolha um tipo de presente para presentear as pessoas durante o ano, assim será mais fácil e agradável dar presentes.
2. Poupe tempo e planeje sua viagem. Guarde toda a papelada relacionada à viagem em um determinado lugar e organize um espaço para fazer as malas quando estiver se preparando para viajar.
3. Escolha um dia da semana para fazer todos os pequenos reparos necessários em casa, como trocar a arruela de uma torneira ou uma lâmpada, antes que esses problemas se tornem mais sérios e consumam boa parte do seu tempo.

### TENTE ISTO:
Organize um arquivo para guardar todos os papéis relacionados a um evento futuro, como uma mudança, uma festa ou suas férias. Etiquete o arquivo e recoloque-o sempre ao mesmo lugar, assim você poderá encontrá-lo de novo.

### REPITA COMIGO:
"Nossa família aproveita os simples prazeres das festas de fim de ano."

**Parte dezoito**

## APROVEITE SEU NOVO TEMPO

Você conseguiu! Chegou oficialmente ao final do livro, o que significa que você agora tem um plano para recuperar seu tempo! Só há mais uma coisa que eu gostaria de dizer. Agora que você está usando sistemas e rotinas que lhe permitem ter mais tempo durante seu dia, precisamos garantir que as coisas vão continuar assim. Você fez a parte mais difícil; queremos ter certeza de que você irá aproveitar o tempo recém-recuperado e que não voltará aos velhos hábitos.

## 52. LEMBRE-SE DE QUE AS PEQUENAS COISAS FAZEM GRANDE DIFERENÇA

923. Mantenha seus óculos de grau ou escuros em um porta-óculos bonito e leve-o consigo, assim você sempre saberá onde eles estão. Para ver exemplos de porta-óculos, visite o meu site: www.jamienovak.com [em inglês].

924. Conserte as coisas. Você levará mais tempo para cumprir uma tarefa se os itens necessários não estiverem funcionando direito. Por exemplo, seu telefone sem fio fica sem bateria com frequência porque você ainda não a substituiu? Você demora mais para passar o aspirador na casa porque precisa limpar o filtro?

925. Atualize! Seus aparelhos estão lentos e o fazem perder tempo? Sua impressora está lenta, o aspirador está fraco e a máquina de lavar roupa é ineficiente? Atualize-os!

926. Estabeleça um código de cores para identificar suas chaves usando um identificador de chaves, assim você fará isso rapidamente. Também, para identificar os botões dos aparelhos, desenhe uma bolinha colorida usando uma caneta marcadora ou esmalte de unha; faça uma bolinha vermelha para marcar o botão de desligar e uma verde para marcar o de ligar o telefone, o ventilador e outros aparelhos.

927. Peça os remédios pelo telefone, assim você não precisará esperar na fila da farmácia e economizará tempo.

928. Se deseja durabilidade, use esmaltes claros nas unhas. As cores escuras descascam com mais facilidade; você economizará tempo se suas unhas ficarem bonitas por mais tempo.

929. Poupe tempo quando for escolher o que vestir e compre peças que combinem. Algumas peças de roupa básicas que combinem com tudo podem ajudá-lo a economizar tempo.

930. Poupe o tempo que usa para discernir o preto do azul-marinho e pendure as peças desta cor em um cabide devidamente marcado. Colocar uma fita no cabide pode ser uma boa ideia.

931. Escolha peças de roupa que não precisem ser passadas, que possam ser lavadas na máquina de lavar e sejam fáceis de cuidar. Você irá gastar menos tempo e dinheiro se não precisar levar as roupas na lavanderia nem passá-las.

932. Apenas 18 minutos a mais. Quando você estiver arrumando um lugar, faça isso por apenas mais 18 minutos. Por exemplo, depois de limpar um cômodo, enquanto o material de limpeza estiver à mão, limpe outro cômodo por apenas 18 minutos. Depois, quando esse tempo acabar, pare tudo, já que ultrapassar o tempo pode fazer você se atrasar.

933. Se você gasta tempo procurando a carteira no fundo da bolsa, use uma carteira vermelha ou de cor forte, assim você vai encontrá-la facilmente.

934. Não perca mais tempo trocando os objetos de uma bolsa para outra. Em vez disso, use um organizador de bolsa; coloque as coisas de que precisa no organizador e depois o guarde dentro da bolsa que escolheu para usar naquele dia. Consulte os exemplos de organizadores de bolsa no meu site www.jamienovak.com [em inglês].

935. Designe um lugar para deixar as coisas que irá levar para a viagem de férias, os objetos que venderá em um bazar, os itens que precisarem ser devolvidos, a correspondência e assim por diante. Manter os objetos similares juntos torna a vida mais fácil.

936. Leve uma lista de compras à loja que for. Sem uma lista, você terá mais chances de se esquecer de itens e de ter de voltar à loja depois.

937. Não perca mais tempo procurando por recibos e outros papéis deixados no fundo da bolsa, na carteira lotada ou na sua maleta. Em vez disso, coloque na sua bolsa um envelope plástico pequeno, com fecho de velcro, e quando você receber um recibo, guarde-o no envelope.

938. Deixe uma caixa de lenços umedecidos com produtos de limpeza em lugares como banheiros e cozinha, assim você pode economizar tempo limpando aqui e ali em vez de fazer uma limpeza mais profunda todas as vezes.

939. Tome banhos curtos. Economize tempo e água!

940. Escolha lojas que ofereçam o serviço de busca e entrega. Coisas como alugar um filme, comprar selos e mandar roupa para a lavanderia consumirão menos tempo se você puder contar com esse serviço.

941. Tenha alguns presentes de última hora à mão, assim, quando você for convidado para um evento, poderá presentear o anfitrião. Alguns presentes genéricos como velas e

vinhos podem ajudá-lo a economizar tempo quando você estiver apressado e não tiver tempo de parar para comprar alguma coisa. (Ter esses itens à mão ajuda seu bolso também, já que comprá-los em lojas de conveniência sai mais caro.)

942. Quando precisar comprar uma peça e não souber exatamente qual o nome dela ou em que lugar da loja ela fica, leve uma foto com você quando for fazer compras. Vale a pena tirar uma foto de um acessório de encanamento ou de um cabo de conexão e levá-la à loja, assim você não perderá tempo procurando o produto na loja nem terá de voltar para devolver o produto errado. Com a ajuda da foto, o vendedor poderá ajudá-lo a encontrar.

943. Lembre que quando não sabemos o que fazer, acabamos não fazendo nada. Em vez de ficar sentado imaginando qual o próximo passo para terminar uma tarefa, pesquise antes. Quando você achar alguém que pode ajudá-lo, não perderá mais tempo com o método de tentativa e erro nem irá postergar a tarefa.

944. Quando você precisar realizar uma tarefa pela primeira vez, encontre alguém que já tenha passado por isso e anote o que ela puder lhe ensinar. Por exemplo, digamos que você agora seja o responsável por criar o boletim informativo da organização a que pertence. Você pode começar do zero ou verificar com a pessoa que já realizou o trabalho para ver quais dicas ela pode lhe dar e perguntar se ela tem um modelo para lhe emprestar. Não faz sentido reinventar todo o processo.

945. Há alguns sinais que indicam que você está estressado graças ao excesso de compromissos, como o surgimento de hematomas sem motivo aparente, esmurrar as

coisas, não conseguir lembrar onde deixou objetos como as chaves, guardar os itens no local errado, falar sozinho (mais que o usual), ter dificuldade para dormir ou ficar sonolento, não conseguir se lembrar de eventos que ocorreram apenas horas ou dias atrás (como o que comeu no café da manhã) e sentir como se seus dias fossem um só.

**946.** Dar e ganhar presentes que possam ser consumidos economiza o tempo de todo mundo. Se você pedir presentes como entradas para uma partida de futebol, um dia em um spa ou um jantar, ganhará um presente que não precisa ser pensado. E se você escolher dar esse tipo de presente, economizará tempo, pois não precisará fazer compras nem decidir o que comprar.

## 53. COMECE E TERMINE SEUS DIAS NA HORA CERTA

**947.** Os alarmes que tocam mais de uma vez são uma boa escolha. Em vez de acordá-lo com apenas um toque alto, esses alarmes tocam baixo da primeira vez. A campainha toca cada vez mais alto, assim você pode acordar aos poucos, de uma maneira mais natural, fazendo com que não precise do botão de soneca.

**948.** Os botões de soneca são perigosos. Pensar "só mais um minutinho" pode fazê-lo dormir demais. E esse minutinho pode atrasar muito sua manhã. Procure colocar o alarme no meio do quarto, assim você terá de se levantar para desligá-lo. Uma vez de pé, é mais difícil voltar para a cama.

**949.** Preparar-se para o dia seguinte na noite anterior é uma boa maneira de assumir o comando e realizar mais coisas. Em algum momento da noite, verifique sua agenda para o dia seguinte, escreva sua lista de afazeres e pegue os objetos de que vai precisar. Por exemplo, se há previsão de chuva para o dia seguinte, pegue o guarda-chuva agora, veja onde está o celular e recarregue-o e separe a roupa que irá vestir.

**950.** No final do dia, deixe de lado os projetos em que estiver trabalhando, estejam prontos ou não. Guarde as coisas, limpe e deixe sua casa ou seu escritório em melhor estado do que o encontrou de manhã.

**951.** Se quando você sai de casa costuma se esquecer de pegar coisas como a marmita, então experimente usar um lembrete feito para ser pendurado na maçaneta. Esses lembretes são desenhados especialmente para serem colocados na maçaneta e permitem que você anote frases como "pegar o almoço". Como a maçaneta é o último lugar em que você toca antes de sair, se você tiver se esquecido de alguma coisa, o bilhete irá lembrá-lo. (Nota: Você pode ver fotos desse tipo de lembrete no meu site www.jamienovak.com [em inglês].)

952. Separe um tempo para arrumar as coisas no final do dia. Essa arrumação rápida leva de cinco a dez minutos, mas o ajudará a economizar muito tempo, já que evitará que a bagunça se acumule e que você precise de um dia inteiro para arrumá-la depois.

953. No final do dia, separe o que você irá precisar no dia seguinte. Se pretende trabalhar em um arquivo no escritório, separe-o e deixe-o na sua mesa ou cadeira. Se você planeja telefonar para a empresa do cartão de crédito, separe seu extrato e deixe-o na bancada da cozinha. Se você pretende devolver os livros na biblioteca, separe-os e deixe-os no banco da frente do carro. Não importa o que planeje fazer, você levará menos tempo se deixar tudo pronto com antecedência.

954. Guarde as coisas quando terminar o dia mesmo que você ainda não tenha acabado o trabalho e pretenda retomá-lo depois. Às vezes você pode voltar para um projeto mais tarde do que imaginou e perder os itens do projeto, o que vai fazê-lo perder tempo procurando por eles novamente quando precisar ou se distrair quando tiver de se concentrar em outra coisa.

955. Faça uma transição do dia de trabalho para o início da noite, não importa se você trabalha fora ou em casa. Ouça uma música calma em vez de ver televisão; troque de roupa e tire a maquiagem (se você usá-la). Outra boa ideia é ter algum

alimento saudável à mão para beliscar e afastar a fome e crianças mal-humoradas enquanto prepara o jantar.

956. Enquanto você estiver experimentando uma nova rotina matinal ou noturna, coloque uma pequena lista em um lugar visível para que você não se esqueça da nova rotina. Após cerca de 21 dias a nova rotina terá se transformado em hábito e você pode retirar a lista.

957. Escolha suas roupas na noite anterior e economize tempo de manhã. (Economize ainda mais tempo e escolha no domingo as roupas que irá usar na semana; verifique a previsão do tempo, assim você não precisará perder tempo escolhendo outra roupa quando se levantar e estiver um dia chuvoso que você não esperava.)

958. Deixe seus filhos se trocarem sozinhos. Em vez de perder tempo discutindo se eles podem ou não usar a fantasia de carnaval na escola, tire tudo o que não for apropriado do armário ou das prateleiras.

959. Arrume o material escolar à noite, assim você vai perder menos tempo de manhã para sair. Pela manhã sempre gastamos mais tempo para fazer as coisas, portanto faça tudo o que puder à noite. Certifique-se de que as crianças arrumaram a mochila antes de se deitar. Deixe tudo o que precisa para o dia seguinte perto das mochilas (o uniforme, instrumentos musicais, material esportivo etc.).

960. Para ter mais tempo de manhã para arrumar cada criança antes de sair, tente acordá-las em momentos diferentes. Mesmo cinco minutos com uma criança sem ser interrompido pela outra são suficientes para adiantar as coisas.

961. Fazer uma lista com as atividades que precisam ser realizadas de manhã pode poupar o tempo de todo mundo. Anote a lista em uma folha e deixe-a em um lugar onde as crianças possam vê-la. Se seus filhos ainda não sabem ler, use figuras para ilustrar as tarefas como escovar os dentes, pentear o cabelo e pegar a mochila. (Não é preciso escrever uma lista nova todos os dias; faça uma por semana, assim você pode acrescentar as atividades específicas de um determinado dia.)

962. Se você se ofereceu como voluntário para alguma atividade escolar, talvez tenha de dar conta de vários papéis. Poupe tempo ao usar um arquivo para esses papéis e deixe-o no carro. Assim você terá a lista com nomes e endereços e toda a papelada necessária à mão, e você pode levar o arquivo para casa, se precisar.

963. Se você é interrompido constantemente por membros da família que pedem sua ajuda para realizar tarefas que eles deveriam fazer sozinhos, faça algumas mudanças. Por exemplo, se seus filhos pequenos pedirem para você pegar o suco na geladeira, mude-o para uma prateleira mais baixa, assim eles poderão pegá-lo sem interrompê-lo.

964. Faça uma lista geral para que todos verifiquem se fizeram tudo o que precisavam antes de sair de casa de manhã. Coloque a lista perto da porta de entrada ou da cozinha. Perto da lista, você pode colocar uma sapateira de plástico na porta para deixar os objetos que usa com mais frequência como os óculos de sol, as chaves e itens que precisa levar com você, como a correspondência e os livros da biblioteca, assim você economizará tempo.

965. Deixe a mesa do café da manhã arrumada antes de se deitar. Coloque os cereais, o adoçante e outros ali-

mentos não-perecíveis. Deixe a cafeteira pronta e arrume o *timer*. Quando estiver com pressa, use descartáveis.

966. Dê-se um tempo para acordar e se arrumar antes de as crianças levantarem; assim você poderá lhes dar atenção e ficará menos estressada, já que estará pronta para sair.

967. Estabeleça uma regra familiar e não deixe que assistam a tevê enquanto estiverem se arrumando para sair. Quando todos estiverem prontos, se sobrar tempo, então poderão ligar a televisão.

968. Com todos os compromissos que a família toda tem é necessário reservar um momento para passarem juntos antes que não sobre mais tempo. Reserve uma noite por semana para as atividades fora de casa. Para garantir o programa, reserve uma noite no calendário logo no início do mês ou, antes que você perceba, todas as noites estarão ocupadas.

969. Procure reservar uma noite por mês. Finja que uma tempestade interrompeu o fornecimento de energia na sua casa. Jante à luz de velas, jogue com a família e proíba os jogos solitários no computador, as conversas ao telefone e o uso do computador para qualquer atividade – você ficará surpreso, pois a noite parecerá mais longa. Tudo o que precisa ser ligado na tomada ou que usa bateria para funcionar consome muito tempo de nossos dias. Esses aparelhos oferecem vantagens, mas é bom desligá-los de vez em quando.

970. Determine uma hora para que as crianças façam a lição de casa. Se você não separar um horário para isso, as crianças deixarão a lição para a última hora e deitarão mais tarde, tornando as manhãs mais difíceis. (Marque a lição

para a hora mais adequada para seu filho. Algumas crianças precisam comer alguma coisa antes de fazer a lição depois da escola; outras trabalham melhor algumas horas depois da escola, portanto marque a lição para depois do jantar.)

**971.** Designe sacolas coloridas, uma para cada atividade ou projeto e economize tempo. Em vez de fazer e desfazer várias sacolas para transportar o material necessário para determinada atividade, organize uma sacola para cada atividade e pegue a(s) que precisa. (Não sabe onde guardar as sacolas? Guarde-as em um banco cujo assento se levante ou em um cesto grande e decorativo. Em alguns casos você pode deixá-las no portamalas do carro.)

**972.** Verifique o calendário à noite e peça para cada um anotar o que planejou para o dia seguinte; assim todos saberão onde cada um vai estar e você poderá evitar confusões antes que seja muito tarde para fazer ajustes no que planejou.

**973.** Tente ater-se ao máximo à rotina matinal e noturna. Quanto mais você treinar, melhor se sairá. Sua rotina matinal deve incluir sair de casa com tudo o que precisa, além de um plano claro para o dia; a rotina noturna precisa incluir arrumar rapidamente os cômodos da casa, preparar-se para o dia seguinte e dispor de um tempo livre antes de deitar.

## 54. MANTENHA OS NOVOS HÁBITOS E APROVEITE O TEMPO RECUPERADO

**974.** Concentre-se no sucesso em vez de pensar no que deixou inacabado. Sempre haverá mais a fazer; portanto, se você se concentrar no que não terminou, sempre se sentirá para trás.

**975.** Para manter seus novos hábitos é essencial que você deixe tempo suficiente para recarregar as baterias e divertir-se. É preciso equilibrar trabalho e diversão.

**976.** Não trabalhe demais. Se você só pensa em trabalhar e se concentra apenas em cumprir sua lista de afazeres, você vai se cansar logo e resistirá às novas rotinas.

**977.** Reveja seus planos com a família pelo menos uma vez ao ano. Embora você possa achar que as coisas estão indo bem, aqueles que moram com você podem pensar diferente, portanto peça a opinião deles.

**978.** Lembre-se de que é muito importante que seu tempo corresponda às suas prioridades. Reveja seus objetivos e ajuste seu horário de acordo com eles. Se você não desejar passar o tempo realizando o que é importante para você, então administrar o tempo não lhe parecerá tão importante assim.

**979.** Atualize seus planos e ajuste-os conforme sua vida mudar. A vida não permanece a mesma, portanto seu método de administrar o tempo também não deve ser o mesmo sempre ou ele correrá o risco de se tornar ultrapassado.

980. Misture a ordem das novas rotinas para que elas continuem novidade. Fazer a mesma coisa dia após dia pode se tornar monótono, então altere a ordem das coisas e mantenha a rotina interessante.

981. Recompense-se quando fizer um trabalho bem feito. Sempre que chegar ao final de um dia particularmente complicado ou tomar uma decisão difícil, como desistir de participar de um projeto voluntário que você já tinha aceitado antes, faça algo agradável para você como recompensa.

982. Você pode se acostumar com o fato de que realiza muito mais coisas do que costumava realizar e se esquecer de quão longe chegou. Reconheça as mudanças que fez; pode ser difícil se lembrar de como era difícil chegar ao fim do dia; portanto, lembre-se sempre do longo caminho que trilhou para chegar onde chegou.

983. Faça ajustes sempre que necessário. Nenhum plano é perfeito; portanto, continue fazendo o que está funcionando e experimente novas ideias se algo não estiver dando certo. Não faz sentido insistir em um método que não funciona para você. Em vez disso, encontre uma maneira de administrar o tempo que combine com seu estilo e personalidade.

984. Seja flexível com seu novo plano. É possível que você não o execute direito da primeira vez e precise fazer algumas mudanças. Se isso acontecer, lembre-se de que não significa que você fracassou; quer apenas dizer que você excluiu algo que não vai funcionar e que tentará de novo.

985. Não desanime. Você precisa de cerca de 21 dias para estabelecer um novo hábito. Portanto, se você está ex-

perimentando uma rotina nova e em uma semana não a colocar em prática um dia, não desista. Apenas comece de novo. Antes do esperado ela terá se tornado um hábito e você não precisará mais se esforçar para se lembrar de cumpri-la.

**986.** Pendure alguns bilhetes para lembrá-lo por que você está determinado a controlar seu tempo. Você pode pendurar a foto de seu filho, seu cônjuge ou de uma paisagem de um lugar relaxante como uma praia, o valor da sua pressão arterial ou qualquer outra foto que o lembre de por que administrar o tempo é importante para você. Mantenha-os em um lugar que você os veja diariamente, como seu calendário, a porta da geladeira ou perto do espelho do banheiro.

**987.** Cole bilhetes pela casa – no telefone ou no calendário – se eles forem ajudá-lo a se lembrar das novas diretrizes para administrar o tempo. Você não precisa manter os bilhetes para sempre – apenas até estabelecer o novo hábito.

**988.** Espere que as coisas se tornem difíceis. Não há mágica, portanto é melhor não esperar que o fato de implementar algumas novas diretrizes resolverá toda a sua dificuldade em administrar o tempo. Crie expectativas realistas e, quando as coisas ficarem difíceis, lembre-se de que você tem um plano e que esse tempo difícil irá passar.

**989.** Tenha um plano para reorganizar-se quando as coisas ficarem complicadas. Se você conseguir reconhecer que precisa de clareza e perspectiva em determinado momento, poderá se afastar da situação e voltar quando as coisas estiverem mais claras. Muitas pessoas contam que esfregar a pia, tomar um banho, sair para caminhar, escrever uma lista ou brincar com as crianças ou com o animal de estimação realmente ajudam.

**990.** Permita-se demorar mais tempo no início para colocar o novo método em prática. A demora será temporária. Lembre-se de que o método o ajudará a poupar tempo, portanto atenha-se ao novo plano.

**991.** Ninguém pode se sentar e assistir a um filme em vez de você; ninguém pode sair para uma caminhada em seu lugar. Assegure-se de que busca o equilíbrio. Você não vai querer olhar para trás e perceber que todos esses pequenos momentos passaram enquanto você se dedicava a planejar a vida. Aproveite cada momento, seja ele tenso ou calmo.

**992.** O velho clichê "Viva cada dia como se fosse o último" pode parecer um pouco exagerado para os dias atuais. Isso quer dizer: tente fazer o melhor possível para viver sem arrependimentos.

**993.** A caixa de entrada nunca estará vazia e sempre haverá mais coisas a fazer. Lembre-se de que esse é um processo, não um destino. Se você planeja ser feliz apenas quando estiver em dia com suas coisas, vai esperar muito, muito tempo. Em vez disso, aproveite o momento.

**994.** Aproveite a sensação de conseguir cumprir seu horário e não caia na bobagem de pensar que essa nova sensação de controle e liberdade é muito boa para ser verdade. Quando você colocar seu novo método em prática, essa liberdade e esse controle serão parte da sua nova vida. Haverá dias em que as coisas serão um pouco difíceis? Claro, mas isso é temporário.

**995.** Não deixe a culpa acabar com seu prazer. Sua autocrítica pode aflorar seu lado sombrio e tentar convencê-lo de que deveria fazer mais ou trabalhar em algo mais produtivo;

ou ela pode sussurrar outras coisas sem sentido que podem causar-lhe a sensação de não estar fazendo o suficiente ou bem feito. Se você e sua família estão felizes com tudo o que estão fazendo, então está dando certo e não há por que se sentir mal.

**996.** Não permita que os comentários alheios o influenciem. Essa é sua vida e você tem o direito de escolher como quer vivê-la. Só você tem o poder de deixar alguém fazê-lo se sentir culpado, incomodado ou inseguro acerca de suas escolhas. Permita-se viver do seu jeito e se suas escolhas deixarem alguém insatisfeito, ele terá de se reconciliar com ele mesmo.

**997.** Pare de se comparar com os outros. Se você repara no tamanho da lista de afazeres de outra pessoa ou em quantas atividades extracurriculares seus filhos fazem, você está desperdiçando um tempo que poderia usar de maneira produtiva.

**998.** Pare de tentar ter o mesmo padrão de vida dos seus vizinhos. Só porque alguém está fazendo algo não significa que você deva fazer o mesmo. Ao frequentar eventos sociais e outras coisas que não são prioridade para você suas férias podem lhe custar caro. Ter uma vida plena significa viver de acordo com suas prioridades, não acumular atividades.

**999.** Não tenha inveja daqueles que aparentam dispor de mais tempo – eles não dispõem de fato. Às vezes a grama do vizinho parece mais verde; outras parece que ele consegue fazer mais coisas que você ou dispor de mais tempo, mas isso não é necessariamente verdade. Sempre que achar que os outros estão fazendo mais que você, dê um passo atrás e pense bem. Quando você se voltar para si, poderá realizar mais. E sempre lembre que alguém está olhando para você e imaginando como consegue dar conta de tudo.

# 1000.

Sempre fale frases positivas sobre o tempo. Evite comentários como "Estou muito ocupado", "Nunca vou conseguir terminar isto" e "Não tenho tempo o suficiente". Em vez disso, quando você estiver sobrecarregado e precisar de mais tempo, diga para si "Eu disponho de tempo o suficiente". É impressionante como essa mudança de pensamento pode transformar sua atitude e diminuir seu nível de estresse.

### TENHA MAIS TEMPO DISPONÍVEL HOJE MESMO!
1. Escolha uma mudança pequena que fará a diferença e adote-a hoje mesmo.
2. Inicie uma nova rotina, assim você vai começar e terminar o dia na hora certa.
3. Equilibre seu tempo e sempre faça algo divertido.

### TENTE ISTO:
Faça suas contas para descobrir quanto tempo vai precisar para realizar as tarefas e quando precisará começar, assim você as terminará na hora.

### REPITA COMIGO:
"Deixo tudo preparado na noite anterior; assim, minha manhã é mais tranquila."

## NOTAS DA AUTORA

Enquanto eu escrevia este livro, imaginava você correndo para chegar ao fim do dia – sobrecarregado, se sentindo para trás e geralmente estressado – e quis fornecer dicas efetivas e simples que lhe dessem alívio imediato, pois não quero que fique ocupado a ponto de perder as coisas importantes da vida. Sei que você pode dispor de mais tempo durante o dia! Também sei que há muito tempo para fazer as coisas de que gosta. Apenas compartilhei mil maneiras de conseguir tirar mais proveito do dia. Mas, por favor, lembre-se de que todas as dicas interessantes são apenas ideias até que você as coloque em ação. Portanto, sua função é colocá-las em prática. Você não precisa fazer tudo certo, precisa apenas praticá-las! Escolha uma ideia e experimente-a. Depois acrescente mais uma e outra, até recuperar o controle.

Você pode fazer isso. Recuperar o tempo é um processo que inclui todas as pequenas coisas que você faz, não apenas uma grande mudança. Então comece hoje a fazer um pequeno ajuste. Estou tão feliz em ver como sua vida vai mudar para melhor quando você obtiver mais controle sobre o tempo!

Quero dividir com você algumas coisas das quais tenho certeza:

- Você não pode administrar o tempo; você só pode administrar a si mesmo.
- É bobagem fazer sua lista de afazeres antes de estabelecer suas prioridades.
- Sempre haverá mais a fazer. Você nunca estará em dia.
- Ninguém, sem sua permissão, pode fazê-lo se sentir culpado em relação à maneira como decidiu passar o tempo.
- Se você não aprender a dizer "não" às vezes, você nunca será realmente feliz.
- É importante fazer escolhas; você não pode ter tudo.

- Essa é sua vida; não é um ensaio e passa mais depressa do que você imagina.
- Você sempre poderá melhorar, mas está realizando um bom trabalho!

Espero que tenha gostado do livro e convido-o a visitar meu website www.jamienovak.com. [em inglês] para obter mais ideias e inspiração. Gostaria de saber sua opinião e espero que você divida sua história de sucesso comigo. Lembre-se de que a vida não é um ensaio.

*Jamie Novak*

Obs. 1: Tentei dar conta de todas as áreas importantes, mas se esqueci alguma que você gostaria que eu abordasse, adoraria saber.

Obs. 2: Convido você para juntar-se a um amigo ou a vários amigos e começar um grupo para recuperar o tempo. Mais informações no final deste livro e no meu site.

## Como remover manchas

### DICAS E TRUQUES GERAIS
- Nunca seque uma peça manchada na secadora de roupas, pois a mancha adere à roupa. Além disso, como o processo de secagem à máquina pode fazer com que a mancha reapareça, certifique-se de que removeu qualquer resquício de mancha da roupa, mesmo que você mesmo tenha lavado a peça.
- Quando for lavar uma área manchada, enxague do avesso, assim a parte interna não ficará manchada.
- Antes de passar o produto em toda a mancha, teste seu removedor de manchas em uma pequena área do tecido para verificar se ele é compatível com o produto.
- Estas sugestões já foram testadas e são garantidas; entretanto, você sempre deve consultar o fabricante ou a lavanderia que faz lavagem a seco para obter mais informações caso a peça seja única ou feita com um tecido delicado.

### PRODUTOS E MATERIAIS QUE ACABAM COM AS MANCHAS
- Amônia
- Bacia (para deixar a roupa de molho)
- Detergente
- Conta-gotas (para aplicar o removedor de manchas)
- Água oxigenada
- Suco de limão
- Aguarrás (à venda em lojas de utensílios domésticos e em alguns supermercados)
- Álcool isopropílico
- Removedor de manchas
- Escova de dente (para esfregar áreas pequenas)
- Vinagre branco

**Barro:** Deixe secar e remova o excesso; depois deixe de molho na água quente com sabão de lavar roupa. Antes de secar, use vinagre branco ou água oxigenada para tirar o amarronzado.

**Batom:** Use um removedor de manchas para tirar a gordura, depois aplique vinagre branco para dissolvê-lo.

**Café:** Use vinagre branco e enxague.

**Catchup:** Tire o excesso. Use um removedor de manchas e, se necessário, vinagre branco.

**Cera:** Aplique gelo na mancha e remova a cera. Enxague com aguarrás para remover qualquer resíduo. Outra solução é embrulhar a peça em um saco de papel marrom e aquecê-lo com o ferro de passar roupas; o saco de papel irá absorver a cera derretida.

**Chá:** Enxague a área com suco de limão e lave a peça normalmente.

**Chiclete:** Aplique gelo na mancha, depois remova o chiclete. Enxague com aguarraz para tirar qualquer resíduo. Se você tiver tempo, leve a roupa para a lavanderia e lave-a a seco; eles têm um solvente que remove o chiclete.

**Geleia/gelatina/conservas:** Use álcool isopropílico para lavar a área afetada e depois vinagre branco. Lave com detergente e enxague.

**Gordura:** Se a mancha for intensa, deixe a peça de molho em água fria ou em solução salina. Aplique água oxigenada. Lave com detergente e enxague.

**Maionese:** Use um removedor de manchas e lave com aguarrás para remover o resíduo, se necessário.

**Manteiga:** Comece aplicando um removedor de manchas e, se necessário, aplique água oxigenada diretamente na mancha.

**Molho de churrasco:** Tire o excesso e use um removedor de manchas. Depois aplique vinagre branco, se necessário, para tirar a mancha que porventura tenha sobrado.

**Mostarda:** Enxague a área com amônia e lave com detergente.

**Óleo:** Comece aplicando um removedor de manchas e depois use aguarrás para remover os resíduos, se necessário.

**Ovo:** Se a mancha for intensa, deixe a peça de molho em água fria ou em solução salina. Aplique água oxigenada e lave com detergente; enxague.

**Sangue:** Se for uma mancha intensa, deixe a peça de molho em água fria ou em uma solução salina. Aplique água oxigenada para remover toda a mancha. Lave a peça com detergente e enxague.

**Shoyu:** Deixe de molho na água quente com detergente, depois aplique água oxigenada para remover o resíduo.

**Suco:** Use álcool isopropílico para lavar a área afetada e depois, vinagre branco. Lave com detergente e enxague.

**Suco de legumes:** Enxague a área com álcool isopropílico e vinagre branco para remover a cor. Lave com detergente e enxague.

**Suco de tomate:** Tire o excesso. Use um removedor de manchas e depois aplique vinagre para remover a cor, se necessário.

**Tinta (caneta esferográfica):** Aplique spray para cabelo na mancha e enxague imediatamente com água morna. Se necessário, use detergente.

**Tinta (caneta hidrográfica):** Lave a área afetada com álcool isopropílico e depois use detergente líquido.

**Vinagrete:** Aplique um removedor de manchas e depois use vinagre branco para remover a cor, se necessário.

**Vinho (branco):** Enxague com água fria e depois lave a peça normalmente.

**Vinho (tinto):** Passe álcool isopropílico e depois vinagre branco para remover a cor.

## Receitas de produtos de limpeza feitos em casa

Essas receitas de produtos de limpeza são feitas com ingredientes disponíveis nos supermercados e deixarão sua casa brilhando em pouco tempo. Etiquete cada recipiente, assim você saberá para que serve cada produto. Você pode escrever a receita no frasco, assim será mais fácil de repor o produto quando acabar.
Muitas dessas soluções contêm vinagre, que é um ótimo produto para limpeza. Você fica preocupado com o cheiro de vinagre que possa ficar nas roupas? Não se preocupe; desaparecerá assim que o vinagre secar.

**Produto para superfícies delicadas (para uso em bancadas, bocas de fogão, chão, assentos sanitários, geladeira, portas, prateleiras e muito mais):**
Misture 1 xícara de vinagre branco e 1 xícara de água fria e coloque em um borrifador.
Para sujeiras mais difíceis como manchas de espuma de sabão, aqueça a solução e passe-a generosamente na área afetada. Deixe agir por dez minutos antes de limpar.

**Produto para superfícies resistentes:**
Misture 1 colher de sopa de amônia e 1 colher de sopa de sabão em pó com 2 xícaras de água quente e coloque em um borrifador.

**Produto para limpeza leve (para manchas em banheiras, restos de alimentos grudados na geladeira, bancadas da cozinha e muito mais):**
Use um porta-queijo ralado que tenha furos na tampa vazio e limpo (os furos do saleiro são muito pequenos). Encha-o com bicarbonato de sódio.
Polvilhe uma esponja com o bicarbonato e mãos à obra.

Pasta para limpeza pesada (para limpar torneiras, banheira, manchas de espuma de sabão e muito mais):
Faça uma pasta usando uma parte de água e duas de bicarbonato de sódio. Passe a pasta nas áreas difíceis de limpar. Aguarde dez minutos e remova a sujeira facilmente.

Produto para limpar vaso sanitário (também pode ser usado para retirar resíduos minerais e limpar manchas de espuma de sabão):
Para esvaziar o vaso sanitário, jogue um balde de água. Depois borrife vinagre branco não diluído no vaso. Esfregue com a escova e use uma pedra-pomes (sim, uma pedra-pomes) para remover as manchas difíceis.

Spray para limpeza de vidros e superfícies brilhantes (janelas, cromo, ladrilhos de cerâmica e muito mais):
Misture 1 xícara de álcool isopropílico com 1 xícara de água fria e 1 colher de sopa de vinagre branco e coloque a mistura em uma garrafa.

Solução para limpeza pesada
(chuveiros e torneiras com depósito mineral):
Despeje ½ xícara de vinagre branco não diluído em uma sacola plástica para guardar alimentos e prenda-a na torneira ou no chuveiro usando uma tira de borracha; veja se as peças estão mergulhadas na solução. Deixe agir por duas a seis horas. Se necessário, use uma escova de dentes ou uma escova para limpar mamadeiras para limpar os resíduos.

# GRUPOS DE APOIO

## GRUPO DE DISCUSSÃO SOBRE COMO RECUPERAR SEU TEMPO

Você gostaria de se encontrar com outras pessoas que também estão tentando poupar tempo e se organizar? Convido-o para criar um grupo de discussão chamado "Recupere seu tempo". É muito fácil, basta usar este livro como guia. Posso ajudá-lo no que for preciso, portanto me avise quando organizar o grupo. Adoraria participar via telefone. Posso dividir alguns dos meus melhores segredos do livro *1000 maneiras rápidas e fáceis para poupar tempo* com o grupo, e você pode me falar sobre seus problemas. Gostaria muito de ouvir como você e seus amigos estão implementando minhas soluções e fazendo mudanças positivas na vida para criar tempo para vocês e para as coisas que importam àqueles que amam. Mande-me um e-mail [Jamie@jamienovak.com.]. Desejo-lhe toda a sorte do mundo.

*Atenciosamente,*
*Jamie*

## ONZE PASSOS SIMPLES PARA VOCÊ CRIAR SEU GRUPO DE DISCUSSÃO "RECUPERE SEU TEMPO"

1. Encontre pelo menos uma pessoa que esteja lutando para conseguir terminar os afazeres (inclua as mães dos colegas dos seus filhos, seus colegas de trabalho, amigos, familiares, vizinhos, amigos ou conhecidos da sua igreja e pais de colegas da creche do seu filho ou das aulas extracurriculares).
2. Convide a(s) pessoa(s) para fazer parte do grupo.
3. Escolha um lugar para as reuniões. Vocês podem optar por um rodízio, indo cada vez em uma casa, ou se encontrarem em um café ou na biblioteca.

4. Escolha uma data e um horário para as reuniões.
5. Decida com que frequência o grupo irá se reunir – semanal ou mensalmente.
6. Certifique-se de que todos leram o capítulo 1 deste livro antes da primeira reunião.
7. No primeiro encontro, discutam as dez regras de ouro.
8. Designe uma pessoa por reunião para ser responsável pela administração do tempo, assim todos terão chance de participar.
9. No final da reunião, verifique se todos estabeleceram um objetivo para alcançar antes da próxima reunião.
10. Escolha qual capítulo será lido antes da próxima reunião.
11. Mantenha contato com o grupo entre as reuniões para que todos possam apoiar uns aos outros. Vocês podem obter ajuda gratuita pela internet acessando o meu site: www.jamienovak.com [em inglês].

# ÍNDICE

**A**
Abridor de cartas, 197, 214
Achados e perdidos, caixas de, 79, 153
Acompanhamento, 96
Adereços, 132
Adiadora viciada em adrenalina, personalidade, 171
Adiamento, 160, 163, 165-69, 179-80, 304
Administração do estresse, 63
Administração do tempo: mitos e objeções, 173-76, 179-80
Adultos com TDAH, 157-61
Agenda, 48-51, 53, 65
Agenda de endereços: telefone celular, 243-44; e-mail, 222, 225
Alarmes: calendários e, 50-1; arrumar o, 39
Álbum de foto personalizado (*scrapbook*), 252
Álcool isopropílico, 341-44
Alimento: limpeza e, 133; congelamento, 104-5. *Ver também* preparo; aquecimento; planejamento de refeições
Almoço, hora do, 82
Aluguel de filmes, 137
Amigos, 149, 151-53; e-mail e, 221-22; diversão e, 193; supermercado com os, 99; festas de fim de ano e aniversários, 303; planejamento de refeições e, 94; telefonemas, 247; compromissos sociais e, 27; grupos de ajuda"Recupere seu tempo", 340, 349; plano para administrar o tempo, 29
Amônia, 341, 343, 345
Animais de estimação, 181, 183-87, 191-93
Aniversários, 70, 301-8, 318
Anotações, 324; calendários e, 43, 46-9; crianças e, 142; distrações e interrupções, 178-79; planejamento de refeições e, 93; reuniões e, 261-62; mudança e, 309; papéis pendentes, 199, 201; páginas pessoais e, 85; lembretes, 327-28, 335; dormir e, 63; lista de afazeres e planejamento, 53, 56-7; trabalho e, 261-62; escrever, 25. *Ver também* lista; listas de afazeres
Ansiedade, 166. *Ver também* estresse

Aquele que quer sempre agradar, personalidade adiadora, 171-72
Armário (s): roupa suja e, 322; limpeza e, 132; combinação, 322; rotina noturna e, 329; exercícios, 192; roupa dobrada, 297; conserto, 77, 133; soluções para organizar os, 295-97; estações do ano, 75, 295; meias, pares de, 73; instruções de lavagem, 79. *Ver também* roupa suja.
Armário de roupas, soluções para a organização do, 295-97
Aparelhos de ginástica, 191
Aquários, 187
Aquecimento de alimentos, 102
Área de limpeza, 121-25
Área de serviço, 79
Armazenamento, 24: objetos emprestados, 137, 270; acessórios de máquina fotográfica, 251; trabalhos das crianças, 137; caixas de limpeza, 134; produtos de limpeza, 121, 134; controle da bagunça e, 275-76; trabalhos manuais e costura, 189, 190; à prova de intempéries, 212-15; jardinagem, 183-85; material para embalar presentes, 303-4; memórias pessoais, 259; objetos de animais de estimação, 186; fotos, 251-52, 254-55; sacolas, 332; brinquedos, 141; papelada do trabalho, 263-64. *Ver também* arquivos.
Arquivos, 209-15
Arquivos de mesa, 199-204
Aspirador de pó, passar o, 124, 130, 307-8
Assinaturas, 224, 264
Atenção, 24
Atitude, 25
Atividade (s): calendários e, 50-1; níveis de igualdade 44
Atividade física. Ver exercício físico
Atividades extracurriculares, 139-40, 142
Atraso crônico, 157-61
Atrasos, planejando-se para os, 37
Atribuições, trabalho, 83
Atualizações tecnológicas, 321
Audiolivros, 192
Autodisciplina, 159
Automatizado: serviços relacionados a animais de estimação, 187; regar, 184, 185; trabalho, 263-65

Automóveis. *Ver* carros

**B**
Babás, 116, 131, 306,
Bagunça, 139, 178, 233, 269, 272, 275-76, 279-81
Bancada, soluções de limpeza para a, 345-46
Bancada da cozinha, limpeza da, 134,
Bandeja para botas, 283-84
Banheiro: limpeza, 129, 132-33, 308; soluções para limpar o, 345-47; relógio no, 38
Banho, crianças, 147
Baús, 277
Bazar, 378
Bebês, 147-48
Bebidas, lugar para preparar, 291
Bicarbonato de sódio, 122, 129, 346
Blackberries, 231-239
Boca de fogão, soluções para a limpeza de, 345
Bolos, preparo de, 103-4
Bolsa de fraldas, 147-48
Brincadeiras, 191. *Ver também* diversão
Brinquedos: das crianças, 141; soluções para a organização dos, 292, 293; dos animais de estimação, 185
Busca na internet, 228-29

**C**
Cabelos, cuidados com os, 62
Cabides, 77-8, 297, 322
Cadeiras, limpeza, 308
Café da manhã, rotinas para o, 330-31
Caixa de tarefas, 56
Caixas de produtos de limpeza, 134, 186
Caixas de utensílios domésticos, 296
"Caixas do quem sabe", 277
Caixas para tempero, 289
Calendários, 43-51; crianças e, 137-38, 143; tarefas e, 69; controle da bagunça e, 280; uso efetivo do, 65; rotinas noturnas e, 327-28, 331-32; festas de final de ano e aniversários e, 306; planejamento

. 351

das refeições e, 92; soluções para organização e, 285, 287; papéis pendentes e, 199-204; organização de fotos e, 254-55; cônjuges e, 151; finais de semana e, 64; trabalho e, 84
Calendário eletrônico, 48
Cama, limpeza, 132-33; lavar a roupa de, 74, 76, fazer a 132
Câmeras, 241, 251-55
Câmeras digitais. *Ver* câmeras
Caminhada, 192-93
Capachos, 308
Cardápios, internet, 95; para levar, 95
Carona, 140
Carro, contatos no, 141; sacola de fraldas no, 147-48; distrações e interrupções, 178
Carteira, 322
Cartões, 140, 259
Cartões (de aniversário, festas de final de ano etc.), 116, 287, 304
Cartões de mãe, 140
Casa, soluções para a organização da, 289-94, 297
Casa, trabalho em. *Ver* trabalho
Casacos, soluções para organizar os, 284-85
Catálogos, seleção de, 130
CDs, organização de, 131
Celulares. *Ver* telefones
"Cercadinho da bagunça", 139
Cesto"carrinho", 283
Cestos de roupas, 74-6
Chão, 308, 345. *Ver também* aspirador de pó
Chuveiro, soluções para a limpeza do, 346-47
Clipe (de papel), 46
Clube do livro e caminhada, 192
Cobertura orgânica, 184
Código de cores, 24; calendários, 45-6, 51; e-mails, 221; chaves, 321; mudança e, 310; papelada, 199; bolsas grandes, 332
Coleiras de animais, 185
Comemorações. *Ver* aniversários; festas de final de ano; festas
Comer, 59, 60, 82. *Ver também* planejamento de refeições; refeições; despensa
Como remover manchas, 341-44
Cômoda, 75, 297

Comparação, 337
Compras pela internet: calendários, 47; dicas para, 116-17; presentes, 116; senhas e informações para acessar, 117; selos, 111
Compras, 115-18, 301. *Ver também* compra de supermercado.
Compras em grande quantidade, mercadorias, 100. *Ver também* e-mail, internet, compras online
Compromissos, 113-14; confirmar, 85, 113-14, 118, 139; combinar, 141-42; marcar, 43, 45, 50-1
Compromissos, excesso de, 160, 325
Compromissos sociais: crianças, 142; política para os, 27, 29-30
Comprometimento, 29
Computadores 57, 231-39, 302-3, 331; jogos 228, 331; programas, 231, 235, 253, 302-3
Comunicação, problemas de, 141, 152, 263
Cônjuges, 99, 151-153, 161, 336. *Ver também* família
Contatos, 15; caridade, 278; crianças e, 140; correspondência e, 197; animais de estimação e, 186; crianças com necessidades especiais e, 146; trabalho, 81-2, 264
Controle. *Ver* responsabilidade
Controle da bagunça: sistema de organização para, 279-80; organização, 269-73, 276-77; objetos úteis e importantes, 275-78. *Ver também* soluções para organização
Controles-remotos, 131, 134, 250
Consciência, 24
Consertos, casa, 315-18
Consertos (costura), 77, 133
Conversas, trabalho e, 87
Convites: recusar, 29-30; festas de fim de ano e aniversários, 302
Correio, 111
Correspondência, 197-204; limpeza e, 130-31, 134; mudança e, 309; soluções de organização para, 284; viagem e, 313
Costura, 189-90
Cozinha: armazenamento de utensílios, 101
Cozinha: limpeza, 127-28, 134, 308, 323; soluções de limpeza para a, 345-47; seções "pegue e leve", 95; soluções para organizar a, 289-92. *Ver também* planejamento de refeição; refeições; despensa; utensílios
Cozinhar, 101-6; limpeza e, 127-28; festas de final de ano e aniversários

e, 305; planejamento de refeições e, 94-5; utensílios, 101, 104-5, 128.
*Ver também* planejamento de refeições
Crianças: babás, 116; banho e, 64; limpeza e, 125; exercícios e, 191-92; festas de final de ano e aniversários, 301-2, 305; lição de casa, 138, 331-32; bebês, 147-48; interrupções e, 330; rotina matinal e, 329-31; organização e, 285, 292-93, 294; pais e, 137-43; prioridades e, 61; necessidades especiais, 145-46; televisão e, 249; plano para administrar o tempo, 137, 336. *Ver também* família
Crianças com necessidades especiais, 145-46
Criatividade, 38
Cuidados especiais, itens, 123
Culinária; programas de, 101; dicas de, 101
Culpa, 337
Cupons, 99, 115

# D

Decisões, 35-6; calendários e, 44; controle da bagunça e, 271,72, 277-78; mudança e, 311; soluções para organizar e, 296; adiamento e, 167-68
Decorações, 307
Delegar: tarefas domésticas, 70; tarefas relacionadas à mudança, 309; trabalho, 83
Depósitos de mineral, soluções de limpeza para, 346-47
Depósitos diretos, 210
Derramamento, 127-28, 289. *Ver também* como remover manchas
Descanso, 59
Desculpas, adiamento e, 169
Desempacotar (depois da mudança), 310
Desordem mental, 178
Despensa, 91-6, 286-87
Despertadores, 327
"Deveria", 36
Dia a dia, soluções para o, 283-87, 297
Diária, soluções para organização, 283-87, 297
Dinheiro. *Ver* orçamento
Disciplina, atraso crônico e, 158
Distrações, 142, 177-80, 262

Diversão, tarefas domésticas, 71; limpeza e, 124-25; soluções para organizar e, 297; adiamento e, 165; rotinas e, 333, 338; listas de afazeres e, 60
Doações, 198, 272, 276, 278, 309-10
Doença, 59
Dois compromissos ao mesmo tempo, 143

**E**

Edredom. *Ver* cama.
E-mail, 81, 217, 219-26, 239, 264, 302
E-mail indesejados, 222
Embalagem de presentes, 303-4, 307
Emergências, 82-3, 160, 187
Empresas de limpeza, 123
Encontros, 151
Entrada, 283; soluções para organizar a, 283-84
Entregas, 117, 316
Entregas automáticas, 117
Entretenimento, 96. *Ver também* festas
Escada, 283
Escolha das palavras, 25
Escrever: distrações e interrupções, 179; lista de afazeres e planejamento, 53. *Ver também* listas; anotações; reescrever; lista de afazeres
Escrivaninha, trabalho, 85-7, 259-60, 265
Esmalte, 321
Espaço de trabalho, limpeza do, 178
Espaço do cônjuge, 153
Espaço para armazenamento, soluções para a limpeza de, 345
Espontaneidade, 38
Espuma de sabão, soluções para a limpeza de, 346
Estação do ano, roupas, 75, 295
Estacionamento, 110-11
Estimativas, falsas, 158
Estresse, 325, 331, 338. *Ver também* ansiedade
Estrutura, 53, 158
Etiquetas/rótulos, 24; itens das crianças, 140; recortes, 205; controle da bagunça e, 273, 276; cozinha e, 105; trabalhos manuais e costura, 190; jardinagem, 184; festas de final de ano e aniversários, 307; planejamento de refeições, 94; mudança e, 310; soluções para

organizar, 292-93; prateleiras da despensa, 287; papéis pendentes, 201, ; endereço do remetente, 109; arquivos de eventos especiais, 318; crianças com necessidades especiais e, 145
Exercícios físicos, 59-60, 191-93

## F

Faça você mesmo, 315-18
Família, 149, 151-53, 161; limpeza e, 128, 134; computadores e, 233, 239; e-mail e, 221-22; rotina noturna e, 331; compras de supermercado, 99; festas de final de ano e aniversários, 303-6; interrupções e, 330; correspondência e, 130-1; planejamento de refeição, 94; soluções para organizar e, 297; compromissos sociais e, 27; Grupo de apoio "Recupere seu tempo", 349; televisão e, 331; planos para administrar o tempo e, 29-30, 35-6, 336-37. *Ver também* crianças; pais; cônjuges
Farei isso mais tarde, personalidade, 171
Favoritos (online), 229-30
Faxes, 81, 247, 260
Férias, 309-13, 318, 323
Ferramentas, soluções para organizar as, 296
Ferramentas de busca, 228-29
Ferramentas para podar, 184-85
Fertilizantes, 184
Festas, 301-4, 310, 318
Festas de final de ano, 301-8
Flexibilidade, 334
Fichas de receitas, 92, 290-91
Fichários: compromissos, 148; recortes, 205-8; jardinagem, 183; festas de finais de ano e aniversários, 305; refeições, 93, 95; mudança, 309; crianças com necessidades especiais, 145-46; trabalho automatizado, 263-64
Finais de semana, 64
Fogão, 102-3, 134
Fones de ouvido, 246
Formulários, 109, 141, 146
Forninhos, 103
Fotos, 241, 251-55; controle da bagunça e, 272; festas de final de ano e aniversários, 304-5, 307; compras e, 324

Freezer, soluções para organizar, 286
Fronhas. *Ver* roupa de cama
Funis, 103

**G**

Gaiolas, para animais, 186
Galpão, 183
Garagem: jardinagem e, 183; soluções para organizar a, 295-97
Gaveta (s): limpeza, 308; soluções para organizar as, 290, 292-93. *Ver também* gaveta da bagunça.
Gaveta da bagunça, soluções para organizar a, 289-90
Geladeira: limpeza, 127, 132, 308; soluções para a limpeza de, 345-46; soluções para a organização de, 286, 289
Grama, cuidados com a, *ver* jardinagem
Gravador, 142, 179
Grupo de livros, caminhadas, 192
Grupo para recuperar o tempo, 340, 349-50
Grupos de apoio, 349-50
Guarda-chuvas, soluções para a organização dos, 284

**H**

Hábitos, adiamento e, 165-66
Hobbies, 181; trabalhos manuais e costura, 189-90; exercícios, 191-93; jardinagem, 181, 183-87, 193
Hora de mais vigor, 85
Hora especial, 81
Horários, 43-51; intervalos, 63; crianças e, 137, 143; tarefas domésticas, 69; exercícios físicos, 192; festas de final de ano e aniversários, 306; lição de casa, 331-32; roupa suja e, 73-4; organização de fotos, 254; plano para administrar o tempo, 336; lista de afazeres e planejamento, 53-4; trabalho, 83-5. *Ver também* compromissos; calendários; agendas.

**I**

Ícones, 230-31
Ida para o trabalho, 265
Identificador de chamadas, 247

Identificador de chave, 321
Impostos, calendários e, 48
Imprimir, 230, 239, 253, 264
Indecisa, personalidade, 169-70
Instruções, trabalho, 83
Interesses, 34-5
Internet, 227-30; sites de culinária, 101; compras de supermercado, 97; pagamentos online, 211; venda online, 278; cardápios de restaurantes, 95. *Ver também* e-mail; compra pela internet
Interrupções, 86, 177-80, 262, 330
Inveja, 337-38
Itens do dia a dia, organização de, 292

**J**
Janelas, limpeza das, 125, 308
Jantar fora, 95
Jardinagem, ferramentas e material de, 183

**K**
Kit de artes para crianças, 116
Kit de limpeza, 307
Kit para exercícios, 192

**L**
Lava-louças, 125, 127-28, 134
Lavagem a seco, 77, 341
Lavanderia, 74, 77-78
Lavar. *Ver* roupa suja
Leitura, exercício físico e, 192
Lembretes, 45-6, 327-28, 335. *Ver também* agendas; anotações; horários; calendários;
Lençóis. *Ver* roupas de cama
Lenços umedecidos para limpeza, 147, 307-8, 323
Limpador de chão, 129
Limpador de vidro, spray, 346
Limpeza: crianças e, 139; preparo de alimentos e, 104-5; costura e

trabalhos manuais, 190; fácil, 129-34; rotina noturna e, 327-28; festas de final de ano e aniversários e, 307-8; cozinha, 127-28, 134; organização e, 280; animais de estimação e, 185, 187; perda de tempo, 322; área limpa, 121-25. *Ver também* limpeza rápida.
Limpeza da mente, 54
Limpeza do banheiro, 132-33
Limpeza em excesso, 124
Limpeza rápida, 119; fácil, 129-34; limpeza da cozinha, 127-28, 134; área de limpeza, 121-25
Linha do tempo, 96
Liquidação, compras no supermercado e, 98-9
Liquidificadores, 103, 291
Lista de afazeres, 24, 41, 65; intervalos, 62-3; rotina noturna e, 327, 329; doença e, 59; organização da, 53-8; tempo de descanso e, 62-3. *Ver também* calendários; agendas
Lista de compras, 97-9
Lista de contatos, 197-98
Lista de e-mails, 222,
Lista (s): de tarefas domésticas, 70; de tarefas na rua, 109-10; supermercado, 97-9; reparos domésticos, 71; principal, 54; mental, 53-4; refazer 55, 57, 109-10; cônjuge e, 151; objeções para administrar o tempo e, 175; escrever, 25. *Ver também* lista de afazeres
Listas mentais, 53-4
Listas para verificar obrigações, 329-30
Listas principais, 54
Livros de receitas, 292
Lixeiras, 101, 123, 130, 198, 285
Lixo, 55, 128, 133, 153, 187, 272, 285, 317
Lugar para deixar os objetos, 109, 118
Luvas: limpeza, 122; jardinagem, 185

# M
Malas, 312-13
Mal-entendidos, 141, 152, 263
Manchas, tratamento de, 75-6
Maquiagem, 61-2, 129

Máquina de lavar, limpeza da, 76. *Ver também* roupa suja
Marcadores (online), 237
Marcas, compras, 115
Material de escritório, 259-60
Material de limpeza, 121, 134, 307
Material relativo à mudança, 309
Medicamentos para animais de estimação, 186
Medo, adiamento e, 167-68
Meias, pares de, 73
Mensagens (telefone), 246
Mensagens de texto, 247
Mensagens de voz, 82, 263
Mensagens instantâneas, 228
Mesa de trabalho, 85-7, 259-60, 265
Micro-ondas, 101, 102, 104, 125
Microsoft Office®, 224
Mitos sobre a administração do tempo, 173-74
Mochilas, soluções para organizar a, 284-85
Modelos, 235, 324
Momentos especiais: *ver* aniversários; faça você mesmo; festas de final de ano; reparos domésticos; mudança; redecoração; viagem; férias
Mudança, 309-13, 318
Muffins, 103
Multidão, supermercado, 99-100
Multitarefas, compras e socialização, 99-100; festas de fim de ano e aniversários, 304; roupa suja e, 74; adiamento e, 168; rádio e, 249; trabalho e, 81
Música, organização de, 131

**N**
Níveis de igualdade, 44
Noites do apagão, 331
Nutrição, 59-60

**O**
Objeções à administração do tempo, 174-76, 180

Objetivos, 37-8, 55
Objetos emprestados, 137, 270
Óculos, 321
Óculos escuros, 321
Oferecer-se: aceitando para, 156, 161; recusando para, 27-31; papelada e, 330; personalidade adiadora, aquele que quer sempre agradar, 171-72
Orçamento: tarefas e, 70-1; projetos "faça você mesmo", 317-18
Organização, 267; rotina noturna e, 328; cada qual com seu igual, 269-73, 277-78, 296, 310; itens úteis e importantes, 275-78
Organizadores de bolsas, 322-23
Organizadores de cabides, 77-8, 294
Organizadores de sacolas, 290
Organizadores eletrônicos, 48-9

**P**
Pagamento de contas, 209-15
Pagamento pela internet, 211
Página para pessoas, 85-6
Páginas de entrada (internet), 227
Pais, 135; crianças, 137-43; bebês, 147-48; crianças com necessidades especiais, 145-46. *Ver também* crianças; família
Panelas de cozimento lento, 101, 105
Papéis escolares, 138, 145
Papéis pendentes, 199-204
Papel manteiga, 105
Papelada, 195; compromissos e, 148; contas, arquivos e registros, 207-15; atraso crônico e, 160; controle da bagunça e, 271; organização, 323; pendente, 199-204; dos animais de estimação, 186; como guardar, 205-8, 214-15; férias e, 318; trabalho voluntário e, 330; trabalho e, 263-64. *Ver também* formulários; correspondência.
Parceiro, compras com, 99. *Ver também* família
Passar roupa, 74, 78
Pastas: computador, 232-33; e-mail, 221; família e, 239; arquivo, 209-11; internet, 229-30; planejamento de refeições, 95; mudança, 309; organização e, 292; pastas suspensas, 199-202; fotos, 254; impressão e, 205; compras, 115; crianças com necessidades especiais, 145-46; mesa de trabalho em 259

Pastas para arquivos, 209-15; recortes, 205; papéis pendentes, 199-204; eventos especiais e, 318; trabalho, 84-5
Pastas suspensas, 199-204
Paralisia por análise, 168
Pausas, 169
Pausas no trabalho, 82
Pedra-pomes, 132, 346
Pega-pega pelo telefone, 247
Perfeccionista, personalidade adiadora, 169
Personalidade desafiadora, 170
Personalidade adiadora, 169-72
Perspectiva, 36
Palms, 231-39
Pimenteiro, 291-92
Planejamento, 34-5, 53-8, 157, 168. *Ver também* planejamento de refeições
Planejamento de eventos, 138
Planejamento de refeições, 91-6, 105-6. *Ver também* cozinhar
Plano para administrar o tempo, 33-40; crianças e, 137, 336; manutenção do, 333-38. *Ver também* rotinas.
Pó, 134
Poda, 184-85
"Por favor, não perturbe", aviso de, 177
Porão, soluções para organizar o, 296
Porta-baterias, 289
Porta-canetas, soluções para a organização de, 290
Porta-toalhas, 132
Portas abertas, 86
Prancheta, 141
Prateleiras: soluções para a limpeza das, 345; soluções para a organização das, 287, 292-93, 295
Pratos, limpeza e, 127-28
Prazos, 155-56; "faça você mesmo", 317-18; papéis pendentes, 201; adiamento e, 160, 168; cônjuges e, 151-52; problemas para administrar o tempo; 175; listas de afazeres e, 53, 56; trabalho e, 83, 86
Prazos para tarefas, 155
Preocupação. *Ver* ansiedade; medo
Preparando-se, 19-22
Presentes: tarefas domésticas e, 70-1; consumíveis, 325; festas de

final de ano e aniversários, 301-6, 318; anfitrião, 324; compras
e, 115-16; viagem com, 311
Presentes temáticos, 301, 318
Pré-tratamento para limpeza, 121-22, 133-34
Prioridades, 41, 43, 55, 57, 333
Problemas com os detalhes, 170
Processo de trabalho, automatização do, 263-65
Produtos, olhar, 100
Produtos para limpeza pesada, 346
Produtos para sanduíche, soluções para a organização dos, 289
Projetos, 57-8; atraso crônico e, 160; trabalhos manuais e costura, 189-90; faça você mesmo, 315-18; rotina noturna e, 327-28; desistir de um trabalho, 193; interrupções e distrações, 177; aceitar o projeto, 155-56, 161
Projetos de artes, 138
Propagandas automáticas, pop-ups, 228

**Q**
Quadro (s), crianças com necessidades especiais, 145
Quadro de instruções, lavanderia, 79
Quadro de recados, 151, 179
Quarto de brinquedos, soluções para a organização do, 293
Quociente pessoal, 38-9

**R**
Rádio, 249
Rampa de acesso à lavanderia, 79
Recibos, 323
Reciclagem, 133, 285-86
Recipientes. *Ver* caixas
Recomeço, 166
Reescrever, 46-7, 55, 57, 151
Refeições, 89; preparo de, 101-6; compras de mantimentos, 97-100; planejamento de refeições e despensa, 91-6; classificação de, 92.
*Ver também* cozinhar
Refeições temáticas, 91

Reformas, 315-18
Relacionamentos, 35. *Ver também* amigos; família.
Relaxamento, 44, 59, 62-4, 82
Recompensas, 165-66, 334
Regar, 184-85
Regras, atraso crônico e, 158
Regra dos dois minutos, 171, 279
Relógios, 23, 63
Relógios: despertadores, 327; banheiro, 38; atraso crônico e, 159, 161; ajuste de, 38
Remédios por telefone, 321
Reparos domésticos, 315-18
Resolução de problemas, 33-4
Responsabilidade, 23, 31, 39-40, 262
Restaurantes: menus pela internet e, 95; menus para levar e, 95
Retratos de família, 304-5
Reuniões, 261-62, 265
Revelação de filmes, 253-54
Revisão, 234
Revistas, 130
Rolodex®, 223, 259
Rolos de papel, 291
Roupa de cama, armário de, 76
Roupa suja, 73-9; limpeza e, 133; exercícios e, 191; manchas e, 341; férias e, 313
Rotinas: das crianças, 143; atraso crônico e, 159; completar as, 24; distrações e interrupções, 179-80; noturna, 62, 65, 75, 327-32, 338; exercícios físicos e, 191; jardinagem e, 184; matinais, 60-1, 327-32, 338; novas, 338; repensar as, 35; de administração do estresse, 63; tempo, 23; trabalho, 83-5. *Ver também* plano para administrar o tempo.
Rótulos/etiquetas, 24; objetos das crianças, 141; recortes, 206; controle da bagunça e, 273, 276; cozinha e, 105; trabalhos manuais e costura, 190; utensílios de jardinagem, 183-84; festas de final de ano e aniversários, 307; planejamento de refeições e, 94; mudança e, 310; soluções para organização e, 292-93; prateleiras da despensa, 287; papéis pendentes, 201; endereço pessoal, 109; arquivos para eventos especiais e, 318; crianças com necessidades especiais e, 145

## S

Sabão de lavar roupa, 342
Sacolas com fecho hermético, 95, 184, 189-90, 251, 293
Sacolas de compras, 97, 99-100
Sacolas de compras de plástico, 123, 290
Sacolas de viagem, 185
Sacolas grandes, 109, 251, 332
Saco de dormir, lavagem do, 74
Sala, limpeza da, 131
Sapateiras, 189, 304, 330
Sapatos: limpeza e, 121; soluções para a organização dos, 283-84; mala para viagem e, 311
Saúde, 59-60
Secadora de roupas, 76, 341. *Ver também* roupa suja
Secadores de cabelo, 62
Secretárias eletrônicas, 81-2, 178, 246, 263,
Segurança para projetos "faça você mesmo" e reparos, 317
Seguro, formulário, 146
Seleção: de ligações, 246; de visitas, 87
Selos, compra de, 111
Senhas de internet, 117, 223
Separador de ovos, 103
Separador de roupa suja, 75-6
Serviço de atendimento automatizado, 245
Serviços de busca e entrega, 323
Síndrome do ziguezague, 67, 69
Sistema de organização, manutenção do, 279-80
Situações estressantes. *Ver* aniversários; faça você mesmo; festas de final de ano; reparos domésticos; mudança; reformas; viagem; férias
Socializar: festas da troca, 278; compras no supermercado e, 99. *Ver também* entretenimento; festas
Sofás, limpeza dos, 308
Software, 231, 235, 253, 302-3
Solo, cuidados com o, 185
Soluções de limpeza, 121, 124-25, 345-47
Soluções para a organização, 281; dia a dia, 283-87, 297; casa, 289-94, 297; papelada, 323; espaço para armazenar objetos, 295-97

Sótão, soluções para a organização do, 296
Spams, 217, 219-20, 222
Superfície, produtos de limpeza de, 345-47
Surfista, personalidade adiadora, 170-71

**T**
Tábua, 128
Tampas, 291-92
Tanque de gasolina, abastecer o, 38
Tapetes, limpeza de, 73-4
Tarefas domésticas, 69-71, 140, 191
Tarefas na rua, 109-11, 118; babás e, 116; atraso crônico e, 158; supermercado e, 97; agrupamento, 54; finais de semana e, 64; *ver também* compras no supermercado; compras
Teleconferência, 86, 261
Telefone, 177, 243-47, 255, 331. *Ver também* teleconferências; contatos
Telemarketing, 245-46
Televisão, 165-66, 177, 228-29, 241, 249-50, 255, 331
Timers, 23, 39; personalidades adiadora viciada em adrenalina e, 171; calendários e, 50-1; crianças e, 139; cozinha e, 103; distrações e interrupções, 179; e-mail e, 220; planejamento das refeições e, 96; rotina matinal e, 60-1; papéis pendentes e, 200; crianças com necessidades especiais e, 145; trabalho e, 82, 84
Toalhas, lavagem de, 73-4
Toques de celular, 244
Torneira, produtos de limpeza para, 346-47
Trabalho, 81-82, 257; aceitar o, 155-56, 161; rotina noturna e, 328; encontros e, 261-62, 265; rotinas e, 333-34
Trabalho de artes, armazenamento, 137
Trabalho em equipe, 151
Trabalhos manuais, 189-90
Trabalhos manuais, área/cômodo, 189
Trocas, festas de, 278
Trocadores, 147-48

**U**
Umidade, 185, 296
Utensílios, 101, 105-6, 121-2, 128, 134, 189

**V**
Vale-descontos, 115
Vegetais, cozimento de, 104
Venda pela internet, 278
Veterinários, 186-87
Viagens, 309-13, 318
Viagens aéreas, 311-13
Vidros, soluções para organizar, 290
Vinagre, 341-44
Visitantes, seleção de, 87
Vitaminas, 60
Viva-voz (telefone), 246
Voar (viagens aéreas), 311-13

**X**
Xícaras de medidas, 104

Este livro foi impresso pela Prol Editora Gráfica
para a Editora Prumo Ltda.